O PODER DA
CRUZ

RANIERO CANTALAMESSA

O PODER DA
CRUZ

Meditações sobre a
Paixão de Cristo

Tradução:
Alda da Anunciação Machado
Gabriel dos Santos Frade
Maurício Ruffier, SJ
Frei Ricardo Luis Farias, OFMCap
Silvana Cobucci Leite

Edições Loyola

Título original:
Il potere della Croce
© Raniero Cantalamessa
Editrice Àncora, 2024
Via B. Crespi, 30 – 20159 Milano
ISBN 978-88-514-2808-2

Tradução da nova edição italiana atualizada de *Il potere della Croce*,
da Editora Àncora, Milano, 2024
© Raniero Cantalamessa, Àncora Editrice, Milano, 1999; 2009; 2019

Dados Internacionais de Catalogação na Publicação (CIP)
(Câmara Brasileira do Livro, SP, Brasil)

Cantalamessa, Raniero
  O poder da cruz : meditações sobre a Paixão de Cristo / Raniero Cantalamessa. -- São Paulo : Edições Loyola, 2024. -- (Cristologia)

  Título original: Il potere della croce
  Vários tradutores.
  ISBN 978-65-5504-393-8

  1. Cristianismo 2. Espiritualidade - Cristianismo 3. Evangelho 4. Jesus Cristo - Paixão 5. Reflexões teológicas I. Título. II. Série.

24-218628   CDD-226.06

Índices para catálogo sistemático:
1. Paixão de Jesus Cristo : Evangelhos : Interpretação e crítica 226.06
Eliane de Freitas Leite - Bibliotecária - CRB 8/8415

Tradução: Alda da Anunciação Machado
  Gabriel dos Santos Frade
  Maurício Ruffier
  Ricardo Luis Farias
  Silvana Cobucci Leite
Preparação: Paulo Fonseca
  Silvana Cobucci Leite
Capa: Ronaldo Hideo Inoue
  Detalhe do *Crucifixo* de Cimabue (c. 1240-1302), pintura em têmpera e ouro sobre painel de madeira (c. 1268-1271), Basílica de San Domenico, Arezzo, Itália. Foto de Senet (2010), editada por Paolo Villa (2019). © Wikimedia Commons. Composição sobre a ilustração de fundo de © Obsessively. © Adobe Stock.
Diagramação: Sowai Tam

Edições Loyola Jesuítas
Rua 1822 nº 341 – Ipiranga
04216-000 São Paulo, SP
T 55 11 3385 8500/8501, 2063 4275
editorial@loyola.com.br
vendas@loyola.com.br
www.loyola.com.br

Todos os direitos reservados. Nenhuma parte desta obra pode ser reproduzida ou transmitida por qualquer forma e/ou quaisquer meios (eletrônico ou mecânico, incluindo fotocópia e gravação) ou arquivada em qualquer sistema ou banco de dados sem permissão escrita da Editora.

ISBN 978-65-5504-393-8

© EDIÇÕES LOYOLA, São Paulo, Brasil, 2024

SUMÁRIO

Prefácio para a presente edição brasileira 7
Introdução 9
1. "Toda a língua proclame que Jesus Cristo é o Senhor!" 11
2. "Deus amou tanto o mundo!" 21
3. "Vós matastes Jesus de Nazaré!" 29
4. "Batizados em sua morte" 37
5. "Crucificado por sua fraqueza, Cristo vive pelo poder de Deus" 43
6. "E logo saiu sangue e água" 49
7. "Manifestou-se a justiça de Deus!" 55
8. "Venceu o leão da tribo de Judá!" 61
9. "Esmagado por nossas iniquidades" 69
10. "Junto à cruz de Jesus estava Maria, sua mãe" 77
11. "Humilhou-se a si mesmo" 83
12. "E Jesus, dando um grande grito, expirou" 93
13. "Deus não poupou o seu próprio filho" 101
14. "E de novo há de vir em sua glória para julgar os vivos e os mortos" 109
15. "Cristo amou a Igreja e por ela se entregou" 117
16. "Refulge o mistério da cruz" 125
17. "Um morreu por todos" 131

18. "A mim o fizestes" 139
19. "Destruiu o muro de separação" 145
20. "Para remir o servo, entregaste o Filho" 155
21. "Tudo está consumado" 163
22. "Este é o momento em que o príncipe deste mundo será lançado fora" ... 169
23. "Quando eu for elevado da terra, atrairei todos a mim" 175
24. "Ele é a nossa paz" 183
25. "Vencedor porque vítima" 189
26. "Salve, verdadeiro corpo nascido de Maria Virgem" 195
27. "Deus demonstra o seu amor por nós" 203
28. "Havia também algumas mulheres" 209
29. "A túnica era sem costuras" 215
30. "Até a morte, e morte de cruz" 223
31. "Temos um grande sumo sacerdote" 229
32. "Jesus Cristo, o testemunho fiel" 235
33. "Estive morto, mas agora vivo para sempre" 241
34. Justificados gratuitamente pela fé no sangue de Cristo 247
35. "Estava com eles também Judas, o traidor" 253
36. "Ecce homo!" 261
37. "Deixai-vos reconciliar com Deus" 267
38. "Stat Crux dum volvitur orbis" 273
39. "Aquele que viu dá testemunho" 279
40. "Desprezado e repudiado pelos homens" 285
41. "Tenho planos de paz, não de aflição" 291
42. "Primogênito entre muitos irmãos" 297
43. "Pilatos disse: o que é a verdade?" 301
44. "Anunciamos, Senhor, a vossa morte!" 305
45. "Quando tiverdes levantado o Filho do Homem, então sabereis que Eu Sou" ... 309

PREFÁCIO PARA A PRESENTE EDIÇÃO BRASILEIRA

Sou grato a Edições Loyola de São Paulo por esta edição renovada e completa dos meus discursos da Sexta-feira Santa, proferidos na Basílica de São Pedro, na presença dos últimos três Papas. A presente edição brasileira é, no momento, a mais completa existente no que diz respeito a todos os diferentes idiomas nos quais este livro foi traduzido e em relação à própria edição original italiana. Efetivamente, ela contém todos os 45 discursos – desde o primeiro, proferido na Sexta-Feira Santa de 1980, até o último, em 2024.

Para mim, entretanto, há um motivo ainda maior de gratidão e satisfação. É que este livro me permite falar aos meus muitos irmãos, irmãs e amigos brasileiros "de coração a coração", como quando estas pregações foram proferidas pela primeira vez diante do Santo Padre e da assembleia reunida em torno dele para celebrar a Paixão de Cristo. Ao contrário dos meus outros livros em que explico os mistérios da nossa fé, neste livro eu os proclamo com a emoção que a própria liturgia da Sexta-Feira Santa favorece e inspira.

Espero que ressoe uma nota – mais profunda e mais elevada do que todas – em seu coração, irmão ou irmã que lê estas páginas: a nota do amor infinito de Deus e de Cristo por você. Tudo o que está escrito neste livro nada mais é do que um pobre comentário sobre apenas duas frases do Evangelho de João: "Deus amou tanto o mundo que deu por ele o seu Filho unigênito" (Jo 3,16) e "Tendo amado os seus que estavam no mundo [Jesus] amou-os até o fim" (Jo 13,1).

INTRODUÇÃO

Uma vez ao ano, há um dia em que o centro da liturgia da Igreja e seu momento culminante não é a Eucaristia, mas a cruz; ou seja, não o *sacramento*, mas o *evento*, não o signo, mas o significado. É a Sexta-feira Santa. Nesse dia, não se celebra a Missa, apenas se contempla e se adora o Crucificado.

Embora, na véspera da Páscoa, comemorasse simultaneamente tanto a morte como a ressurreição de Cristo como dois momentos do único mistério pascal, a Igreja não tardou em sentir a necessidade de consagrar à memória da Paixão um tempo à parte, a fim de destacar a inesgotável riqueza do momento em que "tudo foi consumado". Assim nasceram, a partir do século IV e a partir de Jerusalém, os ritos da adoração da cruz na Sexta-feira Santa, que ao longo dos séculos exerceriam uma influência tão determinante sobre a fé e a devoção do povo cristão.

Nesse dia, uma graça toda especial envolve a Igreja. É o dia em que "refulge o mistério da cruz – *fulget crucis mysterium*", como canta um venerável hino litúrgico.

As reflexões propostas nestas páginas nasceram precisamente nesse clima e para essa ocasião. Trata-se de comentários à leitura da Paixão pronunciados na Basílica de São Pedro na presença dos três Papas – São João Paulo II, Bento XVI e Francisco – durante a liturgia da Sexta-feira Santa, de 1980 até os dias de hoje.

Reunidas num só livro, elas constituem uma meditação continuada sobre o Crucificado, totalmente centrada na palavra de Deus, e em especial nas leituras do dia, que são Isaías 52,13–53,12; Hebreus 4,14-16; 5,7-9; Filipenses 2,8-9 e João 18,1–19,42.

Como no Evangelho de João e na Igreja antiga, a Sexta-feira Santa é visto nestas homilias como o dia da morte, mas ao mesmo tempo da "exaltação" de Cristo e da sua vitória sobre o pecado e sobre o sofrimento: dia de luta, mas ainda mais de alegria. Nele se comemora todo o Mistério pascal.

Além de contemplar a Paixão, as meditações gostariam de servir também para a evangelização. No início está sempre o querigma, ou seja, a proclamação do mistério da Cruz, visto sob cada uma das suas infinitas possibilidades e em relação com os problemas históricos e existenciais do momento; dele brota, a cada vez, a *parênese*, ou seja, a aplicação moral à vida do cristão, com base nas cartas de Paulo, em especial a dirigida aos Romanos.

A presente edição unitária de todas as meditações ofereceu-me a ocasião de revisar o material. Eliminei algumas repetições e suprimi as notas de rodapé para tornar a leitura mais fluente; no restante, o escrito reproduz exatamente as meditações como foram pronunciadas pela primeira vez, mantendo também as alusões a fatos e eventos que naquele momento atraíam a atenção do mundo.

Para as citações bíblicas, mantive a versão da Bíblia usada na Itália no momento em que as homilias foram apresentadas e que mudou no decurso dos anos. As citações não literais são precedidas por "cf.".

1

"TODA A LÍNGUA PROCLAME QUE JESUS CRISTO É O SENHOR!"

(Sexta-feira Santa de 1980)

No dia mais santo do ano para o povo judeu – o *Yom Kippur*, dia da "Grande Expiação" –, o sumo sacerdote, levando o sangue das vítimas, transpunha o véu do Templo, entrava no "Santo dos Santos" e ali, sozinho na presença do Altíssimo, pronunciava o Nome divino. Tratava-se do Nome revelado a Moisés na sarça ardente, composto de quatro letras, que a ninguém tinha permissão para pronunciar em todo o resto do ano, mas era substituído, na fala, por *Adonai*, que significa Senhor. Esse Nome – que eu sequer me atrevo a proferir por respeito a um desejo do povo judeu, em cuja intenção a Igreja reza na Sexta-feira Santa –, proclamado naquelas circunstâncias, estabelecia uma comunicação entre o céu e a terra, tornava presente a pessoa mesma de Deus; expiava, embora só figuradamente, os pecados da nação.

O povo cristão também tem o seu *Yom Kippur*, o seu dia da Grande Expiação, este mesmo que agora estamos celebrando. Sua realização foi proclamada na segunda leitura da presente liturgia com as palavras da Carta aos Hebreus: "Nós temos um Sumo sacerdote que atravessou os céus, Jesus, Filho de Deus..." (Hb 4,14). Cristo – lemos na mesma carta – "entrou de uma vez para sempre no santuário, não com sangue de bodes ou de novilhos, mas com o próprio sangue" (Hb 9,12). Neste dia em que celebramos, não mais em figura, mas na realidade, a Grande Expiação, não mais dos pecados de uma única nação, mas "dos de todo o mundo" (cf. 1Jo 2,2; Rm 3,25), também se pronuncia um Nome.

Há pouco, na aclamação ao Evangelho, cantaram-se estas palavras do apóstolo Paulo: "Cristo fez-se obediente até a morte, e morte de Cruz. Por isso Deus o exaltou e conferiu-lhe o Nome que está acima de qualquer outro nome". O apóstolo também se abstém de pronunciar este Nome inefável e o substitui por *Adonai*, que em grego soa *Kyrios*, em latim, *Dominus*, e, em português, *Senhor*: "Todo o joelho – continua o texto – se dobre e toda a língua proclame que Jesus Cristo é o Senhor para a glória de Deus Pai" (Fl 2,8-11). Mas o que ele entende com a palavra "Senhor" é precisamente o Nome que proclama o Ser divino. O Pai deu a Cristo – também como homem – seu próprio Nome e seu próprio poder (cf. Mt 28,18): esta é a verdade inaudita contida na proclamação: "Jesus Cristo é o Senhor!". Jesus Cristo é "Aquele que é", o Vivente.

São Paulo não é o único que proclama esta verdade: "Quando houverdes elevado o Filho do Homem – diz Jesus no Evangelho de João –, então sabereis que Eu Sou" (Jo 8,28). E mais: "Se não acreditardes que Eu Sou, morrereis em vossos pecados" (Jo 8,24). Doravante a remissão dos pecados se efetua neste Nome, nesta Pessoa. Agora mesmo ouvimos, na narrativa da Paixão, o que aconteceu quando os soldados se aproximaram de Jesus para prendê-lo: "'A quem procurais?', disse ele. Responderam: 'A Jesus Nazareno!' 'Sou Eu', disse Jesus e eles recuaram e caíram por terra" (cf. Jo 18,4-6). Por que recuaram e caíram por terra? Porque ele pronunciara o seu Nome divino "*Ego eimi* – Eu sou", e este ficara momentaneamente livre para exercer o seu poder. Também para o evangelista João, o Nome divino está intimamente ligado à obediência de Jesus até a morte: "Quando houverdes elevado o Filho do Homem, então sabereis que Eu Sou, e nada faço por mim mesmo, mas como o Pai me ensinou, assim falo" (Jo 8,28). Jesus não é Senhor contra o Pai, ou em vez do Pai, mas "para a glória de Deus Pai".

***

Esta é a fé que a Igreja herdou dos apóstolos, que santificou suas origens, plasmou o culto, bem como a arte. Sobre a auréola do Cristo *Pantocrator* dos mosaicos e ícones antigos, veem-se escritas em ouro três letras gregas: "O ΩN – Aquele que é". Nós estamos aqui para, se necessário, reavivar esta fé até nas pedras. Nos primeiros séculos da Igreja, na semana subsequente ao dia do batismo, que era a semana da Páscoa, procedia-se à revelação e transmissão aos neófitos das realidades cristãs mais sagradas que lhes tinham sido ocultadas até aquele momento, ou às quais só se acenara por alusões, de acordo com a "disciplina do arcano" então vigente. Dia após dia, eles eram introduzidos no conhecimento dos "mistérios" – isto é, do batismo, da Eucaristia, do pai-nosso – e do seu simbolismo e por isso era denominada catequese "mistagógica". Era uma experiência única que causava neles uma impressão indelével para toda a vida, não tanto pelo modo como se efetuava quanto pela grandeza das realidades espirituais que se lhes desvendavam aos olhos. Tertuliano afirma que os convertidos "fremiam de espanto à luz da verdade" (*Apologético*, 39,9).

Hoje isso tudo acabou; com o decurso do tempo, as coisas mudaram. Mas podemos recriar momentos como aqueles. A liturgia ainda nos propicia oportunidades para isso. Esta solene liturgia da Sexta-feira Santa é uma delas. Hoje à tarde, se estivermos atentos, a Igreja tem algo para "nos revelar", para "nos comunicar", como se fôssemos neófitos. Tem para nos comunicar o senhorio de Cristo; tem para nos desvendar este segredo oculto para o mundo: que "Jesus" é "o Senhor" e que diante dele todo o joelho deve dobrar-se. Que um dia, infalivelmente, diante dele todo o joelho "há de se dobrar"! (cf. Is 45,23). No Antigo Testamento, afirma-se que a palavra, ou *dabar*, de Deus "caía sobre Israel" (cf. Is 9,7), que "vinha sobre alguém". Agora esta palavra "Jesus é o Senhor", ápice de todas as palavras, "cai" sobre nós, vem sobre esta assembleia, torna-se realidade viva no próprio centro da Igreja Católica. Passa como o facho ardente que passou entre as metades das vítimas preparadas por Abraão para o sacrifício da aliança (cf. Gn 15,17).

"Senhor" é o nome divino que nos diz respeito mais diretamente. Deus era "Deus" e "Pai" antes que existissem o mundo, os anjos e os homens, mas ainda não era "Senhor". Torna-se Senhor, *Dominus*, a partir do momento em que existem criaturas sobre as quais exerce o seu "domínio" e que livremente aceitam esse domínio. Na Trindade não há "senhores" porque não há servos, mas todos são iguais. Em certo sentido, somos nós que fazemos de Deus o "Senhor"! Essa dominação de Deus, repudiada pelo pecado, foi restaurada pela obediência de Cristo, novo Adão. Em Cristo, Deus se tornou novamente Senhor por um título mais válido: por criação e redenção. Deus voltou a reinar a partir da Cruz! – *Regnavit a ligno Deus*. "Para isso Cristo morreu e voltou à vida: para ser o Senhor dos mortos e dos vivos" (Rm 14,9).

***

A força *objetiva* da frase "Jesus é o Senhor" reside no fato de que ele torna presente a história. Ela é a conclusão de dois eventos fundamentais: Jesus morreu por nossos pecados e ressuscitou para nossa justificação: Por isso Jesus é o Senhor! Os acontecimentos que a prepararam resumem-se, por assim dizer, nessa conclusão e, hoje em dia, nela se tornam presentes e operantes, quando proclamada com fé: "Se confessares com tua boca que Jesus Cristo é o Senhor e creres com teu coração que Deus o ressuscitou dos mortos, serás salvo" (Rm 10,9).

Há dois modos fundamentais de entrar em comunhão com os acontecimentos da salvação: um é o sacramento, o outro, a palavra. Referimo-nos aqui à palavra e à palavra por excelência que é o querigma. O cristianismo está repleto de exemplos e modelos de experiências do divino. A espiritualidade ortodoxa insiste na experiência de Deus nos "mistérios", na prece do coração… A espiritualidade ocidental insiste na experiência de Deus na contemplação, quando nos recolhemos em nós mesmos e nos elevamos, pela mente, acima das coisas e de nós mesmos… Em suma, há muitos "itinerários da mente para Deus". Mas a palavra de Deus nos revela um itinerário que serviu para desvendar o horizonte de Deus às gerações cristãs primitivas, um itinerário que não é extraordinário nem reservado a poucos privilegiados, mas franqueado a todos os homens de coração reto – aos que creem e aos que estão em busca da fé –, um itinerário que não percorre os degraus da contemplação, mas os eventos divinos da salvação; que não nasce do silêncio, mas da escuta, e este é o itinerário do querigma: "Jesus Cristo morreu! Jesus Cristo ressuscitou! Jesus Cristo é o Senhor!".

Talvez os primeiros cristãos fizessem uma experiência assim quando, no culto, exclamavam: *Maranatha!*, que, segundo o modo de ser pronunciado, significava duas coisas: "Vem, Senhor!" ou "o Senhor está aqui". Podia exprimir um anseio pela volta de Cristo, ou então a resposta entusiástica à "epifania cultual" de Cristo, ou seja, à sua manifestação no seio da assembleia em oração.

Esse sentimento da presença do Senhor ressuscitado é uma espécie de iluminação interior que por vezes transforma inteiramente o estado de espírito de quem a recebe. Lembra o que sucedia nas aparições do Ressuscitado aos discípulos. Um dia, depois da Páscoa, os apóstolos estavam pescando no lago de Tiberíades, quando surgiu na margem um homem que se pôs a falar com eles a distância. Tudo, até certo ponto, normal: eles se queixavam de não ter pescado nada, como costumam fazer os pescadores. Mas eis que, no coração de um deles – o discípulo que Jesus amava –, uma luz repentina acendeu-se; reconheceu-o e exclamou: "É o Senhor!" (Jo 21,7). E então tudo no barco mudou de repente.

Esse fato evidencia por que São Paulo afirma que "ninguém pode dizer: 'Jesus é o Senhor!' a não ser no Espírito Santo" (1Cor 12,3). Tal como o pão sobre o altar se torna corpo vivo de Cristo pelo poder do Espírito Santo que desce sobre ele, assim, analogamente, essa palavra se torna "viva e eficaz" (Hb 4,12) pelo poder do Espírito Santo que nela opera. Trata-se de um acontecimento da graça que podemos predispor, favorecer e desejar, mas que não podemos provocar por nós mesmos. Em geral não nos damos conta dele enquanto acontece, mas só depois de acontecido, talvez ao final de muitos anos. Neste momento poderia acontecer a alguém aqui presente o que sucedeu no coração do discípulo amado no lago de Tiberíades: o "reconhecimento" do Senhor.

***

Na frase "Jesus é o Senhor!" há também um aspecto *subjetivo*, que depende de quem a pronuncia. Às vezes perguntei a mim mesmo por que, nos Evangelhos, os demônios nunca pronunciam esse título de Jesus. Eles chegam a dizer: "Tu és o Filho de Deus!" ou então: "Tu és o Santo de Deus!" (cf. Mt 4,3; Mc 3,11; Lc 4,41), mas nunca os ouvimos exclamar: "Tu és o Senhor!". A resposta mais plausível parece ser esta: Dizer "Tu és o Filho de Deus" é reconhecer um dado de fato que não depende deles e que eles não podem mudar. Mas dizer "Tu és o Senhor!" é bem diferente. Implica uma decisão pessoal. Significa reconhecê-lo como tal, submeter-se ao seu senhorio. Se o fizessem, no mesmo instante deixariam de ser o que são para se transformarem em anjos de luz.

Essa palavra divide efetivamente dois mundos. Dizer: "Jesus é o Senhor!" significa entrar livremente na esfera do seu domínio. Equivale a dizer: Jesus Cristo é o "meu" Senhor; ele é a própria razão da minha vida; eu vivo "para ele", não mais "para mim"; "ninguém de nós – escrevia Paulo aos Romanos – vive para si mesmo e ninguém morre para si mesmo, pois se vivemos, vivemos para o Senhor; se morremos, morremos para o Senhor. Quer vivamos, quer morramos, somos do Senhor" (Rm 14,7-8). A suprema contradição que o homem de sempre experimenta – entre a vida e a morte – foi superada. No entanto, a contradição mais radical não está em viver e morrer, mas entre viver "para o Senhor" e viver "para si mesmo"… Viver para si mesmo é o novo nome da morte.

Depois da Páscoa, a proclamação: "Jesus é o Senhor!" assumiu o lugar que ocupara na pregação de Jesus o anúncio: "Chegou o reino de Deus!". Antes que existissem os Evangelhos e antes que existisse o projeto de escrevê-los, havia esta nova: "Jesus ressuscitou. Ele é o Messias. Ele é o Senhor!". Tudo começou daí. Nessa notícia nascida com a Páscoa estava contida, como numa semente, toda a força da pregação evangélica. A catequese e a teologia da Igreja assemelham-se a uma árvore majestosa brotada dessa semente. Entretanto – como acontece com a semente natural –, com o passar do tempo ela ficou como que sepultada sob a planta que produziu. Em nossa consciência atual, o querigma é uma das tantas verdades de fé, um ponto da catequese e da pregação, não obstante a sua importância. Não está mais à parte, nas origens da fé.

Minha primeira reação diante de um texto da Escritura é sempre a de ir em busca de suas ressonâncias na Tradição, isto é, nos Padres e Doutores da Igreja, na liturgia, nos santos. Habitualmente vêm-me à mente muitos testemunhos. Mas, quando tentei fazer isso com a palavra "Jesus é o Senhor!", fui obrigado a constatar com surpresa que a Tradição quase ficava muda. Já no século III d.C., o título de Senhor não é interpretado em seu sentido originário e é considerado inferior ao de Mestre. É visto como título próprio dos que ainda agora são "servos" e não passaram a ser "amigos" e por isso corresponde à fase do "temor" (cf. ORÍGENES, *Comentário a João*, 1,29). Entretanto, sabemos que ele é algo bem diferente.

Para uma nova evangelização do mundo, cumpre-nos trazer novamente à luz a semente na qual está contida, ainda intacta, toda a força da mensagem evangélica. Temos de desenterrar "a espada do espírito", que é o anúncio flamejante de Jesus Senhor. Num famoso ciclo épico da Idade Média cristã, fala-se de um mundo em que tudo esmorece e jaz em confusão porque ninguém faz a pergunta essencial, ninguém pronuncia a palavra decisiva que é a do *Santo Graal*, mas refloresce quando se pronuncia novamente essa palavra e se chama a atenção para a realidade que deve pairar acima dos pensamentos de todos. Creio que algo semelhante acontece com a palavra do querigma: "Jesus é o Senhor!". Tudo esmorece e carece de vigor onde essa palavra já não é proclamada, ou não se lhe atribui uma posição central, ou não é mais pronunciada "no Espírito". Tudo se reanima e volta a se acender onde ela é proclamada em toda a sua pureza, na fé. Aparentemente nada nos é mais familiar que a palavra "Senhor". Ela é um elemento do próprio nome com que invocamos Cristo ao final de qualquer oração litúrgica. Mas uma coisa é dizer: "Nosso Senhor Jesus Cristo" e outra é dizer: "Jesus Cristo é o nosso Senhor!". Pode-se dizer que durante séculos, até nossos dias, a proclamação "Jesus é o Senhor", que encerra o hino da Carta aos Filipenses, permaneceu disfarçada por uma tradução errônea. De fato, a Vulgata traduziu: "Toda a língua proclama que o Senhor Jesus Cristo está na glória de Deus Pai – *Omnis lingua confiteatur quia Dominus Iesus Christus in gloria est Dei Patris*", ao passo que – como sabemos agora – o sentido não é que o Senhor Jesus Cristo está na glória de Deus Pai, mas que Jesus é o Senhor, e isso para a glória de Deus Pai! (cf. Fl 2,11).

***

Mas não basta que a língua proclame que Jesus Cristo é o Senhor; também é preciso que "todo joelho se dobre". Não se tratam de duas coisas distintas, mas de uma só coisa. É preciso que quem proclama Jesus Senhor o faça dobrando o joelho, isto é, submetendo-se com amor a essa realidade, dobrando a própria inteligência em obediência à fé. Trata-se de renunciar ao tipo de força e segurança provenientes da "sabedoria", ou seja, da capacidade de enfrentar o mundo incrédulo e soberbo com suas próprias armas, que são a dialética, a discussão, as infinitas argumentações, meios estes que só servem para "procurar sempre sem jamais encontrar" (cf. 2Tm 3,7) e por isso sem jamais ser reduzido a ter de obedecer à verdade, depois de encontrada. O querigma não fornece explicações, mas postula obediência, pois nele atua a própria autoridade de Deus. "Depois" e "à margem" disso há lugar para todas as razões e demonstrações, não "dentro" disso. A luz do sol brilha por si mesma e não pode ser iluminada por outras luzes, mas ela tudo ilumina. Quem afirma que não a vê nada mais faz do que se proclamar cego.

É preciso aceitar a "fraqueza" e a "estultícia" do querigma – o que significa aceitar também a própria fraqueza, humilhação e fracasso –, para permitir que a força e a sabedoria de Deus se manifestem vitoriosamente e atuem ainda mais.

> As armas de nossa batalha – diz Paulo – não são carnais, mas recebem de Deus o poder de destruir fortificações, destruindo os falsos raciocínios e todos os baluartes que se erguem contra o conhecimento de Deus, e sujeitando toda a inteligência à obediência a Cristo (2Cor 10,4-5).

Em outras palavras, é preciso fixar-se na cruz, porque da cruz emana totalmente a força do senhorio de Cristo.

Precisamos ter o cuidado de não nos envergonhar do querigma. A tentação de se envergonhar dele é forte. Também o foi para o apóstolo Paulo, pois ele sentiu a necessidade de gritar para si mesmo: "Eu não me envergonho do Evangelho!" (Rm 1,16). Ainda mais hoje em dia. Que sentido tem – sugere-nos uma parte de nós mesmos – falar de Jesus Cristo que ressuscitou e é o Senhor, quando ao nosso redor há tantos problemas concretos que atormentam o homem: a fome, a injustiça, a guerra...? O homem gosta muito mais que se fale de si – mesmo que seja mal – do que de ouvir falar de Deus. Na época de Paulo, uma parte do mundo pedia milagres, a outra, sabedoria. Hoje, uma parte do mundo (a sujeita a regimes capitalistas) pede justiça, a outra (sujeita aos regimes totalitários comunistas) pede liberdade. Nós, porém, pregamos Jesus crucificado e ressuscitado (cf. 1Cor 1,23), por estarmos convencidos de que nele se funda a verdadeira justiça e a verdadeira liberdade.

***

Na catequese mistagógica, a revelação dos mistérios efetuava-se de duas maneiras: mediante a palavra e mediante os ritos. Os neófitos ouviam as explicações e viam os ritos, sobretudo o eucarístico, jamais contemplado antes com os próprios olhos. O mesmo acontece nesta liturgia, na qual é proposto o mistério do senhorio de Cristo. Após a liturgia da palavra, seguem-se os ritos. A imagem do Crucificado será solenemente descoberta e por três vezes todos se ajoelharão. Demonstraremos, mesmo visivelmente, que na Igreja todo joelho se dobra. O véu roxo que até então encobria a imagem do Crucificado é símbolo de outro véu que encobre o Crucificado nu aos olhos do mundo. "Até hoje – dizia São Paulo dos judeus, seus contemporâneos – um véu se lhes estende sobre o coração; mas quando se converterem ao Senhor, esse véu será removido" (2Cor 3,15-16). Infelizmente, esse véu também está estendido diante dos olhos de muitos cristãos e só será removido "quando se der a conversão ao Senhor", quando se descobrir o senhorio de Cristo. Antes, não.

Quando, nesta tarde, o Crucificado for "erguido" nu diante de nossos olhos, fixemos bem nosso olhar nele. É o Jesus que proclamamos "Senhor", não outro qualquer, um Jesus fácil, "água com açúcar". O que estamos prestes a realizar é muito importante. Para que pudéssemos ter o privilégio de saudá-lo Rei e Senhor verdadeiro, como logo faremos, Jesus aceitou que o saudassem rei por zombaria; para que pudéssemos ter o privilégio de dobrar humildemente o joelho diante dele, aceitou que se ajoelhassem diante dele por troça e escárnio. "Então os soldados – está escrito – o vestiram de púrpura. Entrelaçaram também ramos de espinhos em forma de coroa e a puseram em sua cabeça. Depois começaram a saudá-lo… e batiam-lhe na cabeça com uma cana, cuspiam nele e, dobrando os joelhos, prostravam-se diante dele" (Mc 15,16-19).

Devemos nos compenetrar bem no que fazemos, empenhar nisso muita adoração e muita gratidão, pois ele pagou um preço alto demais. Todas as "proclamações" que ouviu em vida foram proclamações de ódio; todas as "genuflexões" que viu foram genuflexões de ignomínia. Não devemos lhes acrescentar outras com nossa frieza e superficialidade. Quando expirava na cruz, ainda lhe soava aos ouvidos o eco ensurdecedor daquela gritaria e a palavra "Rei" pendia-lhe como uma condenação escrita acima da cabeça. Agora que ele vive à direita do Pai e está presente, no Espírito, em nosso meio, que seus olhos vejam todo joelho se dobrar e, com ele, dobrar-se a mente, o coração, a vontade e tudo o mais; que seus ouvidos ouçam o grito de alegria irromper do coração dos redimidos: "Jesus Cristo é o Senhor para a glória de Deus Pai!".

2
"DEUS AMOU TANTO O MUNDO!"
(Sexta-feira Santa de 1981)

Com seu estilo enxuto, desprovido de qualquer comentário teológico ou edificante, as narrativas da Paixão – especialmente as dos sinóticos – nos transportam para os primórdios da Igreja. São as primeiras partes do Evangelho que se "formaram" (para usar a linguagem do moderno "método das formas") na tradição oral e circularam entre os cristãos. Nessa fase predominam os fatos; tudo se resume a dois eventos: morreu e ressuscitou. Mas a fase dos simples fatos não demorou a ser ultrapassada. Logo os fiéis interrogaram-se sobre o "porquê" de tais fatos, ou seja, da Paixão: por que Cristo sofreu? A resposta foi: "Por nossos pecados!". Assim nasceu a fé pascal, expressa na famosa frase de São Paulo: "Cristo morreu por nossos pecados e ressuscitou para nossa justificação" (Rm 4,25). Doravante dispunha-se dos *fatos* – morreu, ressuscitou – e do seu *significado para nós*: por nossos pecados, para nossa justificação. A resposta parecia completa: a história e a fé finalmente formavam um único mistério pascal.

Contudo, ainda não se chegara ao núcleo do problema. A pergunta retornava sob outra forma: Por que ele morreu por nossos pecados? A resposta que iluminou de vez a fé da Igreja qual fulguração de sol foi: "Porque nos amava!". "Ele nos amou e, por isso, entregou-se a si mesmo por nós" (Ef 5,2); "Amou-me e por isso entregou-se por mim" (Gl 2,20); "Ele amou a Igreja e por isso entregou-se por ela" (Ef 5,25). Como vemos, trata-se de uma verdade pacífica, primordial, que tudo penetra e se aplica tanto à Igreja em conjunto como a cada homem em particular. O evangelista São João, que escreve depois dos outros, faz remontar essa revelação ao próprio Jesus terreno: "Ninguém – diz Jesus no Evangelho de

João – tem maior amor do que aquele que dá a vida por seus amigos. Vós sois meus amigos" (Jo 15,13 s.).

Essa resposta ao "porquê" da Paixão de Cristo é realmente definitiva e não admite mais perguntas. Amou-nos porque nos amou e pronto! Com efeito, o amor de Deus não admite um "porquê", é gratuito. O único amor do mundo verdadeira e totalmente gratuito, que não pede nada para si (já tem tudo!), mas somente dá, ou melhor, dá-se a si mesmo. "Nisto consiste o amor: não fomos nós que amamos a Deus, mas foi ele quem nos amou... Ele nos amou primeiro!" (1Jo 4,10.19).

Desse modo, Jesus sofreu e morreu livremente, por amor. Não por acaso, não por necessidade, não devido a forças escusas ou razões históricas que o arrastaram sem que se desse conta, ou, ainda, a contragosto. Quem afirmasse tal coisa esvaziaria o Evangelho; suprimiria sua alma. Porque o Evangelho nada mais é do que isto: a alegre mensagem do amor de Deus em Cristo Jesus. Não só o Evangelho, mas também toda a Bíblia nada mais é do que isto: o anúncio do amor misericordioso, incompreensível, de Deus pelo homem. Se toda a Escritura se pusesse a falar, se, por um prodígio qualquer, se transformasse de palavra escrita em palavra pronunciada a uma voz, essa voz, mais poderosa que as ondas do mar, clamaria: "Deus vos ama!".

***

O amor de Deus pelo homem mergulha as raízes na eternidade ("Ele nos escolheu antes da criação do mundo", diz o Apóstolo em Ef 1,4), mas se manifestou no tempo, numa série de gestos concretos que integram a história da salvação. Deus já falara aos pais desse seu amor nos tempos de outrora, muitas vezes e de diversos modos (cf. Hb 1,1). Falara ao nos criar, pois o que é a criação senão um ato de amor, o ato inicial do amor de Deus pelo homem ("Deste origem ao universo para efundir o teu amor sobre todas as criaturas", dizemos na *Oração Eucarística* IV)[1]? Depois falara por meio dos profetas, porque na realidade os profetas são apenas mensageiros do amor de Deus, "amigos do Esposo". Mesmo quando reprovam e ameaçam, fazem-no para propugnar esse amor de Deus por seu povo. Nos profetas, Deus compara seu amor ao de uma mãe (Is 49,15 s.), ao de um pai (Os 11,4), ao de um esposo (Is 62,5). O próprio Deus resume seu modo de proceder para com Israel

---

1. Mantivemos o texto da versão italiana, conforme o original, dessa Oração Eucarística. A versão aprovada para o Brasil é ligeiramente diferente (N. do E.).

numa frase: "Com amor eterno eu te amei!" (Jr 31,3). Afirmação jamais ouvida de um Deus, em filosofia alguma e em nenhuma religião! O "deus dos filósofos" é um Deus que deve ser amado, não um Deus que ama e que ama por primeiro.

Mas Deus não se contentou em nos falar do seu amor "por meio dos profetas". "Ultimamente, nestes dias, falou-nos por meio do seu Filho" (Hb 1,2). A diferença em relação ao anterior é enorme: Jesus não se limita a nos falar do amor de Deus, como faziam os profetas: ele "é" o amor de Deus. Pois "Deus é amor" e Jesus é Deus!

***

Com Jesus, Deus não nos fala mais de longe, por intermediários; fala-nos de perto e pessoalmente. Fala-nos do âmago da nossa condição humana, depois de ter provado integralmente seu sofrimento. O amor de Deus fez-se carne e veio habitar em nosso meio! Já na antiguidade havia quem adotasse esta leitura do Evangelho de João 1,14. Jesus nos amou com coração a um tempo divino e humano; de forma perfeitamente humana, embora com medida divina. Amor repleto de força e de delicadeza, terníssimo e constante. Que amor pelos discípulos, que amor pelas crianças, que amor pelos pobres e doentes, que amor pelos pecadores! Amando, faz crescer, restitui dignidade e esperança; todos os que se aproximam de Jesus com coração simples saem transformados por seu amor.

Seu amor passa a ser amizade: "Não vos chamarei mais servos, mas chamei-vos amigos" (Jo 15,15). Mas vai além: chega a tal identificação com o homem, que não lhe bastam as analogias humanas, sequer a da mãe, do pai ou esposo: "Vós em mim – diz – e eu em vós" (cf. Jo 15,4).

Por fim, a prova suprema desse amor: "Tendo amado os seus que estavam no mundo, amou-os até o fim" (Jo 13,1), isto é, até o limite extremo do amor. Duas coisas comprovam a autenticidade do amante e o fazem triunfar: a primeira consiste em fazer benefícios à pessoa amada, a segunda, de longe a superior, em sofrer por ela. Para isso, para nos dar a prova do seu grande amor, Deus inventa o próprio aniquilamento, realiza-o de tal modo que se torna capaz de sofrimentos horrorosos. Assim, por tudo o que sofre, Deus convence os homens do seu extremado amor por eles e atrai novamente a si os que fugiam do bom Senhor, imaginando ser odiados por ele (cf. CABASILAS, N., *Vida em Cristo*, VI, 2). Jesus nos repete o que disse um dia a uma santa que meditava a Paixão: "Eu não te amei de brincadeira!" (FOLIGNO, Ângela de, *Il Libro*, Quaracchi, 1985, 612).

Para saber o quanto Deus nos ama, temos agora um meio simples e seguro: ver o quanto sofreu! Não apenas no corpo, mas sobretudo na alma. Porque a verdadeira Paixão de Jesus é a que não se vê e o fez exclamar no Getsêmani: "Minha alma está envolta numa tristeza mortal" (Mc 14,34). Jesus morreu no coração antes que no corpo. Quem pode penetrar o abandono, a tristeza, a angústia da alma de Cristo ao se sentir "feito pecado", ele, o inocentíssimo Filho do Pai? Com razão a liturgia da Sexta-feira Santa põe nos lábios de Cristo crucificado as palavras da Lamentação: "Ó vós todos que passais pelo caminho, parai e vede se há dor tão grande como a minha!" (Lm 1,12).

Foi pensando neste momento que se afirmou: "*Sic Deus dilexit mundum* – Assim Deus amou o mundo!" (Jo 3,16). No início do seu Evangelho, João exclama: "Nós vimos a sua glória" (Jo 1,14). Se perguntarmos ao evangelista: "Onde foi que viste a sua glória?", ele responderá: "Debaixo da cruz vi a sua glória!". Pois a glória de Deus consiste em ter escondido por nós a sua glória, em nos ter amado. Essa é a maior glória que Deus tem fora de si mesmo, fora da Trindade. Maior do que a de nos ter criado e de ter criado todo o universo. Agora que está na glória à direita do Pai, o corpo de Cristo já não conserva os sinais e características da sua condição mortal. No entanto, como diz o Apocalipse, ele conserva zelosamente e mostra a toda a corte celeste uma coisa: os sinais da sua Paixão, as suas chagas. Orgulha-se delas, por serem o sinal de seu grande amor pela criatura.

Jesus tem razão ao nos repetir hoje, do alto da cruz, as palavras da liturgia: "Povo meu, que podia mais por ti e não fiz? Responde-me!" (Mq 6,3).

***

Alguém poderia dizer: Sim, é verdade que Jesus nos amou outrora, quando estava na terra; mas e agora? Agora que não está mais entre nós, o que nos fica desse seu amor, além de uma pálida lembrança? Os discípulos de Emaús diziam: "Já se passaram três dias!" (Lc 24,21), e nós somos tentados a dizer: "Já se passaram dois mil anos!". E, no entanto, eles estavam enganados, porque Jesus tinha ressuscitado e caminhava com eles! Também nós nos enganamos ao pensar como eles; de fato, seu amor ainda está entre nós, porque "o amor de Deus foi derramado em nossos corações por meio do Espírito Santo que nos foi dado" (Rm 5,5). Eis a segunda verdade deste dia, não menos bela e relevante que a primeira: Deus amou tanto o mundo que nos deu seu Espírito Santo! A água que escorreu do lado de Cristo junto com seu sangue era o símbolo desse Espírito Santo. "Nisto se conhece que nós permanecemos nele e ele em nós: fez-nos o dom do seu Espírito" (1Jo 4,13). Recordemos essa afirmação de João; ela é a síntese de tudo; significa que Jesus nos deixou o dom total de si mesmo, todo o seu amor, porque ele "vive segundo o Espírito" (1Pd 3,18).

***

Tudo o que esbocei até agora é a revelação objetiva do amor de Deus na história. Pensemos agora em nós: que faremos, que diremos depois de ter ouvido o quanto Deus nos ama? Várias respostas são possíveis. Uma é: pagar com amor o amor de Deus! Esse é o primeiro e maior mandamento da lei! Um antigo hino da Igreja reza: "Como não pagar com amor a quem tanto nos amou? – *Sic nos amantem quis non redamaret?*". Mas tudo isso vem depois. Antes há outra coisa a fazer.

Outra resposta possível é: amar-nos mutuamente como Deus nos amou! Acaso não diz o evangelista João que, se Deus nos amou, "também nós devemos amar-nos uns aos outros" (1Jo 4,11)? Mas isso também vem depois; há outra coisa a ser feita antes. Antes, o quê? Crer no amor de Deus! "Nós cremos no amor que Deus tem por nós" (1Jo 4,16). Fé, portanto. Mas trata-se de uma fé especial; não da fé, simples anuência do intelecto a uma verdade. É algo bem diferente. É a fé assombro, a fé incrédula (um paradoxo!): a fé que não consegue compreender aquilo que crê, embora creia. Como Deus, sumamente feliz em sua tranquila eternidade, pôde ter o desejo não apenas de nos criar, mas também de vir pessoalmente sofrer por nós? Como isso é possível? Essa é a fé incrédula, a fé assombro. Grande parte das citações do Novo Testamento que ouvimos até agora são frases que devem ser lidas com ponto de exclamação; frases que expressam o espanto da Igreja primitiva: "Ele me amou e se entregou a si mesmo por mim!". "Assim Deus amou o mundo!"

Essa fé toda feita de espanto e admiração é enorme, e bem mais difícil e rara que qualquer outra. Cremos de verdade que Deus nos ama? Não é que não acreditemos de fato, ou ao menos não o bastante! Mas, se acreditássemos, a vida, nós mesmos, as coisas, os acontecimentos, tudo se transfiguraria imediatamente aos nossos olhos. Hoje mesmo, com ele estaríamos no paraíso, pois o paraíso nada mais é do que isto: gozar do amor de Deus. Um dito extracanônico de Jesus reza: "Quem se espanta reinará" (*Evangelho dos hebreus*). Pois aqui se realiza essa palavra. Quem é tomado de profundo assombro diante de tão incrível amor de Deus, quem fica sem palavras, é quem desde agora entra no Reino dos céus!

Mas, como dizia, nós não acreditamos realmente que Deus nos ama; o mundo tornou cada vez mais difícil acreditar no amor. Traições demais, demasiadas desilusões. Quem foi traído ou ferido uma vez tem medo de amar e ser amado, porque conhece a dor de se sentir enganado. Assim, aumenta cada vez mais a multidão dos que não conseguem acreditar no amor de Deus; não apenas nele, mas em amor algum. O mundo e a vida entram (ou permanecem) numa era glacial.

Além disso, na esfera pessoal há a tentação da nossa indignidade que nos leva a dizer: "Bem, este amor de Deus é muito bonito, mas não é para mim! Como Deus pode amar alguém como eu, que o traí, que o esqueci? Eu sou um ser indigno…". Mas ouçamos a palavra de Deus: "Seja o que for de que o nosso coração nos acuse, Deus é maior do que nosso coração" (1Jo 3,20).

***

O mundo precisa acreditar no amor de Deus. E precisa disso sobretudo na Itália, caso não queiramos continuar a ser, como diz Dante *"l'aiuola che ci fa tanto feroci* – o canteiro que nos torna tão ferozes" (*Paraíso*, XXII, 151). Por isso, temos de voltar a proclamar o evangelho do amor de Deus em Cristo Jesus. Se não o fizermos, seremos como os que põem a lâmpada debaixo de uma vasilha (cf. Mc 4,21). Defraudaremos o mundo de sua mais secreta expectativa. No mundo, há quem compartilhe com os cristãos a pregação da justiça social e do respeito ao homem; ninguém, porém – eu disse ninguém –, dentre os filósofos ou entre as religiões, diz ao homem que Deus o ama e o ama por primeiro. E, no entanto, tudo se fundamenta nessa verdade, ela é a força motriz de tudo. Até a causa do pobre e do oprimido deixa de estar garantida quando não se apoia nessa convicção inabalável de que Deus nos ama, ama o pobre e o oprimido.

Mas não bastam palavras nem lamentos. Precisamos estar dispostos, como Jesus, a sofrer e perdoar quem nos faz sofrer: "Pai, perdoa-lhes…". Jesus nos deixou como herança, como cristãos, essa palavra que pronunciou na cruz, para que a mantivéssemos viva no decorrer dos séculos afora e a empregássemos como nossa verdadeira arma.

Não para perdoar os inimigos do tempo de Jesus, que já não existem, mas para perdoar os inimigos de Jesus de hoje, os nossos inimigos, os inimigos da Igreja. O cristianismo é a religião do perdão dos inimigos! Ninguém deveria dizer que conhece o amor de Deus derramado em seu coração pelo Espírito Santo se esse amor não lhe serviu, ao menos uma vez, para perdoar um inimigo. Devemos dar graças publicamente aos irmãos na fé que, alcançados pelo ódio e pela violência homicida, sentiram o impulso do Espírito Santo para perdoar também publicamente quem matara um de seus familiares e o seguiram com humildade. Eles acreditaram no amor! Deram um magnífico testemunho a Cristo de que seu amor, manifestado no dia de hoje na cruz, ainda é possível, graças ao seu Espírito e que também é o único capaz de mudar alguma coisa no mundo, porque muda as consciências.

Hoje, aceitei o convite do profeta Isaías que diz: "Consolai, consolai o meu povo, falai ao coração de Jerusalém e clamai que acabou a escravidão" (Is 40,1 s.). Como uma voz muito tênue que sai do silêncio e ao silêncio volta, também eu me atrevi a falar "ao coração de Jerusalém", isto é, da Igreja, para lhe lembrar o que existe de mais precioso: o eterno amor de seu divino Esposo. Agora é esse Esposo em pessoa que se dirige à Igreja com as palavras do Cântico e lhe diz:

> Levanta-te, amiga minha,
> Formosa minha, e vem!
> Eis que o inverno passou,
> Cessaram as chuvas, e desapareceram;
> As flores se mostram nos campos
> O tempo dos gorjeios chegou (Ct 2,10-12).

Neste dia santíssimo da morte de Cristo, um sopro de alegria soergue o mundo.

3
"VÓS MATASTES JESUS DE NAZARÉ!"
(Sexta-feira Santa de 1982)

No dia de Pentecostes, Pedro, pondo-se em pé com os outros onze, fez ao povo um discurso que pode ser resumido em três palavras. Mas cada uma dessas três palavras tem a força de um trovão:

>Vós matastes Jesus de Nazaré!
>Deus o ressuscitou!
>Convertei-vos! (cf. At 2,23 ss.).

Quero tomar essas três palavras e fazê-las reviver entre nós, na esperança de que consigam transpassar o coração, como transpassaram o das pessoas que as ouviram dos apóstolos. Essas três mil pessoas, às quais Pedro dirigiu aquela terrível acusação, certamente não estavam todas presentes no Calvário, martelando os cravos; talvez nem sequer estivessem diante do pretório de Pilatos clamando: "*Crucifige!*". Então, por que se diz que tinham "matado Jesus de Nazaré"? Porque não tinham acolhido a boa nova que Jesus lhes trazia: "Chegou o Reino de Deus: convertei-vos e crede no Evangelho!". Porque, quando Jesus passava pelas ruas de Jerusalém, talvez tivessem fechado as portas de suas lojas para evitar aborrecimentos...

***

Nós hoje recordamos isso tudo, mas de certa forma nos sentimos seguros. Parece-nos que esse assunto diz respeito a quem viveu na Palestina no tempo de Jesus, e não a nós. Fazemos como o rei Davi, no dia em que ouviu do profeta Natan a narrativa do grande pecado cometido na cidade e, ao final, gritou furioso: "Quem fez isto é réu de morte!" (2Sm 12,5). Nos anos subsequentes à Segunda Guerra Mundial, reinou uma verdadeira paixão pelo problema da responsabilidade pela morte de Cristo, também em virtude da tragédia vivida pelo povo judeu. Há inúmeros livros e representações sobre o processo de Cristo. A resposta a esse problema suscitou importantes consequências, até mesmo relativas à participação dos cristãos nas lutas de libertação em várias partes do mundo. O problema da morte de Cristo tornou-se essencialmente histórico e, como tal, neutro. Só nos interessa indiretamente pelas consequências que pode trazer para os dias de hoje; não diretamente, como partes em causa. Seja como for, não como acusados, mas, quando muito, como acusadores. Alguns apontam como responsável pela morte de Jesus o poder religioso, isto é, o povo judeu do seu tempo; outros, o poder político, isto é, os romanos, fazendo de Jesus o mártir de uma causa de libertação; outros, enfim, afirmam que ambos foram responsáveis. Temos a impressão de participar de um processo em que, mais ou menos conscientemente, cada um repete para si mesmo a frase de Pilatos: "Eu sou inocente do sangue deste homem!" (Mt 27,24).

Mas o que o profeta Natan respondeu a Davi naquele dia? Retrucou-lhe com o dedo em riste: "Tu és este homem, ó rei!" (2Sm 12,7). A palavra de Deus exclama o mesmo, dirigindo-se a nós, que procuramos saber quem matou Jesus: "Você é esse homem! Você matou Jesus de Nazaré! Você estava lá naquele dia e gritou com as multidões: 'Fora, fora, crucifica-o!'. Estava com Pedro quando o renegava; com Judas quando o traía; com os soldados que o flagelavam... Você acrescentou um espinho à coroa que lhe impingiram, o seu escarro no rosto dele!". Essa certeza pertence ao núcleo mais essencial da nossa fé: "Cristo morreu por nossos pecados" (Rm 4,25). O profeta Isaías antecipadamente deu a essa verdade a expressão mais dramática:

> Ele suportou nossos sofrimentos
> E tomou sobre si as nossas dores...
> Ele foi transpassado pelos nossos pecados,
> esmagado por nossas iniquidades.
> O castigo que nos salva
> caiu sobre ele;
> por suas chagas fomos curados (Is 53,4s.).

Todos nós somos acusados da sua morte, pois todos pecamos e, se dissermos que não temos pecado, mentimos. Mas dizer: "Jesus morreu por nossos pecados" equivale a dizer: "Nós matamos Jesus!". A Carta aos Hebreus afirma que os que voltam a pecar depois do batismo (ou seja, nós) "novamente crucificaram o Filho de Deus e o expõem à infâmia" (Hb 6,6).

Ao ouvirem a terrível acusação: "Vós matastes Jesus de Nazaré!", os três mil judeus sentiram o próprio coração transpassado e disseram a Pedro e aos outros apóstolos: "Irmãos, que devemos fazer?" (At 2,37). Um grande pavor apoderou-se deles e hoje também se apodera de nós, se não somos insensíveis. Como não ficar apavorado com este pensamento: Deus amou tanto o mundo que lhe entregou seu Filho unigênito, e nós, em resposta, o matamos! Matamos a Vida!

Enquanto não passamos por essa crise interior, por esse "temor e tremor", não somos cristãos autênticos, maduros, mas simples embriões de cristão, a caminho da luz. Enquanto você não se sentir realmente perdido, digno de condenação, pobre náufrago, não perceberá o significado de ser salvo pelo sangue de Cristo; não saberá o que diz quando chama Cristo de "meu Salvador". A rigor, não pode sequer avaliar os sofrimentos de Cristo e chorar por eles. Seria hipocrisia, porque só conhece realmente os sofrimentos de Cristo quem está intimamente convencido de que tais sofrimentos são obra sua, de quem as infligiu. Jesus poderia lhe dizer, como às piedosas mulheres: "Não chores por mim; chora por ti e por teu pecado!" (cf. Lc 23,28).

***

Essa "crise" pode ter duas soluções: ou a de Judas, que disse: "Entreguei sangue inocente" e foi enforcar-se (cf. Mt 27,4 s.), ou a de Pedro, que, saindo, "chorou amargamente" (Mt 26,75). Depois de provar a força do arrependimento, Pedro pode agora indicar aos irmãos esse caminho de salvação, clamando com vigor: "Arrependei-vos!".

Mas o que significa essa palavra? Como se põe em prática? Passando do estado de *acusação* do pecado para o de *confissão* do pecado; de ouvir alguém lhe dizer: "Você matou Jesus de Nazaré!" para admitir, com uma pontada no coração e com toda a sinceridade: Sim, eu matei Jesus de Nazaré! Essa passagem não depende apenas de nós; é obra do Espírito Santo, que "convence o mundo do pecado" (cf. Jo 16,8). É algo milagroso. Quando acontece, produzem-se espiritualmente no coração do homem os mesmos fenômenos que se verificaram na natureza naquele dia. O véu que encobre sua mente se rasga; seu coração de pedra se despedaça; o sepulcro em que é mantido prisioneiro do pecado se abre; ele é finalmente um homem livre. Renasceu para uma nova vida.

Que coisa magnífica, digna do homem, a confissão dos pecados, quando é sincera e livre! Ela permite que Deus seja ele mesmo, isto é, "o Deus que perdoa os pecados" (cf. Mq 7,18). Ao colocar-se do lado de Deus contra si próprio, o homem induz Deus a fazer o mesmo: aceitar o homem contra si mesmo, contra a própria justiça. Entenda-se, não por necessidade, mas por misericórdia. De fato, Deus quer usar de misericórdia com o mundo, mas não pode fazê-lo se o homem nega o próprio objeto da misericórdia de Deus, que é o seu pecado. Um "coração contrito e humilhado" é para Deus a coisa mais difícil de conseguir; para tanto, não lhe basta sua onipotência. Ele também necessita da nossa liberdade. Por isso, trata-se também da coisa mais preciosa e que mais comove o coração de Deus: "Assim diz o Senhor: o céu é meu trono e a terra o meu escabelo. Eis para quem olho: para o pobre e contrito de coração" (Is 66,1 s.).

Mas nossa desgraça consiste precisamente nisto: não reconhecemos nosso pecado verdadeira e cabalmente. Dizemos: "Afinal, que mal eu fiz?". Mas escute, irmão, pois agora falo ao meu coração pecador, assim como ao seu. Você não percebe o seu pecado? Pois saiba que seu pecado consiste precisamente nisto: em não ver o seu pecado! O seu pecado é de autojustificação; é esse sentimento de estar tranquilamente em paz com Deus e os homens, mesmo quando, por palavras, você se declara pecador. Foi esse o pecado que – por tê-lo denunciado com vigor nos fariseus – levou Jesus à cruz.

Ao se considerar justo, você deixa de compreender a cruz de Cristo e também sua própria cruz. Acredita que você e o mundo inteiro são vítimas de uma dor desproporcionada, grande demais para não acusar ao Deus que a permite. Oh! se uma vez compreendêssemos o que diz a Escritura, isto é, que, "contra o seu desejo, ele humilha e aflige os filhos do homem" (Lm 3,33), que, diante da desventura do seu povo, seu coração se comove dentro dele e seu íntimo freme de compaixão (cf. Os 11,8)! Se assim fosse, nossa reação seria bem diferente e exclamaríamos antes: "Perdoa-nos, ó Pai, se te obrigamos, com o nosso pecado, a tratar tão duramente teu Filho querido! Perdoa-nos se agora te obrigamos a afligir também a nós para poder nos salvar, ao passo que tu, como qualquer pai, e infinitamente mais, desejarias poder dar unicamente 'coisas boas' aos teus filhos! (cf. Mt 7,11). Perdoa-nos se te obrigamos a te privar da alegria de nos dar imediatamente, já nesta vida, a felicidade para a qual nos criaste".

Quando eu era menino, certa vez desobedeci a meu pai, andando descalço num lugar onde ele me recomendara que não o fizesse. Uma grande lasca de vidro rasgou a planta de meu pé. Era tempo de guerra e meu paizinho teve de enfrentar não poucos riscos para me levar ao médico militar aliado mais próximo. Enquanto ele me extraía o vidro e fazia um curativo no ferimento, eu via meu pai torcer as mãos com o rosto voltado para a parede, a fim de não ver. Que filho teria sido eu se, de volta para a casa, o tivesse acusado de me fazer sofrer assim, sem nada fazer? E, no entanto, é isso que o mais das vezes fazemos com Deus.

A verdade é, portanto, bem diferente. Somos nós que fazemos Deus sofrer, não o contrário. Mas nós falseamos essa verdade a ponto de nos perguntar, depois de qualquer nova calamidade: "Onde está Deus? Como é que Deus pode permitir tudo isso?". É verdade: Deus poderia salvar-nos mesmo sem a cruz, mas seria algo totalmente diferente e ele sabe que um dia nos envergonharíamos por termos sido salvos desse modo, passivamente, sem poder colaborar em nada para a nossa felicidade.

Todos pecamos e somos privados da glória de Deus (cf. Rm 3,23); por isso, a todos é dirigida a palavra de Pedro: "Arrependei-vos!". Arrependimento: essa é a palavra salvadora por excelência em nossos dias. O Apocalipse contém sete cartas a outras tantas igrejas da Ásia Menor (cf. Ap 2–3). Cada uma delas termina com uma advertência: "Quem tem ouvidos ouça o que diz o Espírito às Igrejas". Lendo-as atentamente, verifica-se que no centro de cada uma delas se insere, em absoluto destaque, a palavra *metanòeson*, que significa: "Arrependei-vos, reconhecei as vossas faltas!". Quem tem ouvidos para compreender o que o Espírito diz hoje às Igrejas sabe que ele continua a dizer a mesma coisa: arrependimento!

Na noite anterior ao dia 9 de outubro de 1963, em que o desabamento da barragem de Vajont, em Friuli, no norte da Itália, provocou uma catástrofe, ouviram-se estalos provenientes da região, mas ninguém lhes deu importância. Pois bem, algo semelhante está acontecendo à nossa volta, se soubermos escutar. Este mundo que construímos, enchendo-o de injustiças e aberta rebelião contra os mandamentos de Deus, está estalando. O ar cheira a fumaça. Se ainda vivesse, João Batista clamaria: "O machado já está à raiz das árvores, o machado já está à raiz das árvores. Reconhecei as vossas faltas!" (cf. Mt 3,10).

Até o mundo dos que não creem percebe confusamente essa ameaça que paira no ar, mas reage de forma totalmente diversa: constrói abrigos antiatômicos! Há nações que investem nisso parte notável do próprio orçamento. Como se algo assim resolvesse o problema! Também nós, os crentes, estamos em busca de um abrigo antiatômico, mas nosso verdadeiro abrigo antiatômico, nossa "arca de

Noé", é precisamente este: o arrependimento dos pecados. Com efeito, nada nem ninguém poderá atemorizar os que colocaram o próprio coração sobre a rocha segura que é Deus. Eles cantam com o salmista:

> Deus é para nós refúgio e fortaleza,
> socorro permanente em nossa angústia.
> Se a terra estremecer não temeremos;
> nem se dentro do mar ruem montanhas (Sl 46,2 s.).

Ao mundo desenfreado que me ameaça de destruição, posso dizer na fé: "Não tens, para me fazer mal, a milésima parte da força que tenho para suportar o mal!". Porque "tudo posso naquele que me fortalece" (Fl 4,13). Ele disse: "Tende confiança; eu venci o mundo" (Jo 16,33). E eu creio!

***

Eis-nos, pois, chegados à outra grande palavra da pregação de Pedro: "Mas Deus o ressuscitou!". Ao ressuscitar Jesus da morte, Deus transformou nosso maior pecado na sua maior prova de misericórdia. Ao matar Jesus, nós matamos nosso próprio pecado que ele tomou sobre si. Só quem acolheu no mais fundo do coração a palavra do arrependimento pode agora apreciar a torrente de luz e alegria contida nesse feliz anúncio pascal. Quem sabe o que se experimenta ao dizer com sinceridade: "Eu matei Jesus de Nazaré!" também compreende o que significa "ser regenerado para uma esperança viva, mediante a ressurreição de Jesus Cristo dos mortos" (cf. 1Pd 1,3). É como quando um homem está convencido de que matou alguém e foge desesperado, acreditando que para ele já não há salvação neste mundo, quando, inesperadamente, vem a saber que quem ele julgava ter matado está vivo e o perdoou, procurando-o até para fazer dele o seu amigo.

O próprio pecado deixou de nos atemorizar, porque já não o carregamos sozinhos. Ele "ressuscitou para nossa justificação" (Rm 4,25), ou seja, para poder assumir nosso pecado e nos dar em troca a sua justiça. O homem arrependido é alguém que desceu com Jesus ao inferno, foi "batizado em sua morte" (Rm 6,3) e agora é como que arrastado por Jesus, com ele, para fora do túmulo, para uma vida nova: "Deus, rico em misericórdia, pelo grande amor com que nos amou, nos deu de novo a vida com o Cristo, quando estávamos mortos pelos nossos pecados" (Ef 2,4 s.).

Talvez você pense que esse feliz anúncio não lhe diz respeito, porque não viu o seu véu rasgar-se e lágrimas de arrependimento ainda não brotaram de seus olhos. Não fique triste nem se desespere: esse é um dom de Deus, e ele pode concedê-lo num instante, ou então pouco a pouco, ou ainda quando menos se esperar. Você só precisa continuar a implorar por ele e a desejá-lo, sem descanso, como eu também faço. Se você anseia ardentemente pelo arrependimento, já se arrependeu! Deixe-se regenerar para "uma esperança viva"; comece a viver como ressuscitado. Considere os milhares de pessoas que estão ao seu redor e diga para si mesmo: "São meus irmãos; todos eles são meus irmãos e minhas irmãs!". Ao sair, veja com olhos renovados as pessoas com que se depara, as de sua família, de sua comunidade, de seu ambiente de trabalho, e diga para si mesmo: "São meus irmãos; todos eles são meus irmãos e minhas irmãs!". "Todos ali nasceram" (cf. Sl 87,5), isto é, no coração de Jesus transpassado por nossos pecados!

Agora, é o Ressuscitado quem fala conosco pessoalmente. Palavras repletas de fé e de entusiasmo, pronunciadas no decorrer de uma liturgia igual à nossa, pelo bispo de uma daquelas sete Igrejas da Ásia Menor, nos primórdios da Igreja:

> Sou eu quem destruiu a morte,
> que triunfei sobre o inimigo,
> que arrebatei o homem até a sumidade dos céus.
> Ânimo, pois, vinde todas as raças humanas
> mergulhadas em pecados.
> Recebei a remissão dos pecados.
> De fato, eu sou a vossa remissão;
> eu sou a Páscoa da salvação,
> eu, o Cordeiro por vós imolado,
> eu, o vosso resgate,
> eu, a vossa vida,
> eu, a vossa ressurreição,
> eu, a vossa luz,
> eu, a vossa salvação,
> eu, o vosso rei.
> Eu vos mostrarei o Pai (MELITÃO DE SARDES, *Sobre a Páscoa*, 102-103).

4

"BATIZADOS EM SUA MORTE"

(Sexta-feira Santa de 1983)

Qual o sentido do rito que estamos celebrando? Por que nos reunimos aqui esta tarde? A resposta mais óbvia é: para comemorar a morte do Senhor! Mas essa resposta é insuficiente. A Páscoa – escreveu Santo Agostinho – não se celebra como um aniversário, mas como um mistério (*sacramentum*). Ora, na celebração de um mistério os participantes não se contentam em relembrar um acontecimento passado na data em que ele sucedeu, mas participam dele (cf. *Cartas*, 55, 1, 2). Os ritos do tríduo pascal não têm, pois, sentido meramente histórico ou moral (comemoração de fatos, exortando-se à imitação), mas têm significado místico. Neles, algo deve acontecer. Não há como ficar alheios, como simples espectadores ou meros ouvintes; é preciso envolver-se neles, tornar-se "atores" e deles fazer parte.

Por isso, esta tarde estamos aqui para realizar uma "ação", e não uma simples "comemoração". E a ação a ser efetuada é esta: sermos batizados na morte de Cristo! Ouçamos o apóstolo Paulo. Ele escreve: "Todos os que fomos batizados em Cristo Jesus fomos batizados para participar de sua morte. Pelo batismo fomos sepultados com ele, para que, como Cristo foi ressuscitado pelo poder glorioso do Pai, assim também nós vivamos uma vida nova" (Rm 6,3-4).

É natural que nos perguntemos: Mas tudo isso já não aconteceu no dia do nosso batismo? O que precisamos fazer que já não tenha sido realizado? Temos de responder: sim e não. Tudo isso já aconteceu e ainda deve acontecer. Se ser batizados significa ser "sepultados com Cristo na morte", então nosso batismo ainda não está completo. No ritual do batismo há, desde sempre, uma fórmula breve destinada aos casos de crianças batizadas *in articulo mortis*, ou seja, em perigo de morte. Depois de superado o perigo, essas crianças devem ser levadas novamente à igreja, para que se completem os ritos omitidos. Pois bem, sob esse aspecto, nós, cristãos de hoje, somos todos batizados *in articulo mortis*. Fomos batizados às pressas, nos primeiros dias de vida, por receio de que a morte nos colhesse sem batismo. Esse costume é legítimo; remonta diretamente ao limiar da era apostólica. Só que, depois de adultos, também precisamos completar o batismo recebido. E devemos fazê-lo, não com ritos suplementares e acidentais, mas com um elemento essencial, que determina a eficácia do sacramento, embora não sua validade. De que se trata? Jesus diz: "Ide por todo o mundo e pregai o Evangelho a toda criatura. Quem crer e for batizado será salvo" (Mc 16,16). Quem crer e for batizado: no Novo Testamento, esses dois elementos sempre aparecem associados, quando se fala do início da salvação: fé e batismo (cf. Jo 1,12; At 16,30-33, Gl 3,26-27). O batismo é o "sinete divino aposto à fé do crente" (BASÍLIO MAGNO, *Contra Eunômio*, 3, 5).

Trata-se, todavia, de uma fé especial, que compromete a pessoa inteira, de uma fé-conversão: "Convertei-vos e crede no Evangelho" (Mc 1,15), ou antes de uma fé-compunção: "Arrependei-vos e cada um se faça batizar em nome de Jesus Cristo" (At 2,38). Nos primórdios da Igreja, chegava-se ao batismo por um processo de conversão que abrangia a vida inteira. A ruptura com o passado e o início de uma nova vida tornavam-se visíveis pelo simbolismo do rito. O catecúmeno despojava-se de suas vestes e baixava às águas; por um momento, sentia-se privado de luz, de respiração, desaparecido para o mundo e como que sepultado. Depois, voltava a emergir para a luz do mundo. Mas, para ele, a luz e o mundo já não eram os mesmos de antes; eram uma luz nova e um novo mundo. Tinha "renascido da água e do Espírito" (cf. Jo 3,5).

É possível repetir, na situação atual, uma experiência tão forte? Sim, é possível; ou melhor, é vontade de Deus que isso aconteça uma vez na vida de todo cristão. Certo dia, Jesus disse: "Eu vim trazer fogo à terra, e como gostaria que já estivesse aceso! Há um batismo que devo receber e como estou ansioso para que ele se realize!" (Lc 12,49-50). Ao pronunciar estas palavras, Jesus pensava em sua morte, como indica a imagem do batismo usada também outras vezes neste sentido (cf. Mc 10,38). Com sua morte na cruz, Jesus como que acendeu um fogo no mundo e instaurou, no seu lado lacerado, um batistério. Estes permanecerão abertos até o fim do mundo, porque Jesus, "morto na carne, vive no Espírito" (cf.

1Pd 3,18). Aliás, esse fogo sempre aceso é precisamente o seu Espírito, do qual se disse que "permanecerá conosco para sempre" (cf. Jo 14,16). Graças a este Espírito que vive, tudo o que se refere a Jesus é de hoje, é atual. Nós podemos dizer que hoje Cristo morre, hoje desce aos infernos e, passados dois dias, ressuscitará. Todo ano as águas desse misterioso batistério de certo modo voltam a se agitar, como a água da piscina de Betesda, para que os que desejarem possam mergulhar nela e ser curados.

Ser batizados na morte de Cristo é entrar na sarça ardente; é passar pela agonia, pois implica purificações, aridez, cruzes. Mas trata-se de uma agonia que, ao invés de ser um prelúdio da morte, anuncia o nascimento; trata-se de uma agonia-parto. Ser batizado em sua morte é entrar no coração de Cristo, tomar parte no drama do amor e da dor de Deus. Ser batizados em sua morte é algo que não pode ser descrito, mas deve ser vivido. Saímos deles como criaturas novas, prontas para servir ao Reino de maneira nova.

***

Mas vamos conferir um conteúdo concreto a tudo isso. O que significa ser batizados na morte de Cristo? Paulo continua dizendo: "A sua morte foi morte para o pecado, uma vez por todas, mas sua vida agora é uma vida para Deus. Assim também vós deveis considerar que estais mortos para o pecado, mas vivos para Deus, em Cristo Jesus" (Rm 6,10-11). Ser batizados na morte de Cristo significa, portanto, morrer para o pecado e viver para Deus! Morrer para o pecado, ou "romper definitivamente com o pecado" (cf. 1Pd 4,1) implica algo preciso: tomar a firme decisão e, no que depende de nós, irrevogável de não cometer mais pecado voluntário, especialmente "aquele pecado" ao qual ainda estamos um tanto apegados secretamente.

O objetivo e a meta suprema não é a morte, mas a vida; antes, a novidade da vida, a ressurreição, a alegria, a indizível experiência do amor do Pai. Mas tudo isso é a parte de Deus; é como a roupa nova que ele tem pronta para quem emerge das águas do batismo. Devemos deixar Deus cumprir a sua parte, sabendo que sua fidelidade se funda nos céus. Temos de cumprir a nossa parte, que é morrer para o pecado; abandonar a conivência com o pecado, a solidariedade, mesmo tácita, com ele. Sair de Babilônia. Babilônia – explica Santo Agostinho no *De Civitate Dei* – é a cidade construída sobre o amor de si mesmo até o desprezo de Deus; é a cidade de Satanás. Babilônia é, portanto, a mentira, é viver para si mesmo, para a própria glória. A esta Babilônia espiritual alude a palavra de Deus, quando diz: "Saí do meio dela, meu povo, para que não tomeis parte em seus pecados e não tenhais parte nas suas pragas!" (Ap 18,4). Não se trata de sair materialmente da cidade e da solidariedade com os homens. Trata-se de sair de uma situação moral, não de um lugar. Não é uma fuga do mundo, mas uma fuga do pecado.

Morrer para o pecado significa aderir ao juízo de Deus. Deus observa este mundo e o julga. O seu juízo é o único que traça uma linha precisa de demarcação entre o bem e o mal, entre a luz e as trevas. O seu juízo não muda com as modas. Converter-se significa atravessar o muro da mentira e posicionar-se do lado da verdade, isto é, de Deus. Tudo se resolve quando um homem diz a Deus, com o salmista: "Reconheço a minha culpa…; és justo quando falas, reto é o teu juízo" (Sl 51,5 s.). Ou seja, eu aceito, ó Deus, o teu juízo a meu respeito; ele é reto e santo; para mim, ele é amor e salvação!

Com a vinda de Jesus, este "juízo" de Deus fez-se visível, de certo modo materializou-se e historicizou-se: é a cruz de Cristo! Antes de morrer, ele disse, aludindo precisamente à sua morte na cruz: "Agora é o juízo deste mundo; agora o príncipe deste mundo será lançado fora" (Jo 12,31). A cruz é o poderoso "não" de Deus ao pecado. Ela foi plantada, como árvore da vida, no centro da praça da cidade (cf. Ap 22,2), no meio da Igreja e do mundo, e ninguém mais poderá removê-la dali, ou substituí-la por outros critérios. Ainda hoje, como no tempo do apóstolo Paulo, "os gregos", isto é, os eruditos, os filósofos, os teólogos, buscam sabedoria; "os judeus", isto é, os piedosos, os crentes, buscam sinais, buscam realizações, eficiência, resultados; mas a Igreja continua pregando Cristo crucificado, poder de Deus e sabedoria de Deus (cf. 1Cor 1,22-23).

***

Em 11 de novembro de 1215, o papa Inocêncio III abriu o IV Concílio Ecumênico de Latrão, pronunciando um discurso memorável. Partiu das palavras de Jesus que, pondo-se à mesa antes de morrer, disse: "Desejei ardentemente celebrar esta Páscoa convosco" (cf. Lc 22,15). Páscoa, explicou o Pontífice, significa passagem. Há uma tripla passagem que Jesus deseja efetuar conosco ainda hoje: uma corporal, uma espiritual e uma eterna. A passagem corporal era, para o Pontífice, a passagem para Jerusalém, a fim de reconquistar o Santo Sepulcro; a passagem espiritual era a dos vícios para a virtude, do pecado para a graça; em outras palavras, a renovação moral da Igreja; a passagem eterna era a passagem definitiva deste mundo para o Pai, a morte. Em seu discurso, o Papa insistia sobretudo na passagem espiritual: a reforma moral da Igreja, e especialmente do clero, era a sua maior preocupação. Além disso, já bem idoso, dizia que queria percorrer em pessoa toda a Igreja, como aquele homem vestido de linho com uma bolsa de escriba à cintura, citado pelo profeta Ezequiel (cf. Ez 9,1 ss.), para marcar com o *Tau* [T] penitencial a testa dos homens que, como ele, lamentavam e se afligiam pelas abominações que se cometiam na Igreja e no mundo.

Não conseguiu realizar esse sonho, pois em poucos meses a morte o levou e ele fez a terceira passagem, para a Jerusalém celeste. Mas na basílica de Latrão, onde Inocêncio pronunciou o seu discurso, no meio da multidão e talvez desconhecido de todos – de acordo com a tradição – estava um pobrezinho: Francisco de Assis! Seja como for, ele acolheu o ardente desejo do Papa e o assumiu. Voltando para sua cidade, passou a pregar a penitência e a conversão ainda mais ardorosamente que antes, marcando com um *Tau* a testa dos que se convertiam sinceramente a Cristo. O *Tau*, figura profética da cruz de Cristo, tornou-se o seu sinete. Com ele assinava as cartas, desenhava-o nas celas dos seus frades, tanto que São Boaventura pôde dizer, depois da sua morte: "Ele recebeu do céu a missão de chamar os homens a chorar e a se lamentar, a raspar a cabeça e a se cingir de saco, e a imprimir, com o sinal da cruz penitencial, o *Tau* sobre a fronte dos que gemem e choram" (*Legenda maior*, Prólogo). Esta foi a "cruzada" que Francisco empreendeu: traçar a cruz, não sobre as vestes ou as armas para combater os "infiéis", mas traçá-la no coração, seu e dos irmãos, a fim de eliminar a infidelidade do povo de Deus. Ele recebeu esta missão "do céu", escreve São Boaventura; mas agora sabemos que também a recebeu da Igreja, do Papa. Quis ser humilde instrumento a serviço da Igreja e da hierarquia, para realizar a renovação decretada pelo Concílio ecumênico do seu tempo. Celebrando este ano o oitavo centenário do nascimento do Pobrezinho de Assis, pedimos a Deus que envie à sua Igreja de hoje, também ela empenhada em efetuar a renovação desejada por um Concílio Ecumênico, o Vaticano II, homens como Francisco, capazes de se engajar, como ele, no serviço da Igreja e de convocar os homens para se reconciliarem com Deus e entre si mediante o arrependimento e a conversão.

5

"CRUCIFICADO POR SUA FRAQUEZA, CRISTO VIVE PELO PODER DE DEUS"

(Sexta-feira Santa de 1984)

Em toda a Bíblia, ao lado da revelação do poder de Deus, há uma revelação secreta, que poderíamos chamar de revelação da fraqueza de Deus. A fraqueza de Deus está ligada ao que a Escritura muitas vezes denomina as "entranhas da misericórdia do nosso Deus" (cf. Jr 31,20; Lc 1,78). Ela o torna, por assim dizer, impotente diante do homem pecador e rebelde. O povo é "duro de se converter", "subleva-se em contínuas rebeliões". E qual é a reação de Deus? "Como poderei abandonar-te – diz –, como confiar-te a outro, Israel?... O meu coração se enternece dentro de mim, minhas entranhas fremem de compaixão" (Os 11,8). Quase desculpando-se por sua fraqueza, Deus diz: "Pode a mãe esquecer-se do seu filhinho, a ponto de não se comover pelo fruto de suas entranhas?" (cf. Is 49,15). Este amor é, na realidade, amor de mãe por excelência. Ele brota das profundezas em que a criança se plasmou e, a seguir, domina todo o ser da mulher – corpo e alma –, fazendo-a sentir o filho como parte de si mesma que jamais poderá ser cortada sem uma profunda laceração do seu próprio ser.

A razão da debilidade de Deus é, portanto, o seu amor pelo homem. Ver a pessoa amada destruir-se com as próprias mãos e não poder fazer nada! Alguma experiência disso têm o pai e a mãe que veem o filho arruinar-se, dia a dia, por causa das drogas e sem poder acenar para o seu verdadeiro eu, com medo de pôr tudo a perder. Mas Deus, sendo onipotente, não poderia impedi-lo? Claro que poderia, mas assim destruiria a liberdade do homem, ou seja, destruiria o próprio homem! Por isso, pode limitar-se apenas a admoestar, rogar, ameaçar, e é o que faz continuamente por intermédio dos profetas.

Mas só conhecemos o grau desse sofrimento de Deus quando ele se materializou diante de nós na Paixão de Cristo. A Paixão de Cristo nada mais é do que a manifestação histórica e visível do sofrimento do Pai por causa do homem. Ela é a manifestação suprema da fraqueza de Deus; Cristo – diz São Paulo – "foi crucificado por sua fraqueza" (2Cor 13,4). Os homens venceram a Deus, o pecado venceu e se ergue triunfante perante a cruz de Cristo. A luz foi encoberta pelas trevas... Mas por um só momento: Cristo foi crucificado por sua fraqueza, "mas vive pelo poder de Deus", acrescenta logo o Apóstolo. Vive, vive! É ele mesmo que repete agora à sua Igreja: "Eu estive morto, mas agora vivo para sempre e tenho poder sobre a morte e sobre os infernos!" (Ap 1,18). De fato, "o que é fraqueza de Deus é mais forte que os homens" (1Cor 1,25). A própria cruz se tornou poder de Deus, sabedoria de Deus, vitória de Deus. Deus venceu sem abrir mão de sua fraqueza, mas levando-a às últimas consequências. Não se deixou arrastar para o terreno do inimigo: "Ultrajado, não respondia com ultrajes" (1Pd 2,23). Ao desejo do homem de aniquilá-lo respondeu, não com uma vontade equivalente de destruí-lo, mas com o desejo de salvá-lo: "Eu sou o vivente – diz –; não quero a morte do pecador, mas que se converta e viva" (cf. Ez 33,11). Deus demonstra a sua onipotência pela misericórdia e pelo perdão (*parcendo e miserando*), diz uma prece da Igreja. Ao clamor: "Crucifica-o!", respondeu com o grito: "Pai, perdoa-lhes!" (Lc 23,34).

Não há no mundo palavras que se assemelhem a essas três: "Pai, perdoa-lhes!". Elas contêm em si todo o poder e a santidade de Deus. São palavras indomáveis; não podem ser superadas por nenhum delito, porque foram pronunciadas diante do maior de todos os crimes, no momento que o mal produziu seu esforço supremo, além do qual não pode ir. "A morte foi tragada pela vitória. Onde está, ó morte, a tua vitória? Onde, ó morte, o teu aguilhão?" (1Cor 15,54-55). Tais palavras soam como palavras sacramentais. À sua maneira, elas também "significam, causam". Exprimem todo o sentido e o objetivo da Paixão – que é a reconciliação do mundo com Deus – e, ao fazê-lo, realizam-no.

***

Esta reconciliação começa imediatamente, em torno da cruz, com os carrascos que crucificam Cristo. Tenho certeza de que os que crucificaram Cristo se salvaram e a eles nos juntaremos no paraíso. Eles ali estarão testemunhando por todos os séculos até que ponto chegou a bondade do Senhor. Jesus orou por eles com toda a sua autoridade, e o Pai, que sempre atendera à prece do Filho durante a sua vida (cf. Jo 11,42), não pôde deixar de deferir esta oração feita pelo Filho na iminência da morte. Aos carrascos seguem-se o bom ladrão, depois o centurião romano (cf. Mc 15,39), a seguir, as multidões que se converteram no dia de Pentecostes. É um cortejo que aumentou cada vez mais, até incluir a nós mesmos que, esta tarde, celebramos a morte de Cristo. Do servo sofredor, Deus dissera por meio do profeta Isaías: "Por isso, eu lhe darei em prêmio as multidões... porque entregou-se à morte e foi contado entre os ímpios, ao passo que carregava o pecado de muitos e intercedia pelos pecadores" (Is 53,12). Porque intercedia pelos pecadores dizendo: "Pai, perdoa-lhes!", Deus concedeu em prêmio a Jesus de Nazaré as multidões!

Nós temos uma visão distorcida da redenção que gera muitas dificuldades para a nossa fé. Imaginamos uma espécie de pacto: Jesus, mediador entre Deus e o homem, paga ao Pai o preço dos nossos pecados, que é o seu sangue, e o Pai, "satisfeito", perdoa aos homens as suas culpas. Mas esta visão é demasiado humana, inexata, ou pelo menos parcial. Para nós, mesmo humanamente falando, é intolerável: um pai que precisa do sangue do filho para ser aplacado! A verdade é bem diferente: o sofrimento do Filho vem antes (é espontâneo e livre!) e é algo tão precioso aos olhos do Pai que este lhe responde, da sua parte, outorgando ao Filho o maior dom que podia: doa-lhe uma multidão de irmãos, constitui-o "primogênito entre muitos irmãos" (cf. Rm 8,29). "Pede-me – diz-lhe – e eu te darei por herança os povos e por domínio os confins da terra" (Sl 2,8).

Assim, não é tanto o Filho que paga uma dívida ao Pai, quanto o Pai que salda uma dívida com o Filho, por lhe ter restituído "todos os filhos que estavam dispersos". E paga-o divinamente, em grau infinito, pois ninguém de nós pode, sequer de longe, imaginar a glória e a alegria que o Pai concedeu ao Cristo ressuscitado.

***

Um poeta cristão, comentando a oração do pai-nosso, põe nos lábios de Deus estas palavras, que soam ainda mais autênticas se aplicadas à oração de Jesus na cruz, como faremos agora:

> Assim como o rastro de um belo navio
> se amplia até desaparecer e se perder,
> mas começa por uma ponta, que é a própria proa do navio,
> assim o rastro imenso dos pecadores se amplia até se perder,

mas ele começa por uma ponta, e é esta ponta que vem a mim,
que está voltada para mim.
E o navio é o meu próprio Filho, carregado com todos os pecados do mundo.
E essa ponta são estas três ou quatro palavras:
Pai, perdoa-lhes!
Bem soube naquele dia o que fazia
meu Filho, que tanto os ama,
quando entre eles e mim erigiu esta barreira:
Pai, perdoa-lhes!
Essas três ou quatro palavras.
Como um homem que põe nos ombros um manto,
voltado para mim, ele se vestiu,
lançou aos próprios ombros
o manto dos pecados do mundo.
E agora por trás dele o pecador se oculta ao meu olhar,
e agora aglomeram-se detrás dele como medrosos;
e quem poderia recriminá-los por isso?
Como tímidos pardais aglomeram-se por trás de quem é forte
e me apontam esta proa,
e assim fendem as rajadas da minha ira e vencem até a força das tempestades da minha justiça.
E o sopro da minha ira nada pode sobre essa massa angular de asas fugidias
porque elas me apresentam esta aresta: *Pai, perdoa-lhes!*,
e eu só posso enfrentá-los sob este ângulo (Cf. PÉGUY, Ch., *Il mistero dei Santi Innocenti*).

Talvez o rastro desse "navio" passe ao nosso lado, precisamente agora, nesta Páscoa: não o deixemos passar; lancemo-nos nos braços da misericórdia de Deus, escondendo-nos ao abrigo dessa proa, unamo-nos ao cortejo glorioso dos redimidos pelo Cordeiro. É a Igreja que, neste momento, nos suplica com as palavras do apóstolo Paulo: "Deixai-vos reconciliar com Deus!" (2Cor 5,20). Deus sofreu por você, por você individualmente, e estaria disposto a renovar este sofrimento, se fosse preciso para salvá-lo. Por que você deseja se perder? Por que aflige o seu Deus, dizendo que tudo isso não lhe diz respeito? Você não se interessa por Deus, mas Deus se interessa por você! A ponto de ter morrido por você. Tenha compaixão por seu Deus, não seja cruel com ele nem consigo mesmo. Prepare em seu coração as palavras que deve repetir, como o filho pródigo, e vá ao encontro daquele que o espera.

***

Sabe-se por que muitos não querem se reconciliar com Deus. Dizem: há no mundo excesso de sofrimento inocente, demasiado tormento injusto. Reconciliar-se com Deus significa reconciliar-se com a injustiça, aceitar a dor dos inocentes e eu me recuso a aceitar isso! Não se pode crer num Deus que permite a dor dos inocentes (A. Camus); o sofrimento dos inocentes é a "rocha do ateísmo" (G. Büchner).

Mas é um terrível engano! Esses inocentes cantam agora o hino de vitória do Cordeiro: "És digno, Senhor, de tomar o livro e romper-lhe os selos, porque foste imolado e resgataste para Deus com o teu sangue homens de toda a tribo, língua, povo e nação..." (Ap 5,9). Eles seguem o "rastro" do Cordeiro, e nós, ao contrário, teimamos em permanecer na "rocha" da desgraça na companhia de Büchner. Sem dúvida, há tanta dor inocente no mundo que sequer podemos avaliá-la, mas ela não afasta de Deus os que a sofrem (que, aliás, o une a ele como nenhuma outra coisa no mundo), e sim os que escrevem ensaios ou discutem confortavelmente sentados à sua escrivaninha a respeito do sofrimento dos inocentes. Os inocentes que sofrem (a começar pelos milhões de pequeninos massacrados no seio materno) formam uma "massa" com o inocente Filho de Deus. Sejam ou não batizados, eles fazem parte da Igreja mais ampla e oculta que começou com o justo Abel e abarca todos os perseguidos e vítimas do pecado do mundo: a *Ecclesia ab Abel*, como a chama Santo Agostinho (*Cartas*, 137, 12). O sofrimento é o seu batismo de sangue. Como os Santos Inocentes, que a liturgia celebra logo após o Natal, eles confessam a Cristo, não com palavras, mas morrendo. São o sal da terra. Assim como a morte de Cristo foi o maior pecado da humanidade e, no entanto, salvou a humanidade, assim o sofrimento desses milhões de vítimas da fome, da injustiça e da violência é a maior culpa atual da humanidade e, no entanto, contribui para salvar a humanidade. Se ainda não perecemos, devemos isso aos que sofrem. Será que ainda assim devemos qualificar tudo isso de inútil e de desperdício? Acreditamos que é um sofrimento desperdiçado porque já não acreditamos realmente na recompensa eterna dos justos, na fidelidade de Deus. Não é a impossibilidade de explicar a dor que faz perder a fé, e sim a perda da fé que torna inexplicável a dor.

***

Num dia como o de hoje, Deus diz aos pastores do seu povo: Perdoai como eu perdoo; eu perdoo de coração, compadeço-me até as entranhas pela miséria do meu povo. Vós tampouco deveis pronunciar com os lábios meras 'fórmulas' frias de absolvição; eu não só me quero valer dos vossos lábios, mas também do vosso coração, para comunicar o meu perdão e minha compaixão. Revesti-vos também vós de 'entranhas de misericórdia'. Que nenhum pecado vos pareça demasiado grave, demasiado horrendo; dizei sempre a vós mesmos e ao irmão ou à irmã que estão diante de vós: 'Sim, mas a misericórdia de Deus é muito maior'. Assemelhai-vos ao pai da parábola que vai ao encontro do filho pródigo e lhe lança os braços ao pescoço. Que o mundo não sinta pesar tanto sobre si o juízo da Igreja, quanto a misericórdia e a compaixão de Igreja. Não vos apresseis em impor penitências que o pecador ainda não tem condições de cumprir. Fazei vós mesmos penitência em vez dele e assim vos assemelhareis ao meu Filho. Eu amo esses filhos extraviados e por isso lhes darei, no devido tempo, também a oportunidade de expiar o próprio pecado. Amai, amai o meu povo que eu amo!

Aos que sofrem na alma ou no corpo, idosos, doentes, que se sentem inúteis, pesados para a sociedade e talvez do seu leito olham com inveja os que estão ao seu lado de pé e saudáveis, gostaria de dizer com toda a humildade: vejam como Deus agiu! Houve um tempo, na criação, em que Deus também atuava com poder e alegria; ele dizia e tudo se fazia; ordenava e tudo existia. Mas, quando quis fazer algo ainda maior, então desistiu de agir e começou a sofrer; inventou o próprio aniquilamento e assim nos remiu. Porque também em Deus, não só nos homens, "o poder se manifesta plenamente na fraqueza" (cf. 2Cor 12,9); vocês estão face a face com Cristo na cruz. Se sofrem por culpa de alguém, digam, junto com Jesus: "Pai, perdoa-lhes!" e o Pai também lhes dará "em prêmio" aquele irmão para a vida eterna.

A todos quero finalmente repetir a grande nova deste dia: Cristo foi crucificado por sua fraqueza, mas vive pelo poder de Deus!

6

"E LOGO SAIU SANGUE E ÁGUA"

(Sexta-feira Santa de 1985)

Um dia, na época em que o templo de Jerusalém tinha sido destruído e o povo judeu estava exilado em Babilônia, o profeta Ezequiel teve uma visão: viu diante de si o templo reconstruído e viu que sob o lado direito da soleira brotava água rumo ao oriente. Pôs-se a seguir aquele riacho e percebeu que, quanto mais avançava, mais a água se avolumava, primeiro até chegar-lhe aos tornozelos, depois aos joelhos, logo à cintura, até se tornar finalmente um rio impossível de se atravessar a pé. Viu que nas margens do rio crescia grande quantidade de árvores frutíferas e ouviu uma voz que lhe dizia:

> Essas águas descem ao longo do deserto e deságuam no Mar Morto; tendo desembocado no mar, saneiam-lhe as águas. Todo o ser vivo que se move onde quer que o rio chegue viverá, porque aonde chegam as águas, saneiam, e aonde chegar a torrente, tudo reviverá (cf. Ez 47,1 ss.).

O evangelista João comprovou a realização dessa profecia na Paixão de Cristo. "Um dos soldados – escreve – abriu-lhe o lado com a lança e logo saiu sangue e água" (Jo 19,34). A liturgia da Igreja conservou essa lição, fazendo cantar, no início de todas as Missas solenes do tempo pascal, aquelas palavras do profeta, agora referidas a Cristo: "*Vidi aquam egredientem de templo* – Vi água que brotava do templo".

Jesus é o templo que os homens destruíram, mas que Deus reconstruiu, ressuscitando-o da morte: "Destruí este templo – dissera ele – e em três dias o reedificarei"; e o evangelista explica que "falava do templo do seu corpo" (Jo 2,19-21).

Assim, o corpo de Cristo na cruz é o novo templo, o centro do novo culto, o local definitivo da glória e da presença de Deus entre os homens. E eis que, do lado direito deste novo templo, jorra água. Esta água, tal como a que o profeta vira, brotou de início como um riacho, mas se avolumou cada vez mais até se tornar um grande rio. De fato, desse riacho emana, espiritualmente, a água de todos os batistérios da Igreja. No batistério de Latrão, o papa São Leão Magno mandou gravar dois versos latinos que, traduzidos, dizem: "Esta é a fonte que lavou o mundo inteiro – haurindo o seu princípio da chaga de Cristo – *Fons hic est qui totum diluit orbem – sumens de Christi vulnere principium*". Verdadeiramente, "rios de água viva" jorraram do seu seio, isto é, do seio de Cristo na cruz!

***

Mas qual o significado da água? Um dia – era o último da Festa das Tendas –, Jesus, levantando-se, exclamou em alta voz: "Quem tiver sede venha a mim e beba aquele que crê em mim!". E o evangelista comenta: "Ele disse isto referindo-se ao Espírito que receberiam os fiéis que nele acreditassem" (Jo 7,37-39). A água é, pois, o símbolo do Espírito. Em relação a esse episódio, lemos na primeira carta de João: "Três são os que dão testemunho: o Espírito, a água e o sangue" (1Jo 5,7-8). Essas três coisas não se encontram no mesmo plano: a água e o sangue foram o que se viu sair do flanco de Jesus, eram os sinais, os sacramentos; o Espírito era a realidade invisível neles oculta e que neles atuava.

Antes desse momento, ainda não havia Espírito no mundo; mas agora que Jesus morreu por nós, purificando-nos dos nossos pecados, o Espírito paira novamente sobre as águas, como no princípio da criação (cf. Gn 1,2). Depois de ter exclamado: "Tudo está consumado!", Jesus "entregou o Espírito" (Jo 19,30), isto é, soltou o último suspiro, morreu; mas, outrossim, efundiu o Espírito, o Espírito Santo! Ambos os significados recebem esta interpretação do evangelista. O último suspiro de Jesus passou a ser o primeiro respiro da Igreja! É o coroamento de toda a obra da redenção, o seu fruto mais precioso. Pois a redenção não consistiu somente na remissão dos pecados, mas também, positivamente, no dom da vida nova do Espírito. Tudo, afinal, tendia a isto e a própria remissão dos pecados só se efetua hoje, na Igreja, em virtude do Espírito Santo.

Sem dúvida, o Espírito Santo desceu ostensiva e publicamente sobre a Igreja em Pentecostes, mas em seu Evangelho João quis enfatizar a origem desse Espírito que, no Pentecostes, irrompe do alto sobre os apóstolos: a sua fonte na história.

Essa fonte é o Corpo de Cristo glorificado na cruz. Na encarnação e depois, de um modo novo, no batismo do Jordão, o Pai infundiu em seu Filho a plenitude do Espírito Santo. De certa maneira, esse Espírito se concentrou na humanidade do Salvador; santificou as suas ações humanas, inspirou suas palavras e orientou cada uma de suas escolhas. Nele "acostumou-se a viver entre os homens" (Santo Irineu). Mas durante sua vida terrena permaneceu oculto ao olhar dos homens, como o perfume contido no vaso de alabastro da mulher (cf. Jo 12,3 ss.). Ora, eis que esse vaso, que era a humanidade puríssima de Cristo, quebrou-se durante a Paixão e o perfume dele emanado difundiu-se por toda a casa que é a Igreja.

"E aonde chegar a torrente – dizia a profecia – tudo reviverá". Foi o que aconteceu com essa torrente que irrompeu do flanco de Cristo. Ela devolveu a vida ao mundo, a tal ponto que, no ano de 381, em Constantinopla, para sintetizar em poucas palavras a sua fé na Terceira Pessoa da Trindade, a Igreja não encontrou nada mais essencial que dizer que o Espírito Santo dá a vida: "Creio no Espírito Santo que é Senhor e dá a vida".

***

Esta proclamação do Espírito Santo como doador da vida é mais do que nunca necessária e suspirada no mundo em que vivemos. Quando São Paulo chegou a Atenas, notou que, em meio à idolatria que inundava a cidade, ocultava-se a expectativa de uma divindade diferente, em cuja honra, sem conhecê-la, fora erguido um altar com a seguinte inscrição: "Ao Deus desconhecido". Começou então o Apóstolo a pregar e dizer: "Atenienses, [...] aqui estou para vos anunciar este Deus que adorais sem o conhecer!" (At 17,22-23). E começou a falar de Jesus crucificado e ressuscitado. Algo parecido acontece ainda hoje. Em meio a todas as novas idolatrias e materialismos que tentam disfarçá-la, há em nossa sociedade a vaga necessidade de algo novo e diferente, que não finde com nosso próprio fim, que dê um sentido eterno à vida. Há uma profunda insatisfação que não pode ser fruto da carência de coisas, pois não raro quanto mais elas abundam, mais veemente se torna. Sinal disso é a tristeza, uma tristeza impressionante para a qual não fomos feitos e que afeta os que vêm de longe. Até nossas crianças são educadas silenciosamente para a tristeza.

Um filósofo contemporâneo referiu-se a uma "nostalgia do totalmente Outro" que aflora aqui e ali no mundo de hoje. Pois bem, a Igreja clama aos nossos contemporâneos o que o Apóstolo diria naquele dia aos cidadãos de Atenas:

"Aqui estou para vos anunciar este Deus que adorais sem o conhecer!". Esse ser "diferente", de que tendes nostalgia, existe: é o Espírito de Deus! Espírito que é liberdade, novidade, gratuidade, beleza, alegria. Espírito que é vida. Hoje em dia luta-se tanto para melhorar, como dizem, "o padrão de vida". Com tal objetivo, não devemos perder de vista a existência de uma vida de qualidade diferente, sem a qual todo o resto é inútil. De fato, de que adianta viver bem se não conseguimos viver sempre?

***

Como soam suaves para nós, por isso, as palavras que Jesus tacitamente nos dirige no dia de hoje, do alto da cruz:

> Vós, sedentos, vinde à água;
> mesmo sem ter dinheiro, vinde!
> Comprai trigo e comei sem dinheiro
> e sem pagar, vinho e leite! (Is 55,1).

Para vocês foi aberta esta ferida no meu lado. "Provai e vede como o Senhor é bom" (Sl 133,9). Mesmo os que não têm como pagar – os que não têm méritos, se julgam indignos e pecadores, os que nem sequer têm força para rezar – também venham. Em troca, peço apenas uma coisa: a sede, o desejo de vocês; que não se sintam plenamente saciados, suficientes para si mesmos. Eu peço fé!

Agora, porém, o templo que era o seu corpo já não está entre nós; então, para onde Jesus nos convida a ir com essas palavras? Para a Igreja, para os sacramentos da Igreja! O templo que era seu corpo físico, nascido de Maria e pregado na cruz, já não existe, mas ainda existe seu corpo que é a Igreja. No Apocalipse, o mesmo evangelista João que, no Evangelho, nos revelou o cumprimento da profecia de Ezequiel sobre a cruz nos revela seu cumprimento na Igreja com estas palavras: "Mostrou-me um rio de água viva, límpida como cristal, que jorrava do trono de Deus e do Cordeiro. No meio da praça da cidade e de ambas as partes do rio vê-se uma árvore da vida…" (Ap 22,1-2). A água da vida escorre agora no meio da cidade santa, a nova Jerusalém que é a Igreja. A ela devem acudir todos os que realmente têm sede do Espírito. Santo Ireneu – que hauriu a sua doutrina de viva voz de um discípulo de João – observa:

> À Igreja é confiado o Dom de Deus… Porque onde está a Igreja também está o Espírito de Deus e onde está o Espírito de Deus também está a Igreja.

> Dele não participam os que não se alimentam nos seios da sua Mãe para a vida e não alcançam o manancial puríssimo que jorra do corpo de Cristo, mas cavam para si "cisternas rachadas" e, cavando fossos na terra, bebem água corrompida de pântano (*Contra as heresias*, III, 24, 2).

Na tarde da Páscoa, Jesus entrou no lugar onde estavam os seus discípulos, "soprou sobre eles e disse: Recebei o Espírito Santo!" (Jo 20,22). Ele não fez isto uma vez, na sua primeira Páscoa, para depois desaparecer da história, deixando que a Igreja prosseguisse sozinha com os meios de que a dotara, até o seu regresso. Não. Naquele dia, ao conferir aos apóstolos o poder de perdoar os pecados, ele instaurou solene e visivelmente a sua nova condição de "Espírito doador de vida" (cf. 1Cor 15,45). Doravante ele vive perenemente a função de "soprar" sobre a Igreja; nunca deixou de fazê-lo. Ele o faz na presente liturgia. Se ele interrompesse o seu Espírito, todas as coisas na Igreja "expirariam e voltariam ao pó de onde vieram", exatamente como, em outro sentido, a Escritura afirma que ocorreu na criação (cf. Sl 104,29).

> Sem o Espírito Santo, Deus está distante; Cristo fica no passado; o Evangelho é letra morta; a Igreja, uma simples organização; a autoridade, uma dominação; a missão, uma propaganda; o culto, uma simples evocação; a ação cristã, uma moral de escravos. Mas no Espírito Santo, o cosmos se eleva e geme nas dores do Reino, o Cristo ressuscitado está presente, o Evangelho é poder de vida, a missão é um Pentecostes, a liturgia é memorial e espera, e a atividade do cristão é deificada (Inácio de Latakia).

Jesus, portanto, "sopra" continuamente; somos nós que nem sempre acolhemos e aceitamos o seu sopro, que nem sempre o levamos a sério, confiantes em nossos esforços e em nossa esperteza humana, por estarmos sempre preocupados em produzir, em fazer, em planejar e em discutir entre nós. Agora, contudo, algo nos impele irresistivelmente a nos deter e a nos expor de novo, de rosto descoberto, com o coração repleto de secreto desejo, ao sopro poderoso do Ressuscitado. Um "vento impetuoso" abala novamente a casa, desde que foi invocado sobre a Igreja "como um novo Pentecostes".

"O momento chegou e é agora – disse um dia Jesus – no qual os mortos ouvirão a voz do Filho de Deus e os que a tiverem ouvido viverão" (Jo 5,25). De fato, o momento chegou, e é agora. Hoje, não obstante o adensamento de tantas trevas no mundo, inúmeras existências cristãs, extintas ou enfraquecidas, reflorescem em contato com o Espírito de Cristo. Renascem, redescobrem a grandeza do próprio batismo, sentem-se felizes por se colocarem a serviço da Igreja em prol da evangelização e, apesar das tribulações, entoam um canto novo, de louvor e júbilo ao Deus que por eles efetuou maravilhas de graça. Belíssimas flores de santidade desabrocham aqui e ali, no meio do povo de Deus, ao calor deste sopro divino.

***

Neste despertar "pentecostal", uma tarefa determinante cabe aos sacerdotes da Igreja, que, por isso, não podem permanecer alheios a ela, como simples espectadores temerosos das novidades. Nós, sacerdotes, não raro somos procurados por homens que sentem a nostalgia do totalmente Outro. Temos de ministrar aos irmãos "espírito e vida". Não os desiludamos; não digamos palavras desgastadas e inexpressivas a quem está em busca do Deus vivo. Não se deva dizer também hoje, como no tempo de Isaías: "Os miseráveis e os pobres procuram água e não a encontram" (Is 41,17).

Ao pé da cruz de Jesus, naquele dia, junto com Maria estava o discípulo que Jesus amava, o mais jovem dos discípulos; foi ele quem "viu e deu testemunho". Ainda hoje, Jesus chama os jovens para junto de si aos pés da cruz. Jovens de coração puro, a Igreja precisa de vocês para o "serviço do Espírito"! É bom abandonar tudo por Cristo, para se colocar a serviço dele na vida religiosa e sacerdotal. É bom constituir uma família humana, mas é ainda melhor trabalhar para congregar a família de Deus. Por isso, se ouvirem o seu chamamento, não endureçam seu coração. Venham! Não se deixem desalentar por nossa mediocridade; vocês podem ser – e serão – sacerdotes melhores que nós: sacerdotes novos de uma Igreja nova!

Concluamos em oração. Senhor Jesus, sopra com força sobre a tua Igreja, reunida em todo o mundo, para celebrar, nesta hora, a tua Paixão; pronuncia também sobre nós aquela tua palavra soberana: "Recebei o Espírito Santo!".

7

"MANIFESTOU-SE A JUSTIÇA DE DEUS!"

(Sexta-feira Santa de 1986)

Um homem que, além de crer em Deus, era poeta, relatou em terceira pessoa a história do mais profundo ato de fé da sua vida. Um homem – diz ele – (e sabe-se que esse homem era ele mesmo) tinha três filhos que certa vez ficaram doentes. Sua esposa ficou tão apavorada, que mergulhou em profundo silêncio, com os olhos fundos e a testa franzida. Mas ele era homem e não tinha medo de falar. Compreendeu que aquilo não podia continuar assim e então resolveu agir. Ficou admirado com isso e é preciso dizer que de fato foi um gesto ousado. Como quem levanta três crianças e, brincando, as joga juntas, ao mesmo tempo, nos braços da mãe ou da ama que rompe em risos e exclamações, pois três crianças juntas pesam demais e não seria possível carregá-las, assim ele, em seu atrevimento, pegou – pela oração – os filhos doentes e tranquilamente os lançou nos braços daquela que carrega todas as dores do mundo (ele fizera uma peregrinação de Paris a Chartres para confiar os filhinhos a Nossa Senhora). "Olha – dizia –, eu os entrego a ti, vou-me embora e fujo temendo que os devolvas. Bem vês que não os quero mais!". Como ficou feliz consigo mesmo por ter tido a coragem de obedecer àquele impulso! A partir daquele dia, tudo correu bem, naturalmente, pois a Virgem Santíssima a tudo provia. Chega a ser curioso que nem todos os cristãos façam o mesmo. É tão simples, mas já não prestamos atenção nas coisas simples. Pensando bem – melhor é dizer logo –, somos uns tolos (cf. PÉGUY, Ch., *O pórtico do mistério da segunda virtude*).

Comecei, de maneira um tanto insólita, com esta história de um gesto de ousadia, porque, neste dia, nós também somos convidados, pela palavra de Deus, a fazer um gesto semelhante. Certo dia, explicando antecipadamente o sentido da sua morte na cruz, Jesus disse: "Assim como Moisés ergueu a serpente no deserto, assim também é preciso que o Filho do Homem seja erguido, para que todo o que nele crê tenha a vida eterna" (Jo 3,14). Crer, portanto, é o grande ato a fazer na Sexta-feira Santa, perante Jesus crucificado. Ele foi "erguido" na cruz e nela está misteriosamente preso até o fim do mundo (embora ressuscitado), a fim de que a humanidade, contemplando-o, creia.

Mas em que devemos crer? São Paulo, na Carta aos Romanos, escreve: "Agora [...] a justificação que vem de Deus, mediante a fé em Jesus Cristo, é dada a todos aqueles que creem. Não há distinção alguma. Todos pecaram e estão privados da glória de Deus". Todos, sem distinção; a única distinção é que alguns sabem disso; outros ainda ignoram; outros já esqueceram. Portanto, todos pecaram. "E todos são justificados gratuitamente pela sua graça, em virtude da redenção realizada por Jesus Cristo. Deus o designou para servir de meio de expiação do pecado, pela sua morte sacrifical que se torna efetiva mediante a fé" (Rm 3,21-25).

Eis em que devemos crer: que, em Cristo, Deus nos oferece a possibilidade de sermos justificados mediante a fé, ou seja, tornados justos, perdoados, salvos, transformados em novas criaturas. É esse o significado de "justiça de Deus". Deus faz justiça a si mesmo usando a misericórdia.

***

Entramos nessa nova criação mediante a fé. "Convertei-vos e crede", proclamava Jesus ao inaugurar o seu ministério (cf. Mc 1,15): convertam-se, isto é, tenham fé, convertam-se com fé! Aceitem o reino que surgiu entre vocês! Depois da Páscoa, os Apóstolos repetem as mesmas palavras, referindo-se ao reino que chegou definitivamente e que é Cristo Jesus crucificado e ressuscitado.

A conversão inicial, básica, é a própria fé. A fé é a porta de entrada para a salvação. Se nos dissessem: a porta é a inocência, a porta é a observância exata dos mandamentos, esta ou aquela virtude, poderíamos objetar: isso não é para mim! Não sou inocente, não tenho essa virtude. Mas o que nos dizem é: a porta é a fé. Acredite! Essa possibilidade não é elevada demais, nem está longe demais; não está além do mar; ao contrário, "a palavra está perto de ti, em tua boca e em teu coração, isto é, a palavra da fé que pregamos. Porque se confessas, com tua boca, que Jesus é o Senhor, e crês, em teu coração, que Deus o ressuscitou dos mortos, serás salvo!" (Rm 10,8-9).

Mas há várias espécies de fé: fé-assentimento, fé-confiança, fé-obediência. Qual delas cabe a nós então? Trata-se de uma fé toda especial: a fé-apropriação. A fé que arrebata. "De tudo o que me falta" – quem fala é São Bernardo:

> eu me aproprio com confiança no coração do Senhor, porque ele é repleto de misericórdia. Pois, se são muitas as misericórdias do Senhor (cf. Sl 119,156), eu também terei méritos em profusão. E o que aconteceu com a minha justiça? Ó, Senhor, eu só me lembrarei da tua justiça, pois de fato ela também é minha, porque és para mim justiça da parte de Deus (*Sermões sobre o Cântico dos Cânticos*, 61, 4-5).

Efetivamente, está escrito que Jesus se tornou para nós "sabedoria, justiça, santificação e redenção" (1Cor 1,30).

Todas essas coisas são "para nós", ou seja, são nossas. A obediência realizada por Jesus na cruz é minha, o seu amor ao Pai é meu. Até sua morte nos pertence, é o nosso maior tesouro, um título de perdão que nenhum de nossos pecados, por mais grave que seja, pode revogar. É como se tivéssemos morrido, destruindo em nós "o corpo do pecado". "Um morreu por todos, logo todos morreram" (2Cor 5,14).

Realmente não pensamos nas coisas mais simples! Esta é a coisa mais simples, mais clara, do Novo Testamento; mas, antes de descobri-la, como é longo o caminho a ser percorrido! Esta descoberta geralmente acontece no fim e não no início da vida espiritual. No fundo, trata-se simplesmente de dizer "sim" a Deus. Deus criou o homem livre para que, livremente, pudesse aceitar a vida e a graça, aceitar-se a si mesmo como criatura beneficiada, agraciada por Deus. Ele só estava à espera desse "sim". E, ao contrário, recebeu um "não". Agora, Deus oferece ao homem uma segunda oportunidade, uma espécie de segunda criação, um recomeço. Apresenta-lhe Cristo na cruz como "expiação" e lhe pergunta: "Você quer viver na graça dele, e nele?" Crer significa responder: "Sim, quero!" e, assim, tornar-se criatura nova, "criada em Cristo Jesus" (cf. Ef 2,10).

***

Este é o "gesto de ousadia" de que se falava, e é realmente de admirar como são poucos os que o fazem. Um Padre da Igreja – São Cirilo de Jerusalém – assim exprimia, em outros termos, esse gesto de ousadia da fé:

> Ó bondade extraordinária de Deus para com os homens! Os justos do Antigo Testamento agradaram a Deus com os esforços de longos anos; mas

o que conseguiram obter, com um constante e heroico serviço dedicado a Deus, Jesus nos concede no breve espaço de uma hora. De fato, se acreditas que Jesus Cristo é o Senhor e que Deus o ressuscitou dos mortos, serás salvo e admitido no paraíso por aquele mesmo que nele introduziu o bom ladrão (*Catequeses*, 5,10).

Imagine – dizia outro escritor antigo – que tenha ocorrido no estádio uma árdua luta. Um homem corajoso enfrentou o tirano e, com imenso esforço e sofrimento, o derrotou. Você não lutou, nem se esforçou, nem se feriu; mas, se das arquibancadas admira o valente lutador, se se alegra por ele e por sua vitória, se faz coroas em homenagem a ele, se incentiva os espectadores a louvá-lo também, se se inclina feliz diante do vencedor e beija sua cabeça; em suma, se se alegra tanto por ele a ponto de considerar como sua a vitória dele, sem dúvida você compartilhará o prêmio do vencedor. Mas não é só isso: imagine que ele não precise do prêmio que conquistou, mas deseja sobretudo ver honrado seu admirador e considere como prêmio do seu combate a coroação do amigo, nesse caso não obterá este a coroa, mesmo sem ter feito nenhum esforço nem suado? É o que acontece entre nós e Cristo. Mesmo sem esforço e luta de nossa parte (ou seja, sem mérito algum), com a fé (como estamos fazendo na presente liturgia) elevamos hinos à luta de Cristo, admiramos sua vitória, honramos o seu troféu e sua coragem e demonstramos um amor veemente e inefável por ele; façamos nossos aqueles ferimentos e aquela morte (cf. CABASILAS, N., *Vida em Cristo*, I, 5).

No Antigo Testamento, no livro das Crônicas, lemos que, na iminência de uma batalha decisiva para a sobrevivência do povo de Israel, Deus pronunciou, pelos lábios de um profeta, as seguintes palavras: "Não tereis de lutar nesta batalha; tomai posição e vereis que o Senhor vos salvará" (2Cr 20,17). Essas palavras tiveram seu pleno cumprimento na suprema batalha da história, a batalha travada por Jesus contra o príncipe deste mundo.

Pela fé, colhemos onde não semeamos; não fomos nós que travamos a batalha, e, no entanto, fomos nós que conquistamos o prêmio. Deus oferece ao homem essa incrível oportunidade em Cristo. Ela constitui o único verdadeiro "negócio", porque dura eternamente e nos faz "ricos" para a eternidade. E não é essa uma sorte inesperada?

***

São Paulo diz: "Agora manifestou-se a justiça de Deus". Este "agora" significa, sobretudo, a hora histórica em que Cristo morreu na cruz; significa também o momento sacramental do nosso batismo, quando fomos "lavados, santificados, justificados" (cf. 1Cor 6,11), e, finalmente, significa a hora atual, o hoje da nossa vida. Esta hora que estamos vivendo. É, portanto, algo que deve ser feito agora, no momento presente; algo que eu – e não outro em meu lugar – devo fazer e sem o qual tudo fica como que suspenso no vácuo. De fato, a justificação mediante a fé é o início da vida sobrenatural, mas não um início logo superado por outros atos e obrigações, e sim um início sempre atual, que se deve pôr ou restaurar sempre de novo, como todo início do qual nasce uma vida. Deus é sempre o primeiro a amar e o primeiro a justificar, gratuitamente; por isso, o homem sempre deve ser aquele que se deixa justificar gratuitamente mediante a fé. "Para todo o homem – lemos numa homilia do ano 387 atribuída a São João Crisóstomo – o princípio da vida é aquele a partir do qual Cristo é imolado por ele. Mas Cristo é imolado por ele no preciso momento em que ele reconhece esta graça e toma consciência da vida que obtém por essa imolação" (in: *Sources Chrétiennes*, 36, 60 s.).

Agora mesmo, portanto, Cristo é imolado por nós; tudo se torna verdadeiro, atual e operante para nós quando nos conscientizamos daquilo que Cristo fez por nós, quando o ratificamos com a nossa liberdade, quando nos alegramos e damos graças por tudo o que se realizou na cruz. Hoje à tarde, posso voltar para casa com o tesouro mais precioso que pode existir; posso fazer um gesto ousado pelo qual ficarei feliz comigo mesmo para sempre. Posso depositar novamente os meus pecados entre os braços de Cristo na cruz, como fez o homem que jogou os três filhinhos doentes entre os braços de Nossa Senhora e depois fugiu sem se voltar para trás, temendo se ver obrigado a retomá-los. Por isso, posso me apresentar confiante ao Pai celeste e dizer-lhe: "Agora olhe para mim, olhe para mim, Pai, porque eu sou seu Jesus! A justiça dele me recobre; ele me revestiu com os trajes da salvação, envolveu-me no manto da justiça" (cf. Is 61,10). Assim como Cristo assumiu a minha iniquidade, eu assumo a sua santidade. Eu me "revesti" de Cristo (Gl 3,27). "Alegre-se Deus em suas criaturas – *Laetetur Dominus in operibus suis*" (Sl 104,31). No sexto dia da nova semana criadora, o da morte de Cristo, Deus olha novamente para sua criação e comprova que ela é "muito boa".

Onde está o orgulho? Está excluído, diz o Apóstolo (Rm 3,27). Já não há lugar para o terrível caruncho que deteriorou a primeira criação. Tudo é graça! "Ninguém pode resgatar a si mesmo ou pagar a Deus o seu próprio preço" (Sl 49,8).

Quem nos resgatou com o sangue de Cristo foi Deus. O orgulho, portanto, está excluído. E, no entanto, há algo de que o homem pode se orgulhar: pode se orgulhar "da cruz do Senhor Nosso Jesus Cristo"; "Quem se gloria, glorie-se no Senhor!" (1Cor 1,31). Poder orgulhar-se de Deus! Que glória pode haver, no céu e na terra, mais bela do que essa? Quem ainda será tão tolo para querer trocar esse motivo de orgulho pela própria justiça? Oh!, sim, nós nos orgulharemos de ti, Senhor. Eternamente!

8
"VENCEU O LEÃO DA TRIBO DE JUDÁ!"
(Sexta-feira Santa de 1987)

Dispomos de um comentário autêntico da narrativa da Paixão que acabamos de ouvir, um comentário escrito pelo evangelista João ou, ao menos, obra de um de seus discípulos mais próximos que com ele conviveu e se nutriu de seu pensamento. Trata-se do capítulo quinto do Apocalipse. Enquanto os textos reportam-se ao evento do Calvário narrado pelo Quarto Evangelho em forma histórica, o Apocalipse o interpreta em estilo profético e litúrgico.

O capítulo quinto do Apocalipse apresenta o acontecimento pascal na moldura de uma liturgia celeste, embora inspirada no culto real e terreno da comunidade cristã contemporânea. Ao lê-lo, ninguém podia deixar de identificar nele os traços do que se celebrava em suas assembleias litúrgicas. A liturgia pascal em que João se inspira, tanto no Evangelho como no Apocalipse, é a quartodecimana, que celebra a Páscoa no mesmo dia que os judeus, em 14 de Nisan, isto é, no aniversário da morte de Cristo, e não no da sua ressurreição. Em outras palavras, a que estabelece como centro de tudo a Sexta-feira de Parasceve e interpreta a própria ressurreição à luz dela. A história conta que as sete igrejas da Ásia Menor, às quais se destina o livro do Apocalipse, seguiam a prática quartodecimana. De uma delas, Esmirna, foi bispo um discípulo de João, São Policarpo, que, em meados do século II, esteve em Roma precisamente para discutir com o papa Anacleto a questão da diferença na data da celebração da Páscoa. De outra, Sardes, foi bispo o conhecido quartodecimano Melitão.

Portanto, o capítulo quinto do Apocalipse é o melhor comentário do que estamos celebrando. Refere-se simultaneamente ao momento histórico e litúrgico que agora estamos revivendo. Seu conteúdo são palavras de Deus, palavras inspiradas, dirigidas a nós, aqui e agora. Vamos escutá-las.

***

"E vi também – diz – na mão direita do que estava sentado no trono um livro escrito por dentro e por fora, selado com sete selos" (Ap 5,1). Este livro escrito por dentro e por fora significa a história da salvação e, concretamente, as Escrituras do Antigo Testamento que a contêm. Está escrito por dentro e por fora – explicavam os Padres da Igreja – para significar que pode ser lido segundo a letra e segundo o Espírito, ou seja, no sentido literal, que é particular e provisório, ou no espiritual, que é universal e definitivo. Mas, para poder ser lido também "por dentro", é preciso que o rolo seja desselado, uma vez que atualmente está selado com sete selos. A Escritura, antes de Cristo, assemelha-se à partitura de uma imensa sinfonia que se estende no papel e cujo som potente não pode ser ouvido enquanto não se indicar em seu início a clave musical em que deve ser lida. O funcionário da rainha Candace que voltava de Jerusalém, lendo o capítulo 53 de Isaías, dirige-se a Filipe perguntando: "De quem fala o profeta ao dizer isto? De si mesmo ou de algum outro?" (At 8,34). (Estava lendo o trecho que diz: "Como um cordeiro foi levado ao matadouro sem voz diante dos que o tosquiam..."). Ainda lhe faltava a chave de leitura.

A visão de João continua: "Vi um anjo poderoso que bradava em alta voz: 'Quem é digno de abrir o livro e romper os seus selos?'. Mas ninguém, quer no céu, quer na terra, quer debaixo da terra, estava em condições de abrir o livro e lê-lo. Eu chorava copiosamente...". De acordo com a natureza da liturgia, João nos transporta em espírito para momento histórico em que os fatos acontecem ou estão prestes a acontecer. O pranto do profeta evoca o dos discípulos no momento da morte de Jesus ("Nós esperávamos que fosse ele..."), o pranto da Madalena junto ao sepulcro vazio, o pranto de todos os que "esperavam a redenção de Israel".

"Mas um dos anciãos – prossegue a visão – disse-me: 'Não chores; venceu o leão da tribo de Judá, a Raiz de Davi, e abrirá o livro e seus sete selos'". *Enikesen! Vicit!* Venceu! Este é o brado que o vidente tem a missão de fazer ecoar na Igreja, e a Igreja, no mundo por todos os séculos: Venceu o leão da tribo de Judá! (O "leão da tribo de Judá" é o Messias, assim chamado devido às palavras que Jacó pronuncia, em Gênesis 49,9, ao abençoar o filho Judá.) O evento que desde sempre era esperado e tudo explica aconteceu. Não haverá mais retorno. Com imenso esforço, a história deslocou o seu centro de gravidade de trás para diante, alcançou o seu ápice. Instaurou-se a plenitude dos tempos. "Tudo está consumado – *Consummatum est*", exclamou Jesus antes de expirar (Jo 19,30).

Este simples verbo no passado, *enikesen*, venceu, compendia o princípio que dá força e valor absoluto à história, que confere a um fato acontecido em dado momento do tempo e do espaço valor eterno e universal: "É impossível que não tenha acontecido o que aconteceu – *Impossibile est factum non esse quod factum est*". Ninguém melhor do que o "príncipe deste mundo" conhece a tremenda força deste princípio que, para a história, equivale ao princípio de não contradição para a metafísica. Não há como fazer retroceder o que antes existia. Nada nem ninguém no mundo, por mais que se esforce, pode conseguir fazer com que não tenha acontecido o que aconteceu, isto é, que Jesus Cristo não tenha morrido e ressuscitado, que os homens não tenham sido remidos, a Igreja fundada, os sacramentos instituídos, o reino de Deus instaurado.

> Eis virada a página que tudo esclarece, como a grande página de rosto do missal. Ei-la, resplandecente com seu colorido vermelho, a grande Página que separa os dois Testamentos. Todas as portas se abrem de uma só vez, todas as oposições se dissipam, todas as contradições se resolvem (P. Claudel).

Durante a liturgia, nós também ouvimos a leitura de Isaías 53 sobre o cordeiro levado ao matadouro, mas já não sentimos necessidade de nos perguntar, como fazia o ministro da rainha Candace, de quem fala o profeta. Agora sabemos de quem ele fala, pois o livro foi aberto.

Como e quando ocorreu tudo isso? A visão prossegue: "Depois vi de pé no meio do trono cercado pelos quatro seres vivos e os anciãos um Cordeiro, como imolado". Um Cordeiro imolado, isto é, morto, e que, no entanto, está de pé, ou seja, ressuscitado! Cristo realizou tudo isso com sua morte e ressurreição. Ele explicou as Escrituras cumprindo-as; e o fez não com palavras, mas com os fatos. João se refere explicitamente à cena do Calvário, quando, com sua morte vitoriosa, Jesus "consumou as Escrituras". "Eu venci – diz o próprio Ressuscitado no Apocalipse – e assentei-me junto com meu Pai em seu trono" (Ap 3,21).

Um poeta imaginou a seguinte narrativa feita pelo centurião que naquele dia estava presente no Calvário:

> Jamais houve morte como esta
> e eu delas já perdi a conta...

> A sua batalha não era contra a morte.
> A morte era sua serva,
> não sua senhora.
> Não era um homem derrotado...
> Sobre a cruz,
> a sua batalha era contra algo bem mais grave
> do que as línguas acerbas dos fariseus.
> Não, outra era a sua batalha...
> No fim emitiu um alto grito de vitória.
> Todos perguntavam-se o que era,
> mas eu entendo alguma coisa de combates e combatentes.
> Reconheço um grito de vitória,
> entre mil (TOPPING, F., *An Impossible God*).

A vitória é precisamente esta morte aceita em total submissão ao Pai e amor pelos homens. Para o evangelista João, a ressurreição nada mais fez do que evidenciar a vitória escondida, obtida na cruz. Jesus é "vencedor porque vítima – *victor quia victima*" (AGOSTINHO, *Confissões*, X, 43). Assim como no altar, depois da consagração, nada aparentemente muda no pão e no vinho, embora saibamos que passaram a ser algo totalmente diferente do que eram antes, por se terem transformado no corpo e sangue de Cristo, assim também, com a Páscoa, aparentemente nada mudou no mundo, quando na realidade tudo mudou e o mundo se transformou numa "nova criação".

***

Mas por que João sente necessidade de recordar essas coisas à Igreja de seu tempo? A meu ver, o motivo é que precisamente aqui está contida a mensagem a nós dirigida por essa página do Novo Testamento. Aqui atingimos o sentido e o objetivo da liturgia que estamos celebrando.

Certo dia, João Batista enviou dois de seus discípulos a Jesus para lhe perguntar: "Tu és aquele que há de vir ou devemos esperar outro?" (Mt 11,3). Ao que parece, o Precursor, compartilhando até certo ponto com seus contemporâneos a expectativa de um Messias glorioso e triunfante, ficou desnorteado diante da atitude de Jesus tão manso e humilde, tão pouco ardente em relação ao que ele imaginara. Em suma, parece que ele também passou pela prova da fé, pelo "escândalo", a respeito de Jesus, como aconteceu, pelo mesmo motivo, com Pedro e os demais apóstolos. Sabemos a resposta que Jesus deu a João: "Feliz de quem não se escandalizar por causa de mim" (Mt 11,6). Algo análogo aconteceu por volta do final da era apostólica, desta vez no interior da comunidade cristã. A segunda carta de Pedro alude a uma pergunta que se insinuava nos ambientes cristãos: "Onde está a promessa da sua vinda? Desde o dia em que nossos pais cerraram os olhos, tudo permanece como no princípio da criação" (2Pd 3,4).

O Apocalipse é escrito para uma Igreja que vive essa situação e precisa confrontar-se com essa terrível dúvida. Será verdade que já veio aquele que devia vir? Será verdade que tudo mudou? Ou não seria verdade o contrário, isto é, que tudo ficou na mesma? Os discípulos de Cristo são perseguidos, apontados com o dedo, excluídos das vantagens proporcionadas pela sociedade. À Besta "foi concedido fazer guerra aos santos e vencê-los" (Ap 13,7). Nesse terreno brota a divisão interna, a heresia, a tendência a deslocar o centro da atenção da vida concreta para as especulações (a gnose), de modo a suprimir da vida cristã a sua exigência de radicalidade e levá-la a compactuar com os costumes pagãos.

A essa Igreja tentada pelo desânimo e pela "tibieza", necessitada de reencontrar o seu "fervor primitivo", para, se necessário, enfrentar até o martírio, precisamente a essa Igreja o vidente lança aquele poderoso grito pascal como um violento toque de trombeta: *Enikesen* – Ele venceu!". João quer fazer de todos os cristãos "videntes" como ele: pessoas dotadas de olhos capazes de ver o que se tornou o mundo devido à morte de Cristo.

No espectro das cores, há uma área situada aquém do vermelho, imperceptível ao olho humano. Com seus raios, os raios infravermelhos, é possível obter visões das coisas e até mesmo do nosso planeta desconhecidas por outros meios. A imagem que se obtém com eles é totalmente diferente da obtida com a experiência ordinária. O mesmo acontece no campo do espírito. Há um aspecto da realidade, o que não passa com o passar da figura deste mundo, que não se vê a olho nu, mas apenas à luz da revelação divina. O homem natural, por mais erudito e sábio que seja, nem sequer o imagina. É a imagem pascal do mundo resultante da morte e ressurreição de Cristo; é o mundo visto como o próprio Deus o vê. Ela não só leva a ver um aspecto suplementar da realidade, mas leva a ver tudo sob nova luz, até mesmo as realidades deste mundo. João apreendeu essa imagem, embebeu-se inteiramente nela, e agora transmite-a à Igreja com toda a sua força profética. "Quem tem ouvidos – não se cansa de repetir – ouça o que diz o Espírito às Igrejas" (Ap 2,7 ss.).

***

Hoje, mais do que nunca, a dúvida e a tentação momentâneas experimentadas pelo Precursor ("Tu és aquele que deve vir?") e sentidas pelos cristãos da segunda geração ("Onde está a promessa da sua vinda?") estão presentes e operantes. Tudo parece continuar como tem sido desde a criação do mundo. Hoje também é "concedido à Besta fazer guerra aos santos e vencê-los". Não raro os crentes e, de modo especial, os homens de boa vontade são perdedores em todas as frentes. O antigo adversário insinua-se nesta situação para enfraquecer a resistência especialmente das almas que mais amam a verdade e a justiça e são mais sensíveis à dor e ao mal deste mundo. E enquanto a Igreja, na Sexta-feira Santa, proclama ao mundo que este é o dia da grande redenção, ele clama a essas almas, atormentando-as: "Este é o dia da grande mentira, este é o dia da grande mentira! Olhem à sua volta: o que é que está remido no mundo?".

Ainda hoje, o acusador precipita-se "como um raio" (cf. Lc 10,18), todas as vezes que, à luz da fé, nos apropriamos da palavra do profeta e repetimos: *Vicit leo de tribu Iuda* – Venceu o leão da tribo de Judá" e abriu o livro. Tudo está remido, pois até o sofrimento e a morte estão remidos. Quanto mais provado, humanamente vencido e fraco se sente quem repete essa palavra, tanto mais puro se eleva o seu grito e faz tremer os fundamentos do poder das trevas, porque então a sua fé está purificada como a prata no crisol e sobretudo porque é então que ele se torna mais parecido com o Cordeiro que, aceitando ser vítima, se torna vencedor. Diante do sepulcro do irmão de Marta morto, Jesus disse a ela: "Eu te digo que, se creres, verás a glória de Deus" (cf. Jo 11,40). E ele repete as mesmas palavras a cada um de nós, quando nos parece não haver mais saída humanamente. "Eu te digo que, se creres, verás a glória de Deus!".

Neste mundo, nós não apenas temos fé na vitória, mas também temos vitória na fé. Na fé, já somos vitoriosos, já provamos algo da vida eterna. Aquele que crê já "tem assento junto a Jesus em seu trono" e "recebe o maná escondido" (cf. Ap 2,17; 3,21). João nos lembra disso com firmeza: "Esta é a vitória que vence o mundo: a vossa fé" (1Jo 5,4).

Houve uma época em que era mais fácil proclamar esta vitória do Crucificado. "A cruz, outrora sinal de ignomínia, resplandece agora sobre a coroa dos reis", exclamavam alguns Padres da Igreja depois do fim da era das perseguições (cf. AGOSTINHO, *Comentários sobre os Salmos*, 75, 10). O próprio Constantino não ouviu prometer, na famosa visão da cruz: "Neste sinal vencerás – *In hoc signo vinces*"? Agora, porém, as coisas mudaram, e precisamente nas nações de antiga tradição cristã. Remove-se o Crucifixo em várias partes do mundo e por isso agora é ainda mais premente proclamar a vitória do leão da tribo de Judá, como quando esse anúncio foi transmitido a João, estando ele "relegado na ilha de Patmos por causa da palavra de Deus e do testemunho prestado a Cristo" (Ap 1,9). "Feliz de quem não se escandalizar por minha causa", continua a dizer Jesus.

Quando estamos prestes a ser dominados por situações maiores que nós, ou quando o desígnio de Deus sobre nossa vida, sobre nossos entes queridos, ou sobre a Igreja, nos parece um livro selado com sete selos e nos vemos obrigados a obedecer a ele sem compreendê-lo, ou quando ainda hoje vemos perecer o pobre e o fraco sem que ninguém se importe (cf. Is 57,1), então é o momento de nos colocar de joelhos e clamar com toda a fé: "Venceu o leão da tribo de Judá e abrirá o livro com seus sete selos!". Nele foi outorgada a todos os vencidos e vítimas do mundo uma esperança de também eles saírem vencedores.

***

Está escrito que, apenas o Cordeiro tomou o livro da mão daquele que estava sentado no trono, ouviu-se um potente coro ecoar de uma extremidade a outra do céu e da terra dizendo: "Tu és digno de tomar o livro e romper-lhe os selos, porque foste imolado... Tu és digno, tu és digno!", e também está escrito que, por fim, todos "se prostraram em adoração" (cf. Ap 5,9-14). Em poucos instantes nós também faremos a mesma coisa, prostrando-nos em adoração ao Crucificado, prolongando sobre a terra a divina liturgia celeste. "Eu chorava muito", dizia de si mesmo o profeta no início da visão, e a Igreja também hoje chora. Chora pela morte do seu Esposo na cruz, chora em meio às tribulações do mundo, chora pela defecção e pela dureza de coração de muitos de seus filhos, chora por suas próprias infidelidades. É a esta Igreja de coração contrito e humilhado, reunida em torno do Cordeiro em seguimento ao seu Pastor, que é dirigida hoje esta palavra cheia de alegria e esperança: "Não chores mais! *Enikesen*, venceu o leão da tribo de Judá, a raiz de Davi. Ele venceu!".

9

"ESMAGADO POR NOSSAS INIQUIDADES"

(Sexta-feira Santa de 1988)

"Todos os que fomos batizados em Cristo Jesus – escreve o apóstolo Paulo – fomos batizados em sua morte" (Rm 6,3). Assim, nossa imersão na água, por ocasião do batismo, foi sinal exterior e visível de outro "banho" e outro "sepultamento": o da morte de Cristo. Mas o que no início acontece ritual e simbolicamente precisa ser concretizado de fato, mediante a fé, no decorrer da vida, para não se limitar a mero símbolo. Temos de tomar um banho salutar na Paixão de Cristo, mergulhar nela em espírito, sentir sobre nós todo o seu gelo e amargor, para sair dela como que renovados e retemperados.

Está escrito que havia em Jerusalém uma piscina milagrosa, e o primeiro que nela mergulhasse quando suas águas borbulhavam ficava curado. Devemos nos jogar na piscina, ou melhor, no oceano que é a Paixão de Cristo. Pois tal é o sofrimento do Homem-Deus: um oceano ilimitado, sem margens nem fundo.

Há uma paixão da alma de Cristo que é a alma da Paixão, isto é, que lhe confere seu valor único e transcendente. Outros sofreram os padecimentos corporais que Jesus sofreu, e talvez até maiores. De qualquer modo, é inegável que, do ponto de vista físico, as dores sofridas por todos os homens no decurso de todos os séculos formam um acervo maior do que as de Jesus consideradas em si mesmas, ao passo que todas as aflições e angústias dos homens em conjunto nem de longe se equipararão à Paixão da alma do Redentor.

Essa paixão da alma evidencia-se nas palavras do Apóstolo: "Aquele que não conhecera pecado, Deus o tratou como pecado em nosso favor, para que pudéssemos nos tornar, por meio dele, justiça de Deus" (2Cor 5,21). O próprio Filho de Deus, o inocente, o santo, tornado "pecado", o pecado feito pessoa!

No Getsêmani, Jesus reza: "Afasta de mim esse cálice!" (Mt 26,39). Na Bíblia, a imagem do cálice quase sempre evoca a ideia da ira de Deus contra o pecado (cf. Ap 14,10). Isaías a chama "taça da vertigem" (Is 51,22). São Paulo escreve: "A ira de Deus se revela do céu contra toda impiedade" (Rm 1,18). É uma espécie de princípio universal. Onde há pecado, não pode deixar de haver o juízo de Deus, seu tremendo "não!". Do contrário, o próprio Deus se comprometeria com o pecado, e a distinção entre bem e mal deixaria de existir. O universo viria abaixo. A ira de Deus não é a ira dos homens; é outro nome da santidade de Deus.

Ora, na Paixão, Jesus é impiedade, toda a impiedade do mundo. E sobre ele se derrama a ira de Deus. Deus "condenou o pecado na carne de Cristo" (cf. Rm 8,3).

A correta compreensão da Paixão de Cristo é dificultada por uma visão excessivamente jurídica das coisas, que leva a pensar que, de um lado, estão os homens com seus pecados e, de outro, Jesus que sofre e expia a pena daqueles pecados, mantendo-se distante deles, porém. A relação de Jesus com o pecado não é indireta e meramente jurídica, mas próxima e real. Em outras palavras: ele levava misteriosamente os pecados sobre si, porque os tinha livremente "carregado às costas". Dele se diz: "Carregou os nossos pecados no seu corpo" (1Pd 2,24). De algum modo, ele se sentia o pecado do mundo. É essa a paixão da alma.

***

Precisamos dar um nome e um rosto definitivos para essa realidade do pecado, para que não seja para nós uma ideia abstrata ou algo de pouca importância na opinião do mundo. Jesus assumiu sobre si todo o orgulho humano, toda a rebelião manifesta ou surda contra Deus, toda a luxúria (que é, e continua a ser, pecado, mesmo que todos os homens concordassem em dizer o contrário), toda hipocrisia, toda violência e injustiça, toda exploração dos pobres e fracos, toda mentira, toda esta realidade tão terrível que é o ódio.

Na Paixão de Cristo alcançam sua plena realização as palavras de Isaías lidas na primeira leitura: "Ele foi esmagado por nossas iniquidades; o castigo que nos salva caiu sobre ele" (Is 53,5). Ele é o "justo sofredor" que reza nos Salmos e diz ao Pai: "Sobre mim pesa a tua indignação e me submerges com todas as tuas ondas... Sobre mim passou a tua ira, os teus pavores me aniquilaram" (Sl 88).

Que aconteceria se todo o universo físico, com seus bilhões de galáxias, se apoiasse num só ponto, como uma imensa pirâmide invertida? Que pressão recairia sobre esse ponto? Pois bem, na Paixão, todo o universo moral da culpa, que não é menos infinito que o físico, pesava sobre a alma do Homem-Deus. O Senhor – está escrito – fez recair sobre ele a iniquidade de todos nós (cf. Is 53,6); ele é o Cordeiro de Deus que "carregou sobre si" o pecado do mundo (cf. Jo 1,29). A verdadeira cruz que Jesus tomou sobre os ombros, que carregou até o Calvário, e na qual acabou sendo cravado, foi o pecado!

Como Jesus carrega o pecado sobre si, Deus fica distante. Agora, a infinita atração existente entre o Pai e o Filho é atravessada por uma repulsão igualmente infinita. No verão dos Alpes, quando uma massa de ar frio que desce do norte se choca com uma de ar quente que sobe do sul, irrompem tempestades assustadoras que convulsionam a atmosfera: nuvens e ventos fortes, raios que rasgam o céu de ponta a ponta, trovões fazem estremecer a base das montanhas. Na alma do Redentor aconteceu algo parecido: nela, a suprema maldade do pecado se chocou contra a suprema santidade de Deus, conturbando-a até provocar suores de sangue e arrancar-lhe dos lábios a queixa: "A minha alma está triste até a morte. Ficai aqui e vigiai" (Mc 14,34).

Ao falar dos judeus, a certa altura da Carta aos Romanos, São Paulo afirma que sofre tanto ao vê-los rejeitar o Evangelho, que se dispunha a ser ele mesmo "anátema", separado de Cristo, em proveito dos seus irmãos (cf. Rm 9,3). Na cruz, Jesus viveu em toda a sua dureza aquilo que o Apóstolo vislumbrou como privação suprema, sem, contudo, ter de sofrê-la de fato: ele se tornou "anátema", separado de Deus, em prol dos irmãos. "Cristo – está escrito – resgatou-nos da maldição da lei, feito por nós maldição, como está escrito: 'Maldito aquele que pende do madeiro'" (Gl 3,13). "Maldição – *katàra*", pouco difere de "anátema"; indica separação de Deus e dos homens, uma espécie de excomunhão.

A experiência do silêncio de Deus, que o homem moderno sente tão agudamente, também nos ajuda a compreender algo da Paixão de Cristo, desde que consideremos que para o homem bíblico o silêncio de Deus não é a mesma coisa que é para o homem de hoje. O silêncio de Deus é avaliado pelo fervor com que se invoca o seu nome. Nada significa para quem não crê ou, embora creia, só se dirige a ele tibiamente. Quanto maior é a confiança posta nele e mais ardente a súplica, tanto mais lancinante se torna o silêncio de Deus. Daí podemos pressentir o que deve ter sido para Jesus o silêncio do Pai na cruz e o abismo que se oculta por trás daquele "Meu Deus, meu Deus, por que me abandonastes?" (Mt 27,46). Também Maria aos pés da cruz sabe o que é o silêncio de Deus. Ninguém mais do que ela poderia se apropriar da exclamação proferida por um Padre, ao recordar um período de feroz perseguição da Igreja sob o imperador Juliano, em que houve igrejas profanadas e virgens violentadas: "Como foi duro, ó Deus, naquele dia, suportar o teu silêncio!" (cf. GREGÓRIO NAZIANZENO, in: PG, 35, 616).

Sobre a cruz, Jesus provou até o fim a consequência fundamental do pecado, que é a perda de Deus. Tornou-se o sem-Deus, o ateu! "Ateu" pode ter um significado ativo ou passivo; pode nomear alguém que recusa Deus, mas também alguém que é recusado por Deus. É neste segundo sentido que essa palavra tão terrível se aplica ao Cristo da cruz. O seu não foi um ateísmo culposo, mas de pena, em expiação de todo o ateísmo culposo existente no mundo e em cada um de nós, sob forma de resistência a Deus, de egoísmo ou de desatenção a Deus. É claro que jamais o Pai celeste esteve tão perto do Filho como nesse momento em que ele cumpre sua suprema obediência. Mas, enquanto homem, houve um momento em que Jesus perdeu de vista essa proximidade, "sentiu-se" abandonado.

***

Tudo isso foi necessário "para que fosse destruído o corpo do pecado" (Rm 6,6) e para que, em troca da maldição, nós recebêssemos "a promessa do Espírito mediante a fé" (Gl 3,14). Os Padres aplicaram a Cristo na cruz a figura bíblica das águas amargas de Mará que se transformam em águas doces, ao entrar em contato com a madeira nelas lançada por Moisés (cf. Ex 15,23 s.). No madeiro da cruz, o próprio Jesus bebeu as águas amargas do pecado e as transformou na água "doce" do seu Espírito, simbolizada pela água que saiu de seu lado. Transformou o imenso "não" dos homens a Deus num "sim", num *amém*, ainda mais imenso, tanto que agora "através dele sobe a Deus o nosso *amém* para a sua glória" (2Cor 1,20).

Este é "o grande mistério da piedade" (1Tm 3,16). Nele consiste o fato de que, mesmo numa situação tão extrema, Jesus manteve a sua confiança em Deus, sua amorosa submissão ao Pai; de seus lábios jamais se apagou o grito filial: "*Abbá*, meu Pai!" e ele morreu dizendo: "Pai, em tuas mãos entrego o meu espírito" (Lc 23,46).

Ao cumprir esse mistério da piedade, Jesus teve ao seu lado sua Mãe, à qual dirigimos agora, com emoção, o nosso pensamento. "Ela – diz um texto do

Vaticano II – sofreu profundamente com seu Filho unigênito e associou-se com espírito materno ao seu sacrifício, consentindo amorosamente à imolação da vítima por ela mesma gerada", tornando-se assim para nós "mãe na ordem da graça" (*Lumen gentium*, n. 58.61).

***

No Novo Testamento o querigma, ou anúncio da Paixão, é formado sempre por dois elementos; por um fato: "sofreu", "morreu", e pela motivação deste fato: "por nós", "por nossos pecados" (cf. Rm 4,25; 1Cor 15,3). A Paixão de Cristo inevitavelmente nos é estranha enquanto não entramos nela pela estreita porta do "por nós", pois só podem compreender adequadamente a Paixão de Cristo os que reconhecem que ela é obra sua. Sem isso, todo o resto podem ser palavras desprovidas de sentido.

Assim, no Getsêmani também estava presente o meu pecado pessoal que pesava sobre o coração de Jesus; na cruz, foi também o meu egoísmo e o abuso que faço da minha liberdade que o mantinham cravado nela. Se Cristo morreu "por meus pecados", isso significa – transpondo simplesmente a frase para a voz ativa – que eu crucifiquei Jesus de Nazaré! Sim, eu crucifiquei Jesus de Nazaré! As três mil pessoas a quem Pedro se dirigiu no dia de Pentecostes não estiveram todas presentes no pretório de Pilatos ou no Calvário para martelar os cravos, e no entanto ele lhes declara com grande veemência: "Vós matastes Jesus de Nazaré!". E sob a ação do Espírito Santo, eles reconheceram que isso era verdade, pois o texto afirma que "sentiram o coração transpassado e disseram a Pedro e aos outros apóstolos: 'Irmãos, que devemos fazer?'" (cf. At 2,23-37).

"Estavas ali, estavas ali, quando crucificaram meu Senhor? – *Were you there, were you there, when they crucified my Lord?*", diz um *spiritual* negro repleto de fé. E prossegue: "Por vezes este pensamento me faz tremer, tremer, tremer". Todas as vezes que o ouço, sou forçado a responder a mim mesmo: "Ai de mim, sim, eu também estava lá, eu também estava lá quando crucificaram o Senhor!".

É necessário que, na vida de todos nós, ocorra alguma vez um terremoto e que em nosso coração se produza algo do que aconteceu na natureza no momento da morte de Cristo, quando o véu do templo se rasgou de alto a baixo, as pedras se fenderam e os sepulcros se abriram. É necessário que o santo temor de Deus abata de vez o nosso coração seguro de si, apesar de tudo. O apóstolo Pedro teve uma experiência semelhante e, se pôde clamar aquelas tremendas palavras às multidões, foi por tê-las antes clamado a si mesmo e, observado por Jesus, "chorou amargamente" (Lc 22,61).

Acabamos de ouvir as palavras do Evangelho de João: "Contemplarão aquele a quem transpassaram" (Jo 19,37). Que essa profecia se realize também em nós; que possamos contemplar aquele que transpassamos, olhar para ele com novos olhos; chorá-lo como se chora um primogênito (cf. Zc 12,10). Se o mundo não se converte com nossas palavras, homens da Igreja, que se converta com nosso pranto!

***

Chegou a hora de se realizar na vida de cada um de nós aquele "ser batizado em sua morte"; de algo do homem velho se desprender de nós, nos deixar e ficar sepultado para sempre na Paixão de Cristo. Já basta – diz a Escritura – o tempo destinado a satisfazer às paixões (cf. 1Pd 4,3). Já basta o tempo dedicado a justificar a nós mesmos e a culpar os outros. Já basta o tempo desperdiçado em polêmicas inúteis entre crentes e católicos. Cristo morreu "para reunir os filhos de Deus que estavam dispersos" (Jo 11,52), e nós continuamos a nos dividir e dispersar por motivos supérfluos? Como podemos nos perder ainda a fomentar nossas pequenas divergências, diante de um Deus que morre por amor a nós e diante de um mundo que ainda em grande parte o ignora? *"Cessent jurgia maligna cessent lites –* Cessem as tristes contendas, cessem as contestações e esteja em nosso meio Cristo Deus", diz um antigo canto gregoriano. Boa parte dos males e da infelicidade que afligem as famílias, as comunidades, a própria sociedade e a Igreja devem-se ao fato de cada um julgar e denunciar os outros em vez de julgar e denunciar a si mesmo e o seu pecado; cada um quer mudar os outros e são bem poucos os que pensam seriamente em mudar a si mesmos. Se resolvêssemos pôr em prática esta revolução dentro de nós, nesta mesma tarde o mundo seria melhor e a paz reinaria em nossos corações. Caso fosse necessário propugnar a verdade e a justiça contra alguém, isso se faria melhor depois, com mais liberdade e caridade.

***

Só depois de passar por essa espécie de novo batismo na morte de Cristo, vemos a cruz mudar completamente de aspecto e, de acusação contra nós e motivo de pasmo e tristeza, transformar-se em motivo de alegria e segurança. "Não há mais condenação alguma para os que estão em Cristo Jesus" (Rm 8,1); a condenação cumpriu a sua função e deu lugar à benevolência e ao perdão. A cruz aparece de preferência como nossa ufania e glória: "Quanto a mim, não haja outra e glória a não ser na cruz de Nosso Senhor Jesus Cristo" (Gl 6,14). Aqui, "glória" indica uma alegre segurança, acompanhada de comovida gratidão, à qual o homem se eleva na fé. É o sentimento que permeia esta liturgia e que inspira o hino deste tempo da Paixão: "*O crux, ave spes unica* – Salve, ó cruz, única esperança".

    Como podemos nos orgulhar de um sofrimento que não suportamos, mas que, ao contrário, provocamos? O motivo é que a Paixão de Cristo, agora, tornou-se "nossa", nosso maior tesouro, o rochedo da nossa salvação. O "por nós" deixou de ser complemento de causa para se transformar em complemento de fim. Se antes significava "por nossa culpa – *propter nos*", agora, depois que reconhecemos e confessamos o nosso pecado e nos arrependemos, significa "em nosso favor – *pro nobis*": "Aquele que não conhecera pecado, Deus o tratou como pecado em nosso favor, para que pudéssemos nos tornar, por meio dele, justiça de Deus" (2Cor 5,21).

10

"JUNTO À CRUZ DE JESUS ESTAVA MARIA, SUA MÃE"

(Sexta-feira Santa de 1989)

> Junto à cruz de Jesus estavam sua mãe, a irmã de sua mãe, Maria, mulher de Cléofas, e Maria Madalena. E Jesus, vendo sua mãe e perto dela o discípulo a quem amava, disse à sua mãe: "Mulher, eis aí o teu filho!". Em seguida, disse ao discípulo: "Eis aí a tua mãe!". E desde aquela hora o discípulo a recebeu aos seus cuidados (Jo 19,25-27).

Foram essas as palavras que ouvimos há pouco durante a leitura. Quem as relata é a mesma pessoa que as ouviu e que estava, junto com Maria, aos pés da cruz: João. Poucas notícias nos chegam de uma fonte tão direta e confiável como esta. Queremos nos deter um pouco para meditá-la nesta Sexta-feira Santa.

Maria está "junto à cruz de Jesus" sobre o Calvário; daí se conclui que, naqueles dias, ela estava em Jerusalém e, portanto, assistiu a tudo. Presenciou toda a Paixão do Filho, os clamores: "Barrabás, Barrabás!", o *Ecce homo!*. Viu o Filho sair flagelado, coroado de espinhos, coberto de escarros; viu seu corpo despido estremecer na cruz com os calafrios da morte. Viu os soldados repartirem suas vestes e sortear entre si a túnica que talvez ela mesma tivesse tecido com tanto amor. Também ela bebeu o cálice amargo, sorveu-o até a última gota. A ela se aplicam as palavras pronunciadas pela antiga filha de Sião em sua desolação: "Ó vós todos que passais pelo caminho, considerai e julgai se há dor semelhante à minha dor!" (Lm 1,12).

Maria não estava sozinha junto à cruz; com ela estavam outras mulheres, além de João: uma irmã sua, Maria, mulher de Cléofas, e Maria Madalena. Poderia parecer que Maria era uma das muitas mulheres presentes. Mas ela estava ali como "sua Mãe", e isso muda tudo, elevando-a a uma posição única no mundo, diferente de todos os demais presentes. Assisti algumas vezes ao funeral de alguns jovens. Refiro-me em particular ao de um rapaz. Várias senhoras acompanhavam o féretro. Todas vestidas de preto, todas chorando. Todas pareciam compartilhar o mesmo sofrimento. Mas entre elas havia uma diferente, na qual pensavam todos os presentes, pela qual choravam e à qual voltavam furtivamente o olhar: a mãe. Mantinha os olhos fixos no caixão, como que petrificados, e seus lábios repetiam sem cessar o nome do filho. Quando, na hora do *Sanctus*, repetiram com o sacerdote as palavras: "Santo, Santo, Santo é o Senhor do universo...", ela também murmurava mecanicamente: "Santo, Santo, Santo...". Naquele momento, pensei em Maria aos pés da cruz.

No entanto, pediu-se a Maria algo muito mais difícil: que perdoasse os que mataram seu Filho. Quando o ouviu dizer: "Pai, perdoa-lhes, porque não sabem o que fazem" (Lc 23,34), Maria logo compreendeu o que o Pai celeste esperava também dela: que pronunciasse, em seu coração, as mesmas palavras: "Pai, perdoa-lhes...". Disse e perdoou.

***

O Concílio Vaticano II assim se refere a Maria junto à cruz:

> Assim avançou a bem-aventurada Virgem pelo caminho da fé, mantendo fielmente a união com seu Filho até a cruz. Ali, não sem um desígnio divino, manteve-se de pé, sofreu profundamente com seu Filho unigênito e com ânimo materno associou-se ao seu sacrifício, consentindo amorosamente à imolação da vítima por ela mesma gerada (*Lumen gentium*, n. 58).

Consentir na imolação da vítima gerada por ela equivalia a imolar-se a si mesma.

Na posição "ereta" junto à cruz, a cabeça de Maria ficava no mesmo nível que a do filho reclinada. Seus olhares se cruzavam. Ao dizer-lhe: "Mulher, eis aí o teu filho", Jesus olhava para ela e, por isso, não precisou chamá-la pelo próprio nome, para identificá-la entre as outras mulheres. Quem poderá penetrar o mistério daquele olhar entre mãe e filho em tais circunstâncias? Um misto de alegria e sofrimento passava de um para a outra, como água entre vasos comunicantes, alegria decorrente do fato de que doravante não opunham nenhuma resistência à dor, já não dispunham mais de defesas contra o sofrimento, deixavam-se inundar por ele livremente. À luta sucedera a paz. Haviam-se identificado com a dor e o pecado do mundo inteiro. Jesus, na primeira pessoa, como "vítima de expiação pelos pecados de todo o mundo" (1Jo 2,2), Maria, indiretamente, pela sua união carnal e espiritual com o Filho.

A última coisa que Jesus fez na cruz, antes de mergulhar na escuridão da agonia e da morte, foi adorar amorosamente a vontade do Pai. Também nisso Maria o acompanhou: também ela se pôs a adorar a vontade do Pai antes de ter o coração tomado por uma imensa solidão e pelas trevas, assim como houve treva "sobre a face da terra" (cf. Mt 27,45). E aquela solidão e aquela adoração permaneceram ali fixas, no centro da sua vida, até a morte, enquanto não chegou para ela a hora da ressurreição.

Um salmo que a liturgia aplica a Maria diz: "Todos ali nasceram [...]. De Sião, porém, é dito: 'um e outro nasceram dela!' [...]. Escrever-se-á no livro dos povos: 'Este ali nasceu'" (Sl 87,2 ss.). É verdade: todos nós nascemos lá; de Maria, a nova Sião, será dito: um e outro nasceram dela. No livro de Deus está escrito de mim, de ti, de cada um, mesmo de quem ainda não o sabe: "Este ali nasceu!".

Mas não fomos nós regenerados pela "palavra de Deus viva e eterna" (1Pd 1,23)? Não somos nós "nascidos de Deus" (Jo 1,13), renascidos "da água e do Espírito" (Jo 3,5)? Indiscutivelmente; mas isso não impede o fato de que, em sentido diferente, também nascemos da fé e do sofrimento de Maria. Se Paulo, que é servo de Cristo, pôde afirmar aos seus fiéis: "Fui eu que vos gerei em Cristo, mediante o Evangelho" (1Cor 4,15), quanto mais pode dizê-lo Maria, que é sua Mãe? Quem, mais do que ela, pode fazer suas as palavras do Apóstolo: "Filhinhos meus, que eu novamente dou à luz na dor" (Gl 4,19). Ela nos dá "de novo" à luz neste momento, por já nos ter dado à luz uma primeira vez na encarnação, quando deu ao mundo a própria "Palavra de Deus viva e eterna", que é Cristo, na qual renascemos.

***

Uma comparação com o patriarca Abraão ajuda-nos a compreender o significado da presença de Maria ao pé da cruz. Esse paralelo foi sugerido pelo próprio anjo Gabriel na Anunciação, quando disse a Maria as mesmas palavras que foram ditas a Abraão: "A Deus nada é impossível" (Gn 18,14; Lc 1,37). Mas isso emerge sobretudo dos fatos. Deus prometeu a Abraão que teria um filho, apesar de ter superado a idade e sua mulher ser estéril. E Abraão acreditou. Também a Maria Deus anuncia que terá um filho, muito embora não conheça homem. E Maria acreditou.

Mas eis que Deus intervém de novo na vida de Abraão, desta vez para lhe pedir precisamente que imole aquele filho que ele mesmo lhe dera e do qual dissera: "Em Isaac terás uma descendência". E Abraão, também desta vez, obedeceu. Também na vida de Maria, Deus vem uma segunda vez, solicitando-lhe que consinta e até assista à imolação do Filho, do qual fora dito que reinaria para sempre e seria grande. E Maria obedeceu. Abraão subiu com Isaac ao monte Moriá, e Maria subiu depois de Jesus ao monte Calvário. Mas a Maria pediu-se muito mais que a Abraão. Deus suspendeu o pedido no último instante e ele recuperou o filho vivo. Maria não. Ela teve de cruzar a linha extrema e sem volta, que é a morte. Recuperou o Filho, mas só depois de o terem descido da cruz.

Como também caminhava na fé e não na visão, Maria esperou que, de um momento para outro, o curso dos acontecimentos mudasse, que fosse reconhecida a inocência do seu Filho. Esperou diante de Pilatos, mas nada. Esperou ao longo da subida para o Calvário, e nada. Deus ia adiante. Esperou até sob a cruz, até antes que fosse cravado o primeiro prego. Não podia ser. Não lhe fora garantido que aquele Filho subiria ao trono de Davi e reinaria para sempre sobre a casa de Jacó? Então era aquele o trono de Davi, a cruz? Maria, sim, "esperou contra toda a esperança" (Rm 4,18); esperou em Deus, mesmo quando via esvair-se a derradeira razão humana de esperança.

Agora, porém, tiremos deste paralelo a necessária consequência. Se Abraão, pelo que fez, mereceu ser chamado "pai de todos nós" (Rm 4,16) e "nosso pai na fé" (*Cânon romano*), hesitaríamos nós em chamar Maria "mãe de todos nós" e "nossa mãe na fé", ou "mãe da Igreja"? A Abraão, Deus disse: "Porque assim procedeste e não me recusaste o teu filho, o teu filho único, eu te abençoarei com todas as bênçãos e tornarei muito numerosa a tua descendência... Pai duma multidão de povos te farei" (Gn 17,5; 22,16). A mesma coisa, mas com muito maior força, ele diz agora a Maria: "Já que assim procedeste e não me recusaste o teu Filho, o teu Filho único, eu te abençoarei com todas as bênçãos. Mãe de uma multidão de povos te constituirei!".

Se os crentes de todas as confissões cristãs compartilham a convicção de que Abraão não foi constituído apenas "exemplo e patrono, mas ainda causa de bênção" (como afirma Calvino, ao comentar Gn 12,3), que "a Abraão está reservado no plano salvífico de Deus o papel de mediador de bênçãos para todas as gerações" (VON RAD, G., *Gênesis*, 1961), por que todos os cristãos não deveriam aceitar e compartilhar com alegria a convicção de que, com maior razão, Maria foi constituída por Deus *causa* e *mediadora* de bênçãos para todas as gerações? Insisto: não apenas exemplo, mas também "causa de salvação", como a chama precisamente Santo Irineu (*Contra as heresias*, III, 22, 4)? Por que não se deveria generalizar a convicção de que não apenas a João, mas a todos os discípulos se dirige a palavra de Cristo moribundo: "Filho, eis a tua Mãe"? Maria – diz o Concílio – sob a cruz tornou-se para nós "mãe na ordem da graça" (*Lumen gentium*, n. 61).

Por isso, assim como, nos momentos de provação, os israelitas pediam a Deus: "Lembra-te de Abraão, nosso pai!", agora nós também podemos lhe pedir: "Lembra-te de Maria, nossa mãe!", e assim como eles diziam a Deus: "Não retires de nós a tua misericórdia, por amor de Abraão, teu amigo" (Dn 3,35), podemos lhe dizer: "Não retires de nós a tua misericórdia, por amor de Maria, tua amiga!".

***

Em nossa vida, há momentos em que necessitamos de uma fé e de uma esperança semelhantes às de Maria. Nesses momentos, Deus parece não mais ouvir nossas orações, como se desmentisse a si mesmo e a suas promessas, fazendo-nos passar de fracasso em fracasso, envolvendo-nos em sua própria derrota. São momentos em que os poderes das trevas parecem triunfar em todas as frentes, em que como diz um salmo, ele parece "ter encerrado o seu coração na ira e ter esquecido a misericórdia" (Sl 77,10). Nesses momentos, lembre-se da fé de Maria e exclame: "Meu Pai, não o compreendo, mas confio em ti!".

Talvez precisamente agora Deus esteja pedindo a alguém que lhe sacrifique, como Abraão, o seu "Isaac", isto é, a pessoa, o objeto, o projeto, a fundação, o ofício que lhe são caros, que um dia lhe foram confiados pelo próprio Deus e pelos quais lutou a vida inteira... Essa é a oportunidade que Deus nos dá para lhe mostrar que ele nos é mais caro do que tudo isso, até de seus dons, do trabalho que realizamos por ele. Deus pôs Maria à prova no Calvário "para ver o que tinha no coração" (cf. Dt 8,2), e neste coração de Maria divisou intacto e até mais forte do que nunca o "sim" e o "eis-me aqui!" dos dias da Anunciação. Que, nesses momentos, ele encontre o nosso coração preparado para lhe dizer "sim" e "eis-me aqui!".

Como eu já disse, Maria uniu-se ao Filho no Calvário na adoração da santa vontade do Pai. Com isso realizou perfeitamente sua vocação de figura da Igreja. Ela agora está ali esperando por nós. Afirmou-se que Cristo "está em agonia até o fim do mundo: não convém deixá-lo só neste tempo" (PASCAL, B., *Memorial*). E se Cristo está em agonia e na cruz até o fim dos tempos, de um modo para nós incompreensível, mas verdadeiro, onde pode encontrar-se Maria, neste tempo, senão com ele, "junto à cruz"? Ali ela convida e marca encontro com as almas generosas, para que se unam a ela na adoração à santa vontade do Pai. Adorá-la, mesmo sem compreendê-la. Não há como deixá-la sozinha nessa situação. Maria sabe que essa é a coisa absolutamente maior, mais bela, mais digna de Deus que podemos fazer na vida, ao menos uma vez antes de morrer.

Está escrito que, quando Judite voltou para junto dos seus depois de ter arriscado a própria vida por seu povo, os habitantes da cidade correram ao seu encontro e o Sumo Sacerdote a abençoou dizendo: "Bendita sejas tu, filha, diante do Deus altíssimo mais do que todas as mulheres que vivem na terra. [...] A coragem que tiveste não se apagará do coração dos homens" (Jt 13,18 s.). Hoje dirigimos a Maria essas mesmas palavras: Bendita és tu entre as mulheres! A coragem que tiveste jamais se apagará do coração e da lembrança da Igreja!

11

"HUMILHOU-SE A SI MESMO"

(Sexta-feira Santa de 1990)

Em 630 d.C., o imperador de Bizâncio, Heráclio, tendo derrotado o rei persa Cosroas, recuperou as relíquias da Santa Cruz, que este levara de Jerusalém catorze anos antes. No momento de reconduzir as preciosas relíquias à basílica construída por Constantino no Calvário, ocorreu um fato singular que a liturgia recorda com a festa da exaltação da Santa Cruz, em 14 de setembro.

> Heráclio – lia-se outrora no ofício dessa festa – todo recoberto de ornamentos de ouro e de pedras preciosas, preparava-se para atravessar a porta que levava ao Calvário, mas não conseguia. Quanto mais se esforçava para avançar, mais se sentia como que pregado onde estava. Espanto geral. Então o bispo Zacarias fez notar ao imperador que talvez aquele traje triunfal não condissesse com a humildade com que Jesus Cristo transpusera aquela soleira carregando a cruz. Imediatamente, o imperador despojou-se de seus trajes luxuosos e, de pés descalços, vestido como um cidadão comum, completou sem dificuldade o restante do caminho e chegou ao lugar onde a cruz devia ser posta.

Esse episódio é a origem remota do rito seguido pelo Papa que, dentro em pouco, despojado dos paramentos e descalço, caminhará para beijar a cruz. Mas o fato tem também um significado espiritual e simbólico que diz respeito a todos nós aqui presentes, mesmo para quem não vá descalço beijar a cruz. Significa que não podemos nos aproximar do Crucificado sem antes nos despojar de todas as nossas pretensões de grandeza, de nossos títulos; em suma, de nosso próprio orgulho e vaidade. Simplesmente não podemos. Seremos invisivelmente rejeitados por ela.

Eis o que queremos fazer nesta liturgia. Duas coisas muito simples: primeira, lançar aos pés do Crucifixo todo o orgulho do mundo, inclusive o nosso próprio; segunda, revestir-nos da humildade de Cristo e com ela voltar para a casa "justificados", como o publicano do templo (cf. Lc 18,14), isto é, perdoados, renovados.

***

No profeta Isaías, lemos estas palavras de Deus:

> Será abatido o orgulho do homem,
> será humilhada a soberba do homem,
> o Senhor será exaltado, só ele,
> naquele dia (Is 2,17).

"Aquele dia" é o dia da realização messiânica, o dia em que Cristo proclama da cruz que "tudo está consumado" (Jo 19,30). Em suma, aquele dia é o dia de hoje! E como Deus abateu o orgulho dos homens? Assustando-os? Mostrando-lhes sua imensa grandeza e poder? Aniquilando-os? Não, abateu-o aniquilando-se a si mesmo:

> Cristo Jesus, embora sendo de natureza divina,
> não considerou um tesouro a ser conservado com ciúme
> a sua igualdade com Deus;
> mas aniquilou-se a si mesmo,
> assumindo a condição de servo
> e tornando-se semelhante aos homens.
> Tendo aparecido em forma humana
> humilhou-se a si mesmo (Fl 2,6-8).

Humiliavit semetipsum: humilhou-se a si mesmo, não aos homens! Abateu o orgulho e a soberba humana por dentro e não por fora. E como se humilhou! Não nos iluda o esplendor do ambiente que nos cerca, da liturgia, dos cânticos, toda a honra de que é cercada hoje a cruz. Houve um tempo em que a cruz não era nada de tudo isso, mas pura infâmia. Algo a se manter distante não apenas dos olhos, mas até dos ouvidos dos cidadãos romanos (cf. CÍCERO, *Pro Rabirio*). Como predito, foi assim que ele morreu: "sem aparência, nem beleza, desprezado, rejeitado pelos homens, alguém diante de quem se cobre o rosto, julgado por todos, castigado, ferido por Deus, humilhado" (cf. Is 53,2-4). Uma única pessoa no mundo, além de Jesus, tem noção exata do que é a cruz: Maria, sua mãe. Ela carregou com ele o "opróbrio da cruz" (Hb 13,13). Os demais conheceram a *teologia* da cruz, ela, a sua *realidade*.

A cruz é o túmulo em que se abisma todo o orgulho humano. A ele diz Deus como ao mar: "Até aqui chegarás e além não passarás; e aqui se arrebentará o orgulho das tuas ondas" (Jó 38,11). Contra a rocha do Calvário vêm arrebentar todas as ondas do orgulho humano, e não podem passar além. Elevado demais é o muro que Deus ergueu contra ele, profundo demais o abismo que diante dele cavou. "O nosso homem velho foi crucificado com ele, para que fosse destruído o corpo do pecado" (Rm 6,6). O corpo do orgulho, pois este é o pecado por excelência, pecado que está por trás de qualquer outro pecado. "Ele carregou os nossos pecados no seu corpo sobre o madeiro da Cruz" (1Pd 2,24). Carregou o nosso orgulho em seu corpo.

Onde está a parte que nos diz respeito em tudo isso? Onde está o "evangelho", isto é, a boa e alegre notícia? É que Jesus se humilhou também por mim, em meu lugar. "Um morreu por todos, logo todos morreram" (2Cor 5,14): um se humilhou por todos, por isso todos se humilharam. Na cruz, Jesus é o novo Adão que obedece por todos. É o início de uma humanidade nova. Age em nome de todos e para benefício de todos. Assim como "pela obediência de um só todos foram constituídos justos" (Rm 5,19), assim pela humildade de um só todos foram constituídos humildes.

A soberba, bem como a desobediência, não nos pertence mais. É coisa do velho Adão. É antiguidade, morte. A novidade agora é a humildade. Ela é repleta de esperança, porque desvenda a nova existência, baseada no dom, no amor, na solidariedade, e não mais na competitividade, no arrivismo e na prepotência recíprocos. "As coisas velhas passaram, eis que nasceram as novas" (2Cor 5,17). Uma dessas maravilhosas coisas novas é a humildade.

Que significa então celebrar o mistério da cruz "em espírito e verdade"? Que significa, aplicada aos ritos que estamos celebrando, a velha máxima: "Reconhece o que fazes, imita o que celebras – *Agnoscite quod agitis, imitamini quod tractatis*"? Significa: realizem em seu interior aquilo que vocês representam exteriormente; façam o que comemoram!

É preciso que, hoje à tarde, eu entregue a Cristo "o corpo do meu orgulho", para que ele possa destruí-lo de fato, como o destruiu de direito uma vez para sempre, na cruz. Quando eu era jovem, na véspera de certas solenidades, na minha terra costumava-se acender nos campos, ao cair da noite, grandes fogueiras que eram visíveis de uma colina a outra, e cada família levava sua porção de lenha ou galhos para alimentar o fogo, enquanto ao redor se rezava e se recitava o rosário. Algo semelhante deve acontecer espiritualmente nesta tarde, em preparação da grande solenidade da Páscoa. Cada qual deveria vir em espírito jogar na grande fogueira da Paixão de Cristo a sua carga de orgulho, de vaidade, de autossuficiência, de presunção, de altivez. Devemos imitar o que fazem os eleitos no céu, em sua liturgia de adoração do Cordeiro que serve de modelo para a nossa aqui na terra. Eles – diz o Apocalipse – avançam em procissão e, tendo chegado diante daquele que se assenta no trono, prostram-se e "lançam suas coroas diante do trono" (Ap 4,10). Eles, as coroas verdadeiras do seu martírio, nós, as falsas coroas que nos impusemos na cabeça por própria conta. Devemos "pregar na Cruz todos os movimentos da soberba" (AGOSTINHO, *Doutrina cristã*, 2, 7, 9).

***

Não devemos ter medo de ficar deprimidos, de abdicar da nossa dignidade de homens, ou de cair, assim, em estados de espírito mórbidos. No início do século, um filósofo acusou o cristianismo de introduzir no mundo o que ele via como "a doença" da humildade (F. Nietzsche). Atualmente, porém, a própria filosofia professa que a existência humana só é autêntica quando reconhece a própria "nulidade" radical (cf. HEIDEGGER, M., *Ser e tempo*, 58). A soberba é um caminho que leva ao desespero porque significa não nos aceitarmos por aquilo que somos, mas querer desesperadamente ser o que, não obstante todos os nossos esforços, nunca poderemos ser, isto é, independentes, autônomos, sem ninguém acima de nós (cf. KIERKEGAARD, S., *A doença para a morte*).

A moderna psicologia profunda chegou, por outro caminho, à mesma conclusão. Um dos seus maiores expoentes, C. G. Jung, observou um dado surpreendente. Ele afirmou que todos os pacientes de certa idade que o consultaram sofriam de algo que podia ser definido como falta de humildade, e só se curavam quando adquiriam uma mentalidade de acatamento e humildade em face de uma realidade maior do que eles, ou seja, uma disposição religiosa.

O orgulho é uma máscara que nos impede de ser verdadeiramente homens, antes mesmo que crentes. Ser humilde é humano! As palavras *homo* e *humilitas* derivam ambas de *humus*, que significa terra, solo. Tudo o que no homem não é humildade é mentira. "Se alguém pensa ser alguma coisa, quando não é nada, engana a si mesmo" (Gl 6,3).

***

Mal resolvemos renunciar ao orgulho, percebemos, com assombro, quanto ele se alastra em nós por dentro e por fora, quanto estamos embebidos de orgulho. Dizem que cerca de setenta por cento do corpo humano é constituído de água, mas o espírito humano talvez seja constituído por ainda mais do que setenta por cento de orgulho. Até o ar que respiramos é percorrido por ondas de todas as frequências portadoras de expressões e mensagens de orgulho. Alguns chegam a se julgar capazes de "ir além de" Jesus Cristo (cf. 2Jo 9) e proclamam o início de uma nova era, uma "New Age", fundada não na Encarnação, mas numa constelação, a de Aquário; não na conjunção da divindade com a humanidade, mas na dos planetas. Todos os anos fundam-se novas religiões e novas seitas e se anunciam novos caminhos de salvação, como se a revelada por Deus, fundada em Cristo, já não fosse suficiente para os homens guindados à sabedoria e à idade adulta; como se fosse humilde demais. E o que é tudo isso, senão orgulho e presunção? "Ó Gálatas sem juízo – dizia São Paulo –, quem vos enfeitiçou, logo vós a cujos olhos foi apresentado vivo Jesus Cristo crucificado?" (Gl 3,1). Ó cristãos sem juízo, quem os enfeitiçou para fazê-los passar tão depressa para um outro evangelho?

Todos desejam estar em evidência. Se pudéssemos representar visivelmente a humanidade inteira, tal como aparece aos olhos de Deus, depararíamos o espetáculo de uma multidão imensa de pessoas erguendo-se na ponta dos pés para se sobrepor ao outro, talvez pisoteando os que estão ao lado delas, aos gritos de: "Eu também, eu também estou no mundo!".

Fumaça, vaidade? Sem dúvida toda essa soberba é fumaça que a morte dispersa como o vento. "Vaidade das vaidades", diz o Eclesiastes. Nem sequer um grama dessa vaidade cruzará conosco o limiar da eternidade, e, se o fizer, será para logo se transformar em acusação e tortura. Mas seus efeitos são igualmente terríveis. Ela se assemelha ao cogumelo atômico que se ergue ameaçador contra o céu, como um punho fechado, para depois recair sobre a terra, semeando à sua volta destruição e morte.

Quanto das guerras passadas e presentes (incluindo a que ocorre atualmente entre facções opostas de cristãos em um país martirizado) não depende do orgulho? E boa parte do sofrimento dos povos não depende também do orgulho de certos chefes de Estado que aspiram ao poder, à segurança no trono, dispondo para isso de um exército mais forte, de armas mais terríveis, empenhando para isso os recursos que deveriam servir para melhorar as condições de vida, por vezes terríveis, do seu povo? Mas também no âmbito da convivência humana cotidiana, nas famílias e instituições, quanto sofrimento recíproco é provocado por nosso orgulho, quantas lágrimas são causadas por ele!

***

Não devemos nos deter aqui, porém. Se nos limitarmos a denunciar esse orgulho coletivo, ainda não teremos feito quase nada. Pode haver até um orgulho que se soma a outro orgulho. A procissão que devemos fazer hoje à tarde não se dirige tanto para o exterior quanto para o nosso interior. Cumpre-nos rasgar nosso coração e não nossas vestes (Jl 2,13). É aí, no meu coração, que se aninha o verdadeiro orgulho, o único que posso debelar com a minha vontade, por ser o único produto da minha vontade.

E essa tarefa é mais difícil que qualquer outra! O pescador de pérolas dos mares do sul, quando tenta atingir o fundo do mar, sofre a incrível resistência da água que o impele para cima, com uma força igual e contrária ao volume que desloca. Sem saber, sofre os efeitos do princípio de Arquimedes. Quem procura mergulhar abaixo do espelho de águas tranquilas das próprias ilusões, humilhar-se e conhecer-se pelo que na verdade é, sofre o impulso ainda mais forte do orgulho que o impele a se elevar, a emergir, a permanecer na superfície. Também nós estamos à procura de uma pérola preciosa, a mais preciosa aos olhos de Deus. Seu nome é um coração "contrito e humilhado".

O que fazer para ter um coração contrito e humilhado? Antes de tudo, vamos pedir o auxílio do Espírito Santo, abrindo mão de nossas defesas e resistências. A seguir, se conseguirmos, vamos olhar por um instante no espelho da nossa consciência. Sozinhos na presença de Deus. Quanto orgulho, quanta vaidade e autocomplacência, quanta falsa humildade e hipocrisia; naquela circunstância, naquela outra, naquela conduta, naquela outra. Talvez, ai de mim!, precisamente agora. Quantos "eu", "eu", "eu". "Envergonha-te, soberba cinza – *erubesce superbe cinis*: Deus se humilha e tu te exaltas?", dizia a si mesmo São Bernardo (*Louvores da Virgem*, I, 8) e, antes dele, Santo Agostinho: "O teu Senhor humilde e tu, soberbo? A Cabeça humilde e um membro soberbo?" (*Sermões*, 354, 9, 9).

Os céus e a terra estão cheios da glória de Deus; a única exceção é o coração do homem, por estar cheio da própria glória e não da de Deus. Preocupado consigo mesmo, a ponto de utilizar para a própria glória até as coisas feitas por Deus. Até o próprio Deus! E, no entanto, "o que tens que não hajas recebido?" (1Cor 4,7).

Para ter um coração contrito e humilde, é preciso passar uma vez pela experiência de quem é apanhado em flagrante, como aquela mulher do Evangelho, colhida em flagrante adultério, que ali jazia calada e cabisbaixa, à espera da sentença (cf. Jo 8,3ss.). Nós somos ladrões da glória de Deus pegos em flagrante. Se agora, em vez de nos fugir em pensamento ou nos irritar dizendo entre nós mesmos: "Esta fala é dura e quem a pode suportar?" (Jo 6,60), baixarmos os olhos, batermos no peito e dissermos, do mais fundo do coração, como o publicano: "Ó Deus, tem piedade de mim, pecador!" (Lc 18,13), então começará a se efetuar também o milagre do coração contrito e humilhado. Também nós, como aquela mulher, em vez de condenação, experimentaremos a alegria do perdão. Teremos o coração novo.

∗∗∗

As multidões que assistiram à morte de Cristo "voltaram para casa batendo no peito" (Lc 23,48). Como seria bom se pudéssemos imitá-las! Como seria bom se se repetisse, também entre nós, o espetáculo daquelas três mil pessoas que, no dia de Pentecostes, sentiram "o coração transpassado" só com o pensamento de terem crucificado Jesus de Nazaré e disseram a Pedro e aos outros apóstolos: "Irmãos, que devemos fazer?" (cf. At 2,37). Isso seria realmente "imitar o que celebramos".

Um coração contrito e humilhado "é sacrifício a Deus" (Sl 51,19). A Igreja, hoje, não celebra o sacrifício da Missa, porque o sacrifício deste dia deve ser o nosso coração contrito e humilhado: "Assim diz o senhor: o céu é meu trono e a terra o meu escabelo, que casa me podereis construir? Onde poderei fixar a minha morada? Todas essas coisas foram feitas por minha mão e são minhas – oráculo do Senhor. Eis para quem olho: para o pobre e contrito de coração!" (Is 66,1-2). O coração humilhado é o paraíso de Deus na terra, a casa em que ele gosta de fazer sua morada e revelar os seus segredos.

Todos os acontecimentos externos permanecem ambíguos, sem que ninguém possa vislumbrar se deveremos um dia nos alegrar ou nos afligir por eles.

Mas um coração de homem que se humilha e se converte, não. Este é para Deus o que de mais importante pode suceder sobre a face da terra, uma novidade absoluta.

***

Uma vez deposto, ao menos pelo desejo, todo o nosso orgulho aos pés da cruz, resta-nos por fazer brevemente a segunda coisa: revestir-nos da humildade de Cristo. "Deixarei no meio de ti um povo humilde e pobre: confiará no Senhor o resto de Israel" (Sf 3,12 s.). Na cruz, Cristo deu início a esse povo humilde e pobre que confia no Senhor; nós agora devemos começar a fazer parte dele também de fato, assim como, pelo batismo, já começamos a fazer parte dele de direito.

No Evangelho, Jesus diz: "Aprendei de mim que sou manso e humilde de coração" (Mt 11,29). O que Jesus Cristo fez para se dizer humilde? Será que se rebaixou ou se referiu a si mesmo em termos depreciativos? Pelo contrário, ele se proclamou "Mestre e Senhor" (Jo 13,13), alguém maior do que Jonas, Salomão, Abraão, do que todos. Então o que foi que fez? "Assumiu a condição de servo" (Fl 2,7). Não se *considerou* pequeno, não se *declarou* pequeno, mas *fez-se* pequeno, e pequeno para nos servir. Foi o primeiro que se fez "o menor de todos e servo de todos" (Mc 9,35). Cristo não temeu comprometer sua dignidade divina, rebaixando-se a ponto de aparecer como homem igual aos outros.

A humildade de Cristo, além de serviço, é feita de obediência: "Humilhou-se a si mesmo fazendo-se obediente até a morte" (Fl 2,8). Humildade e obediência figuram aqui quase como a mesma coisa. Jesus sobre a cruz é humilde porque não opõe resistência alguma à vontade do Pai. "Restituiu a Deus o seu poder", cumpriu o grande "mistério da piedade" (1Tm 3,6). O orgulho se despedaça com a submissão e a obediência a Deus e às autoridades por ele constituídas. Alguns nesta vida teimam em manter apenas uma discussão com Deus, como de igual para igual. Acabam convencendo a si mesmos de que podem até mesmo pôr Deus em xeque, por terem posto em xeque os homens e os superiores. Jamais se sujeitaram e se submeteram verdadeiramente a ele. Seria bom que o fizessem antes de morrer, caso queiram encontrar verdadeiramente a paz da alma. Lembrem-se de que está escrito: "É terrível cair nas mãos do Deus vivo!" (Hb 10,31). Cair nelas, entenda-se, como impenitentes.

***

Na cruz, Jesus não se limitou a revelar ou a praticar a humildade; ele também a criou. Desde então, a humildade verdadeira, a humildade cristã, consiste em participar do estado interior de Cristo na cruz. "Tende em vós – diz o Apóstolo – os mesmos sentimentos que foram os de Cristo Jesus" (Fl 2,3); os mesmos, não outros parecidos. Fora disso, é fácil ver como humildade tantas coisas que, ao contrário, são dotes naturais, ou timidez, ou gosto do *understatement*, ou simples bom senso e inteligência, quando não uma forma refinada de orgulho.

Revestidos da humildade de Cristo, será mais fácil, entre outras coisas, trabalhar em prol da unidade dos cristãos, porque unidade e paz integram o cortejo natural da humildade. Também o são no seio da família. O casamento nasce de um ato de humildade. O jovem que se apaixona e que, de joelhos, como era costume antigamente, pede a mão de uma jovem faz o mais radical ato de humildade da sua vida. Faz-se mendigo e é como se dissesse: "Dá-me o seu ser, que o meu não me basta. Eu não me basto a mim mesmo!". Poderíamos dizer que Deus criou o homem e a mulher para que aprendessem a ser humildes, a sair de si mesmos, a não ser arrogantes e autossuficientes, e para que descobrissem a felicidade que há em depender de alguém que os ama. Imprimiu a humildade em nossa própria carne. Mas, infelizmente, quantas vezes o orgulho depois volta a prevalecer e faz o outro descontar a mútua necessidade inicial que tiveram um do outro! Entre o homem e a mulher ergue-se então o terrível muro do orgulho e da incomunicabilidade que extingue toda a alegria. Também aos cônjuges cristãos se dirige esta tarde o convite para depor aos pés da cruz todo o ressentimento, a se reconciliarem um com o outro, abraçando-se, por amor de Cristo, que neste dia "destruiu em si mesmo a inimizade" (Ef 2,16). O "povo humilde" era representado junto à cruz por Maria, que um texto do Concílio Vaticano II chama "a primeira dos humildes e dos povos do Senhor que com confiança esperam e recebem dele a salvação" (*Lumen gentium*, n. 55). A ela dirijamos, pois, a nossa oração: "Ó Maria, primícias do povo humilde e do resto de Israel, serva sofredora junto ao Servo sofredor, nova Eva obediente junto ao novo Adão, alcança-nos de Jesus, com tua intercessão, a graça de sermos humildes. Ensina-nos a 'humilhar-nos sob a poderosa mão de Deus' (cf. 1Pd 5,6), como tu mesmo te humilhaste. Assim seja!"

12

"E JESUS, DANDO UM GRANDE GRITO, EXPIROU"

(Sexta-feira Santa de 1991)

Os evangelistas Mateus e Marcos assim descrevem a morte de Cristo: "E Jesus, dando um grande grito, expirou" (Mt 27,50; Mc 15,37). *Kraxas phonè megale*, em grego, *Clamans voce magna*, em latim. Esse grito de Jesus moribundo contém um grande mistério, que não podemos deixar cair no vazio. Se Jesus o emitiu, foi para que fosse ouvido; se consta do Evangelho, também é Evangelho. Tudo o que na vida de Jesus ficara por dizer e não fora traduzível com palavras resume-se neste grito. Com ele, Cristo esvaziou o coração de tudo o que o preenchera em vida. É um grito que percorre os séculos, mais intenso que todos os gritos humanos de guerra, de dor, de alegria, de desespero.

Não será presunção nossa tentar desvendar o mistério daquele grito e descobrir seu conteúdo. Há uma razão objetiva, dogmática, que permite fazê-lo, e é a inspiração bíblica. "Toda a Escritura é divinamente inspirada" (2Tm 3,16); "movidos pelo Espírito Santo aqueles homens falaram da parte de Deus" (2Pd 1,21). Há alguém, portanto, que conhece o segredo daquele grito: o Espírito Santo, que "inspirou" todas as Escrituras. Ele costuma esclarecer num trecho o que deixou inexplicado em outro; explica com palavras inteligíveis o que exprime em outros lugares "com gemidos inenarráveis" (cf. Rm 8,26). Ele é o autor único de toda a Bíblia, sob a sucessão dos autores humanos.

"Quem conhece – diz o Apóstolo – os segredos do homem, a não ser o espírito do homem que nele está? Assim também o segredo de Deus, ninguém jamais o pode conhecer a não ser o Espírito de Deus" (1Cor 2,11). Portanto, ninguém conhece os segredos de Cristo exceto o Espírito de Cristo que nele habitava e que por toda a vida foi o seu "companheiro inseparável em tudo" (BASÍLIO, *Sobre o Espírito Santo*, XVI, 39). Jesus tudo fez "no Espírito Santo". Tudo o que disse foi no "Espírito Santo" (Lc 4,18). Mesmo seu clamor na Cruz não foi o simples brado de alguém prestes a morrer; foi emitido "no Espírito". Agora, "nós recebemos o Espírito de Deus para conhecer tudo o que Deus nos concedeu" (1Cor 2,12), também o que nos concedeu com aquele grito.

***

Na Carta aos Romanos, o Apóstolo escreve: "O amor de Deus foi derramado em nossos corações por meio do Espírito Santo que nos foi dado" (Rm 5,5). Eu não tinha reparado numa coisa: com essas palavras, São Paulo não se refere ao amor de Deus em geral e em abstrato, mas a um momento concreto de tal amor, a um acontecimento histórico preciso que, aliás, logo passa a ilustrar: "Pois – prossegue o texto – enquanto ainda éramos pecadores, Cristo morreu pelos ímpios" (Rm 5,6). A conjunção "pois – *gar*" indica que se trata de uma explanação do que precede; que se está para declarar toda a grandeza desse amor de Deus que o Espírito Santo derramou em nossos corações.

Mas vamos ouvir com atenção, na íntegra, o que o próprio Espírito nos diz pelas palavras do Apóstolo. A meu ver, aqui nos debruçamos sobre o abismo de onde se elevou aquele grito de Cristo moribundo. "Enquanto ainda éramos pecadores, no tempo devido, Cristo morreu pelos ímpios. Ora, dificilmente se encontra alguém disposto a morrer por uma pessoa justa; talvez possa haver quem se atreva a morrer por uma pessoa de bem. Mas Deus demonstra o seu amor por nós porque, enquanto ainda éramos pecadores, Cristo morreu por nós. [...] Quando éramos inimigos, fomos reconciliados com Deus pela morte do Filho" (Rm 5,6-10).

O grito de Jesus na Cruz é um grito de parto. Naquele momento nascia um mundo novo. Era destruído o grande "diafragma" do pecado e se realizava a reconciliação. Foi, portanto, um grito de sofrimento e simultaneamente de amor. "Tendo amado os seus que estavam no mundo, amou-os até o fim" (Jo 13,1). Amou-os até o último suspiro! Compreendemos toda a força desse grito de Cristo pela reação que logo provocou em quem o escutou ao vivo. Está escrito que o centurião que estava postado à frente de Jesus, tendo-o visto expirar daquela forma, disse: "Verdadeiramente este homem era Filho de Deus!" (Mc 15,39). Tornou-se crente.

Nós só devemos acolher esse grito de amor, deixar que ele nos abale visceralmente, que nos transforme. Caso contrário, nossas Sextas-feiras Santas passarão em vão. Mal Jesus lançou esse grande grito, "o véu do templo se rasgou de alto a baixo, a terra tremeu, as rochas se romperam, os sepulcros se abriram" (Mt 27,51). Era o indício do que deveria acontecer em nossos corações. Deus não se importa com as rochas. Há outras "rochas" que devem ser quebradas, são os "corações de pedra" dos homens que nunca, nunca se comoveram, nunca choraram, nunca refletiram.

Jesus sabia muito bem que só existia uma chave capaz de abrir os corações trancados, e esta não é a recriminação, não é o julgamento, não é a ameaça, não é o medo, não é a vergonha, não é nada disso. É apenas o amor. E foi a essa arma que ele recorreu a nosso respeito: "O amor de Cristo nos impele a pensarmos que um morreu por todos" (2Cor 5,14). A palavra usada aqui por São Paulo, *synechei*, significa, em sentido circular, que nos preme por todos os lados, nos assedia, nos envolve; ou então, em sentido linear: nos acossa, não nos dá tréguas, *urget nos*, como traduziu a Vulgata.

Devemos nos abandonar a esse abraço. "Forte como a morte é o amor; suas chamas são chamas de fogo" (Ct 8,6). Oxalá pudessem essas labaredas nos atingir no santo dia de hoje, atingir ao menos algum de nós e levá-lo à resolução de se entregar ao amor de Deus! Ao se tratar de Deus, deixar-se envolver e apreender é mais importante que compreender. Essas coisas são reveladas aos pequenos, e mantidas escondidas aos prudentes e sábios.

***

Outorguemos, pois, ao pensamento do amor de Cristo tempo de nos envolver e chegar ao nosso interior. Vamos nos expor a esse amor como à luz de um sol de verão. Quais as características desse amor do Redentor?

Sua primeira qualidade é ser *amor dos inimigos*. "Quando éramos inimigos, fomos reconciliados". Jesus afirmara que "não há maior amor do que dar a vida pelos próprios amigos" (Jo 15,13). Mas é preciso compreender bem o que significa aqui a palavra *amigo*. Ele mesmo demonstra que há um amor ainda maior do que este, maior do que dar a vida pelos próprios *amigos*, que é dar a vida pelos próprios *inimigos*. Então, que se entende por amigos? Não os que amam você, mas os que você amar. Jesus chamou Judas de amigo (cf. Mt 26,50), não porque este o amava (estava traindo-o), mas porque ele o amava. E o que significa aqui a palavra *inimigos*? Não aqueles que você odeia, mas os que odeiam você. Deus não odeia ninguém, não considera ninguém inimigo. Bons e maus são todos igualmente seus filhos.

Esse é o ponto mais alto, o Everest do amor. O maior amor do mundo. Morrer por inimigos, amar quem nos odeia e quer nos destruir, e já está nos destruindo! "Pai, perdoa-lhes! Pai perdoa-lhes!". E esses inimigos éramos nós. Pecadores, "ímpios", nós que havíamos aprendido de Adão a terrível forma de amor que se chama egoísmo, o "amor de si mesmo que chega, se necessário, até ao desprezo de Deus" (AGOSTINHO, *A cidade de Deus*, XIV, 28). "Ele carregou-se com nossos sofrimentos [...]. Deus fez recair sobre ele a iniquidade de todos nós [...] e não abriu a boca" (cf. Is 53,4.6-7).

Quanto nos amaste, ó Redentor nosso, quanto nos amaste! Não permitas que voltemos para casa, pela enésima vez, sem ter compreendido o mistério deste dia. Faz com que possamos dizer-te também nós, com alegria e emoção: "Tu clamaste, ó Deus, e o teu clamor rompeu a minha surdez! E agora, anseio por ti" (AGOSTINHO, *Confissões*, X, 27). Possa o grito de Cristo moribundo romper também a nossa surdez! Faz muitos séculos, num dia como este, uma grande mística meditava sobre a Paixão de Cristo quando ouviu na alma estas palavras que ficaram famosas: "Eu não te amei de brincadeira!" (FOLIGNO, Ângela de, *Il Libro*, Quaracchi, 1985, 612).

***

A segunda qualidade é ser um amor *atual*. Não um fogo extinto, não coisa do passado, de dois mil anos atrás, do qual só resta a lembrança. Está ativo, está vivo. Se necessário, Jesus morreria de novo por nós, porque o amor que o levou a morrer se mantém inalterado.

> Eu sou mais teu amigo do que este ou aquele – nos diz Cristo, com palavras que fez ouvir um dia ao cristão B. Pascal –, eu fiz por ti mais do que eles, e eles nunca sofreriam mais do que eu por ti, jamais morreriam por ti nos dias da tua infidelidade e das tuas crueldades, como eu fiz e estou disposto a fazer ainda por meus eleitos (PASCAL, *Pensamentos*, 553, Br.).

Jesus esgotou as provas do seu amor. Não há mais nada que possa fazer para manifestar o seu amor, porque não há maior prova do que dar a vida. Mas, se exauriu as provas do seu amor, não esgotou o amor. Presentemente o seu amor se manifesta por um sinal especial, um sinal diferente, um sinal que não é apenas uma realidade, mas uma pessoa: o Espírito Santo. "O amor de Deus – este amor que conhecemos agora – foi derramado em nossos corações pelo Espírito Santo". É, portanto, um amor vivo, atual, palpitante, como é vivo, atual e palpitante o Espírito Santo.

Na passagem em que os outros evangelistas afirmam que Jesus, "dando um grande grito, expirou", João diz que, "inclinando a cabeça, entregou o Espírito" (Jo 19,30). Isto é, não só expirou, mas deu o Espírito Santo, o seu Espírito. Ora, sabemos perfeitamente o que estava encerrado naquele grande grito que Jesus emitiu ao morrer. Finalmente, o seu mistério está revelado!

***

Terceira qualidade: o amor do Redentor é um amor *pessoal*. Cristo morreu "por nós", disse-nos o Apóstolo. Se entendermos aquele "por nós" em sentido meramente coletivo, ele perde um pouco de sua grandeza. A desproporção numérica restabelece uma certa proporção de valor. É verdade que Jesus é inocente e nós, culpados; que ele é Deus, e nós homens: mas afinal ele é um só, e nós, bilhões. Poderia parecer menos exagerado que um só morra para salvar a vida de bilhões de homens. Mas não é isso que acontece. Morreu "por nós" significa "por cada um de nós". Deve ser tomado em sentido distributivo e não só coletivo. "Ele amou-me e por isso entregou-se por mim", diz em outro lugar o mesmo Apóstolo (Gl 2,20).

Assim, ele não amou a multidão, mas os indivíduos, as pessoas. Morreu também por mim e devo concluir que teria morrido igualmente, mesmo que fosse eu o único a ser salvo na face da terra. Isso é certeza de fé. O amor de Cristo é infinito porque divino, não só humano. (Cristo também é Deus, não devemos esquecer disso sequer por um instante!) Mas o infinito não se divide em partes. Está todo em todos. Milhões de partículas são consagradas diariamente na Igreja. Mas cada uma delas não contém apenas uma parcela do corpo de Cristo, e sim Cristo todo, inteiro. Assim é o seu amor. Há bilhões de homens, mas a cada um deles não cabe apenas um fragmento do amor de Cristo, mas esse amor todo, inteiro. Todo o amor de Cristo está em mim, e isso deve me inspirar alegria. Mas todo o amor de Cristo também está no meu irmão, e isso deve me inspirar respeito por ele, estima, caridade.

Também posso dizer: "Ele me amou e entregou-se por mim!". Ele conhece suas ovelhas pelo nome, chama-as "uma a uma" (Jo 10,3). Para ele, nenhuma é um número. Como soam novas e verdadeiras, postas nos lábios de Cristo na Cruz, as palavras de Deus que se leem no profeta Isaías: "Não temas, porque eu te resgatei, chamei-te pelo nome: tu me pertences [...]. Tu és precioso a meus olhos, porque és digno de estima e eu te amo" (Is 43,1.4). Tu és digno de estima, porque eu te amo, aqui tudo está no singular. Quão suaves são essas palavras para quem se sente miserável, indigno, abandonado por todos, se ao menos tiver a coragem de meditar nelas!

"Quem nos separará do amor de Cristo?", exclama a esta altura o Apóstolo. "A tribulação, a angústia, a vida, a morte? Não! Nada nos pode separar" (Rm 8,35-38). Essa é a descoberta que pode mudar a vida de uma pessoa, a boa notícia que nunca nos devemos cansar de clamar aos homens de hoje. Esta é a única coisa certa e inquebrantável no mundo: que Deus nos ama!

**

Eu disse que o grito de Jesus na cruz é um grito de parturiente. Mas trata-se de um parto singular. Por vezes, encontram-se crianças que perderam a mãe ao nascer. Elas têm algo diferente; parecem esconder um mistério. Parecem não saber e não querer saber de nada, mas na realidade empenham-se em coletar todas as lembranças referentes à mãe. Para elas, as pessoas se distinguem pelo modo de falar de sua mãe. Aquela morte acha-se impressa no âmago do seu ser; foi dela que nasceram.

Pois bem, nós somos esses filhos nascidos de uma morte! "Senhor Jesus Cristo – diz o sacerdote na Missa, antes de comungar –, Filho do Deus vivo, que por vontade do Pai e por obra do Espírito Santo, morrendo desta vida ao mundo... *per mortem tuam mundum vivificasti...*" O grito de Jesus na cruz é o grito de alguém que morre dando à luz uma vida.

Esse modo "materno" de explicar a redenção tem sua vantagem: exprime algo de novo que integra e corrige, em parte, a visão "jurídica" baseada na ideia do preço do "resgate". No caso da mãe que morre para dar a vida, o vínculo entre sua vida e a do filho não é extrínseco, mas intrínseco. Não se situa num outro – o Pai que, levando em conta aquela morte, dá a vida; mas reside no próprio amor daquele que dá a vida. A vida nasce realmente da morte. "Morrendo deste vida ao mundo". Mas nem sequer essa explicação basta por si só, sem a outra do "resgate". De fato, o filho, antes de nascer, nada fez contra a mãe, não é "inimigo" e "ímpio" como nós antes que Cristo nos doasse a vida.

**

Qual será a nossa resposta a essa revelação do amor de Cristo? Não nos apressemos em formular propósitos e procurar retribuir. Não seremos capazes disso e tampouco é a coisa mais importante a ser feita neste dia de hoje. Há uma coisa que temos de fazer antes de qualquer outra coisa, a única que atesta a nossa compreensão: comover-nos. Não menosprezemos a emoção. Quando ela brota do coração e é genuína, é a resposta mais eloquente e digna que podemos dar diante da revelação de um grande amor e de uma grande dor. Na emoção fazemos a experiência de que não nos pertencemos mais. É um abrir o íntimo do próprio ser para o alto. Por isso, ela provoca em nós o pudor. No entanto, não temos o direito de esconder nossa própria emoção daquele que é seu objeto. Ela lhe pertence, é sua, foi ele que a suscitou, é a ele que é destinada. Jesus não escondeu a própria emoção à viúva de Naim e às irmãs de Lázaro, pelo contrário "pôs-se a chorar" (Jo 11,35). E nós nos envergonharemos de exteriorizar a nossa emoção por ele?

Para que serve a emoção? É preciosa, porque é como a lavragem que rompe a dura crosta da terra e assim permite à semente aninhar-se em profundidade nos sulcos do terreno. Não raro, a emoção é o início de uma autêntica conversão e de uma vida nova. Será que alguma vez choramos – ou ao menos desejamos chorar – pela Paixão de Cristo? Alguns santos consumiram seus olhos de tanto chorar por isso. "Eu choro a Paixão do meu Senhor", respondia Francisco de Assis a quem lhe perguntava o motivo de tantas lágrimas. "Olharão para aquele a quem transpassaram [...], chorarão por ele como se chora por um filho primogênito" (Zc 12,10; Jo 19,37). Isso não é apenas profecia, também é um convite, uma ordem de Deus.

Chega de derramar lágrimas por nós mesmos, lágrimas poluídas de autocomiseração. É tempo de outras lágrimas. Lágrimas belas, de assombro, de alegria, de gratidão. De emoção, antes mesmo que de arrependimento. Nelas há um outro "renascer da água". Quantas vezes, ouvindo falar da paixão ou restringindo-me a fazer o mesmo, lembrei-me daquele famoso verso de Dante e o repeti para mim, quase repleto de ira contra mim mesmo: "*E se non piangi di che pianger suoli* – E se não choras, de que chorar costumas?" (*Inferno*, XXXIII, 42).

A liturgia da Igreja nos dá o exemplo. Na Páscoa ela se emociona: "Oh maravilhosa condescendência da tua bondade por nós! – exclama no *Exsultet* –. Oh inestimável ternura de caridade [...]. Ó feliz culpa, que nos valeu tal e tão grande Redentor!". Vamos repetir essas palavras também nós esta tarde, depois de ter recordado o grito de Cristo moribundo na Cruz: "Ó feliz culpa, que nos valeu tal e tão grande Redentor!".

13
"DEUS NÃO POUPOU O SEU PRÓPRIO FILHO"
(Sexta-feira Santa de 1992)

Hoje à tarde, a palavra de Deus deve brindar-nos com uma dádiva: um presente tão valioso que já me entristece pensar que posso deteriorá-lo; mas não só isso: que não poderei evitar de fazê-lo. Por isso, quero me precaver, comunicando-lhes imediatamente este dom sem restrições. Quero pronunciar o nome dele e depositá-lo em segurança no coração de vocês, antes que a sua plenitude se disperse na tentativa de traduzi-lo em palavras. O Pai, o Pai do nosso Senhor Jesus Cristo!

Como é grande o meu desejo de clamar com pureza e amor este nome do qual "toda a paternidade nos céus e sobre a terra recebe o seu nome" (cf. Ef 3,15). Só Jesus tem condições de falar do Pai. Quando fala, os olhos dos discípulos se arregalam, eles são tomados por uma enorme nostalgia e Filipe exclama: "Mostra-nos o Pai e isto nos basta!" (Jo 14,89).

Mas por que falar do Pai, se hoje é o dia da morte de Cristo? São Paulo escreveu: "Deus demonstra o seu amor por nós porque, enquanto ainda éramos pecadores, Cristo morreu por nós" (Rm 5,8). E ainda: "Deus não poupou o seu próprio filho, mas entregou-o por todos nós" (Rm 8,32). Eis uma afirmação surpreendente. Para a razão humana, o fato de ter Jesus morrido na cruz não comprova o amor do Pai, mas quando muito a sua crueldade e, no mínimo, a sua inflexível justiça. E, de fato, o conhecimento do Pai é de certa forma dificultado, mesmo entre os fiéis, por uma infinidade de preconceitos humanos. Ainda hoje, Jesus teria razão de repetir: "Pai santo, o mundo não te conheceu!" (Jo 17,25).

A dificuldade de conciliar a bondade do Pai celeste com a morte de Cristo nasce de uma dupla série de fatos. Uma de ordem teológica. Os responsáveis por ela, admitamos, somos nós, os teólogos e pregadores. No passado, talvez tenhamos criado uma imagem do mistério da redenção concebida mais ou menos nos seguintes termos: o homem, pecando, acumulou uma dívida imensa com Deus, que exige ser ressarcido. Apresenta-se Cristo, o Filho de Deus feito homem, e salda a enorme dívida, derramando o próprio sangue. Então o Pai, "satisfeito" (expressão perigosa!), "aplacado" (outra expressão perigosa!), perdoa. É claro que, ao longo do tempo, essas imagens tão friamente jurídicas não podiam deixar de gerar um sentimento de secreta rejeição por esse Pai que, do céu, aguarda impassivelmente a quitação da dívida, que é o sangue de seu filho.

A outra série de dificuldades, ao contrário, é de ordem cultural e tipicamente moderna. Condições favoráveis induziram a psicologia a ressaltar as distorções com que se caracteriza a figura paterna no meio humano: machismo, autoritarismo, paternalismo... No coração de todo filho estaria latente – dizem – a intenção secreta de matar o próprio pai. Essas suposições, referentes ao pai terreno, foram transferidas para o Pai celeste, com o resultado de que boa parte da cultura moderna acreditou poder defender a causa de Jesus contra o Pai, desembocando na chamada "teologia da morte de Deus". Finalmente – diriam –, a humanidade realizou o desejo secreto de matar o Pai.

***

A principal causa de todo esse ressentimento é a dor humana, o fato de que o homem sofre e Deus, não. Alega-se que é inaceitável um Deus que permite a dor de tantas crianças inocentes. E, quando se argumenta observando que Jesus também sofreu, eles retrucam: "Precisamente este é o nosso principal argumento! Ao menos temos a certeza de que ele era inocente. Por que teve de sofrer?". Chega-se assim ao cúmulo da aberração de constituir Jesus, logo ele, contra o Pai, como uma espécie de testemunha de acusação.

Nossa reação contra isso deve ser a de um filho extremoso, cujo pai foi ofendido. Cumpre-nos redescobrir o verdadeiro rosto do Pai, rosto silencioso e velado; e não há ocasião mais propícia para fazê-lo do que a Sexta-feira Santa. São Paulo nos diz, pois, que "Deus não poupou o seu próprio Filho, mas entregou-o por todos nós". A liturgia da Igreja, num domingo do ano, associa essa passagem à de Gênesis 22, e é provável que o próprio Apóstolo tenha pretendido fazer essa aproximação. Ora, de quem se fala naquele trecho? De Abraão. Deus diz a Abraão: "Porque assim procedeste e não me recusaste o teu filho, o teu filho único, eu te abençoarei com todas as bênçãos; em ti serão abençoadas todas as nações da terra" (Gn 22,16-17).

O velho Abraão, que caminha calado rumo ao monte Moriá, atrás do filho Isaac, era, portanto, figura e símbolo de outro pai. Símbolo de Deus Pai que acompanha Jesus em seu trajeto para o Calvário. Ao sair do Cenáculo, Jesus, voltando-se para os discípulos, dissera: "Vós me deixareis só, mas eu não estou só, porque o Pai está sempre comigo" (Jo 16,32).

Quem pode descrever os sentimentos de Abraão enquanto conduzia seu jovem filho ao monte para lá ser imolado? Segundo Orígenes, o momento mais crucial para Abraão foi quando, durante a caminhada, Isaac, desinformado de tudo, voltou-se para o pai e perguntou-lhe: "Meu pai, eis a lenha para o sacrifício, mas e a vítima, onde está?" (Gn 22,7). Mal sabia que a vítima era ele. Essas palavras "pai, meu pai", escreve Orígenes, foram verdadeiras vozes de tentação para Abraão; e que violência não teve ele de exercer contra si mesmo para não se trair e voltar para trás! (cf. *Homílias sobre o Gênesis*, 8, 6). E quando Jesus, por sua vez, disse no Getsêmani: "Meu Pai, tudo te é possível, afasta de mim esse cálice!" (Mc 14,36), quem seria capaz de dizer como reagiu o coração de Deus Pai? Abraão certamente teria preferido morrer mil vezes a fazer morrer o filho.

Juntos estavam, portanto, o Pai celeste e seu Filho Jesus na Paixão, juntos estiveram na cruz. Mais do que nos braços do madeiro da cruz, Jesus estava pregado nos braços do Pai, isto é, na sua vontade. E assim como, na eternidade, do inefável e jubiloso abraço do Pai e do Filho procede o Espírito Santo, dom recíproco de amor, assim agora, no tempo, do abraço doloroso do Pai e do Filho na cruz brotou o Espírito Santo, dom do Pai e do Filho para nós. Tendo inclinado a cabeça, Jesus "entregou o Espírito" (Jo 19,30).

***

No entanto, temos de perguntar: é justo falar assim de Deus Pai? É lícito falar do sofrimento de Deus? Deus não é imutável, impassível, eterno? Os cristãos primitivos falavam tranquilamente de "paixões" e sofrimentos em Deus. Diziam: "Se o Filho padeceu, o Pai compadeceu. Como poderia o Filho padecer, sem que o Pai compadecesse?" (cf. TERTULIANO, *Contra Práxeas*, 29). "Será que o próprio Pai, Deus do universo, que é cheio de longanimidade, de misericórdia e piedade, não sofre de qualquer maneira? Ou talvez ignores que, quando atende às coisas humanas, ele sofre uma paixão humana? Sofre uma paixão de amor". Quem escreveu estas últimas palavras foi um dos Padres mais ciosos das prerrogativas de Deus e da sua transcendência (ORÍGENES, *Homilias sobre Ezequiel*, 6, 6).

A Paixão de Cristo é a manifestação histórica, uma espécie de epifania dessa misteriosa paixão do coração de Deus. A mesma que o fazia exclamar, no Antigo Testamento, as palavras que dentro em pouco voltaremos a ouvir no canto dos impropérios: "Povo meu, que te fiz? Em que te contristei? Responde-me!" (Mq 6,3). A pergunta: "Por que Deus sofre?" é respondida pelo próprio Pai nestas palavras com que se inicia o livro do profeta Isaías: "Criei filhos e os enalteci, mas eles contra mim se rebelaram" (Is 1,2).

Naturalmente, o sofrimento de Deus difere muito do nosso, porque o nosso sempre é, de certo modo, passivo, forçado, ao passo que o dele é soberanamente livre e não compromete a sua incorruptibilidade e imutabilidade. É "a paixão do impassível", como a definia um antigo Padre (São Gregório Taumaturgo). O Deus da Bíblia é amor e "não se vive no amor sem dor" (*Imitação de Cristo*, III, 5).

Contudo, logo se manifestou uma heresia que veio perturbar a doutrina da compaixão de Deus. Ela negava em Deus qualquer distinção entre Pai e Filho; em outras palavras, negava a Trindade. Para esses hereges, Pai e Filho eram nomes diferentes da mesma pessoa. Por isso, foram denominados *Patripassianos*, ou seja, indivíduos que atribuem a Paixão ao Pai. Tal ideia estava bem distante da ortodoxia, segundo a qual o Pai, permanecendo Pai, isto é, pessoa distinta, participa do sofrimento do Filho, que permanece Filho. Para impedir qualquer pretexto para o erro, preferiu-se deixar de falar expressamente do sofrimento de Deus, mesmo porque a nova cultura em que a Igreja era chamada a anunciar o Evangelho, a grega, não concebia um Deus que se penalizasse e entrasse em contato com a história.

Ultimamente, porém, algo está mudando, talvez em consequência das recentes e terríveis experiências dos seres humanos em relação ao sofrimento. Os teólogos mais atentos recomeçaram a falar, com a Bíblia e os Padres mais antigos, do sofrimento de Deus. "É mister – escreveu um deles a esse respeito – que o mundo saiba: a revelação do Deus-amor altera tudo o que ele concebera acerca da divindade" (DE LUBAC, H., *História e espírito*, capítulo 5). Nesse sentido, na encíclica *Dominum et vivificantem*, de João Paulo II, lemos que, "na humanidade de Jesus Redentor, penetra-se no sofrimento de Deus" (n. 39).

***

Mas quem é a causa última desse sofrimento? Será que, como certos filósofos gregos, devemos pensar na existência, acima de nós e do próprio Deus, de uma Necessidade, de um Destino, aos quais tudo e todos estão sujeitos? Nada disso! Deus é Deus, acima dele não há nada nem ninguém. Então, onde está a causa? Esta se resume em duas palavras: o amor de Deus e a liberdade do homem. Os pais humanos que tiveram de sofrer em virtude dos desvios e da ingratidão dos filhos (e são tantos, hoje) sabem o que significa ser desprezado pelos próprios filhos. Deus concebera para o homem um plano maravilhoso de graça. Mas o pecado sobreveio; o homem se emancipou de Deus e disse: "*Non serviam* – Não te servirei!" (cf. Jr 2,20). Como outros tantos filhos pródigos, todos abandonaram a casa paterna. Mas a realidade superou a parábola em beleza. O filho mais velho, de fato, não ficou sossegado na casa paterna. O unigênito "que estava no seio do Pai" adivinhou o seu ardente desejo de recuperar os filhos dispersos e não esperou a ordem: "Vai e morre por teus irmãos!", mas, dirigindo-se ao Pai, disse: "Tu não quiseste nem holocaustos nem sacrifícios pelo pecado. Então eu disse: eis que venho para fazer, ó Deus, a tua vontade" (Hb 10,5-7). A tua vontade de que todos os homens sejam salvos (cf. 1Tm 2,4).

A obediência mais perfeita é a que previne a ordem e obedece ao simples desejo. Assim foi a obediência de Cristo. Deus – escreve Santo Tomás – entregou o seu Filho à morte "enquanto inspirou-lhe a vontade de sofrer por nós, infundindo-lhe o amor" (*Suma Teológica*, III, q. 47, a. 3). "Deus Pai – dizia São Bernardo – não exigiu o sangue do Filho, mas aceitou-o quando oferecido – *Non requisivit Pater sanguinem Filii, sed accepit oblatum*" (*Contra os erros de Abelardo*, 8, 21).

Eis de onde provém o mistério que celebramos esta tarde: do coração mesmo da Trindade; nasce do amor do Pai por nós e do amor do Filho pelo Pai. Ao sair do Cenáculo, Jesus disse: "A fim de que o mundo saiba que eu amo o Pai, levantai-vos, vamos" (Jo 14,31). Temos motivos, portanto, para exclamar com as palavras do *Exsultet*: "Oh maravilhosa condescendência da tua bondade por nós! Oh inestimável ternura de caridade: para remir o servo, entregaste o Filho!".

Eis o que significa que Deus "não poupou" o próprio Filho: significa que não o poupou para si mesmo, não o reservou para si como tesouro objeto de ciúme. O Pai não é só quem recebe o sacrifício do Filho, mas também quem faz o sacrifício de nos dar o seu Filho! "Como nos amaste, ó Pai bondoso, que não poupaste o teu único Filho, mas o entregaste por nós, pecadores! Como nos amaste!"

(AGOSTINHO, *Confissões*, X, 43). E nós que fugimos de tua presença, imaginando que nos odiavas!

***

Convençam uma criança de que é amada por seu pai e terão feito dela um jovem forte, seguro, alegre e livre na vida. É o que a palavra de Deus quer fazer de nós: devolver-nos a segurança. Só se vence a solidão do homem no mundo com a fé no amor de Deus Pai. "O amor paterno de Deus – escreveu um grande filósofo – é a única coisa inamovível na vida, o verdadeiro ponto de Arquimedes" (KIERKEGAARD, S., *Diário*, III A, 73).

Observem uma criança que sai para passear de mão dada com o pai, ou que este segura pelos braços, fazendo-a rodopiar ao seu redor, e terão a imagem exata do orgulho, da liberdade, da alegria. Li em algum lugar que certo dia um acrobata fez um exercício: com o filho entre os braços, subiu a uma grande altura (tendo abaixo de si uma rede de segurança, que a criança, contudo, não podia ver), ficou na ponta dos pés e se lançou no vazio. Quando ambos chegaram ao chão, alguém perguntou ao menino se não tivera medo de se ver assim no vazio àquela altura, e ele, surpreso com a pergunta, respondeu: "Não, eu estava nos braços do papai".

O mesmo, repito, quer de nós a palavra de Deus. Depois de lembrar que Deus não poupou o próprio Filho por nós, São Paulo emite um grande grito de júbilo e vitória:

> Se Deus está conosco, quem estará contra nós? Quem nos acusará? Quem nos condenará, quem nos separará do amor de Deus: a espada, o medo, a angústia, os complexos, o mundo, as doenças, a morte? Mas em todas essas coisas nós somos mais que vencedores em virtude daquele que nos amou! (Rm 8,31-37).

Fora, pois, os medos, fora os desânimos, fora a pusilanimidade. O Pai sabe e o Pai nos ama, diz Jesus! Vocês não receberam um espírito de escravos para reincidir no medo, mas um espírito de filhos, com que gritar "*Abbá* – Pai!".

Em face desse amor tão incompreensível, espontaneamente nos voltamos para Jesus e lhe perguntamos: "Jesus, és o nosso irmão mais velho, diz-nos: que podemos nós fazer para sermos dignos, ou ao menos agradecidos diante de tanta dor e tanto amor?". E Jesus, do alto da cruz, nos responde com fatos, não com palavras: "Há uma coisa – diz – que vocês podem fazer e que também eu fiz e agrada ao Pai: deem a ele sua confiança, confiem nele, contra tudo, contra todos, contra vocês mesmos! Quando estiverem nas trevas, quando as dificuldades ameaçarem sufocá-los e estiverem prestes a desistir, reanimem-se e gritem: 'Meu Pai, eu não te compreendo mais, porém confio em ti!'. E recuperarão a paz".

***

Há, no mundo atual, uma situação de sofrimento todo especial que este anúncio do Pai pode amenizar. Ao descrever a missão de João Batista, o anjo disse a seu pai, Zacarias, que ele "converteria o coração dos pais para os filhos e o coração dos filhos para os pais" (cf. Lc 1,17; Ml 3,24). Precisamos que essa conversão se renove. Aquele cujo nome, *diabolos*, significa divisor, separador, já não se limita a lançar um povo contra outro, uma classe social contra outra, um sexo contra outro; os homens contra as mulheres, e as mulheres contra os homens. Quer golpear mais fundo: jogar os pais contra os filhos, e filhos contra pais e mães. Quanto sofrimento, quanta tristeza no mundo são fruto disso, quantos crimes que nos deixam estarrecidos!

Na tarde de hoje, comemoramos a história do amor divino de um Pai pelo Filho e de um Filho por seu próprio Pai. Que desse mistério germine para a Igreja e para o mundo uma graça de cura que converta novamente os corações dos pais para os filhos e destes para aqueles. Que enterneça os corações empedernidos. "Escrevo a vós, pais – dizia o evangelista São João aos cristãos seus contemporâneos –, porque conhecestes aquele que é desde o princípio [...]; escrevo a vós, filhos, porque conhecestes o Pai" (1Jo 2,13). E também eu, neste momento, dirijo-me a vocês, pais, e a vocês, filhos. É preciso tomar Deus como ponto de referência para não sucumbir ao mal. Para redescobrir a alegria de ser homem, de ser mulher, de ser pai ou mãe, de ser filho ou filha. A alegria de estar no mundo, de existir.

Está escrito que, no sexto dia da criação, Deus olhou para tudo o que fizera e viu que "era tudo muito bom" (Gn 1,31). No sexto dia da nova semana criadora, que é a Sexta-feira Santa, Deus volta a olhar para sua criação e vê que, graças ao sacrifício do seu Filho, tudo é de novo "muito bom". Alegre-se Deus novamente com suas obras (Sl 104,31).

E se deste nosso mundo doente se erguem para o céu tantos gritos de revolta, tantas blasfêmias, tantas maldições, nós nos apropriamos, neste dia santíssimo do ano, das palavras do Apóstolo e gritamos do mais fundo do coração, em nome de todos os homens da terra: "Bendito seja Deus, Pai de nosso Senhor Jesus Cristo!" (Ef 1,3). Bendito seja Deus Pai! Bendito!

14

"E DE NOVO HÁ DE VIR EM SUA GLÓRIA PARA JULGAR OS VIVOS E OS MORTOS"

(Sexta-feira Santa de 1993)

"Jesus de Nazaré: eles o mataram, suspendendo-o numa cruz, mas Deus o ressuscitou no terceiro dia... E nos ordenou anunciar ao povo e testemunhar que ele é o juiz dos vivos e dos mortos constituído por Deus" (At 10,42). O relato da Paixão nos expôs o tempo todo um Jesus julgado. Os processos contra ele se multiplicam: Anás, Caifás, Pilatos. E não foi só isso. O procurador romano retirou-se, a multidão dispersou-se, o tribunal ficou aberto, mas o processo continua. Ainda hoje, Jesus de Nazaré está no centro de um processo. Filósofos, historiadores, cineastas, simples estudantes de teologia: todos se julgam autorizados a julgar sua pessoa, sua doutrina, sua reivindicação messiânica, sua Igreja...

No entanto, as palavras de Pedro que acabamos de ouvir e as palavras pronunciadas pelo próprio Jesus diante do Sinédrio erguem repentinamente uma espécie de véu, deixando-nos vislumbrar uma cena bem diferente. "Doravante, vereis o Filho do Homem sentado à direita de Deus e vindo sobre as nuvens do céu" (Mt 26,64). Que contraste! Ali, todos sentados e ele em pé, acorrentado; agora, todos de pé e ele sentado à direita de Deus. Ali, os homens e a história julgando a Cristo; agora, Cristo que julga os homens e a história. A partir do momento em que o Messias consumou a salvação imolando-se na cruz como cordeiro, ele se tornou juiz universal. Ele "pesa" os homens e os povos. Diante dele se decide quem se mantém e quem cai. Não existe apelação. Ele é a instância suprema. Essa é a fé imutável da Igreja que ela continua a proclamar no Credo: "E de novo há de vir em sua glória para julgar os vivos e os mortos. E o seu reino não terá fim!".

***

Em tantos milênios de vida na terra, o homem se acostumou a tudo; adaptou-se a todos os climas, imunizou-se contra todas as doenças. Só não se acostumou com uma coisa: a injustiça. Continua a vê-la como intolerável. "Esta fome de justiça e de confissão excrucia as vísceras do planeta e se traduz em erupções e convulsões, como aqueles nós e cólicas da natureza que deram origem às cadeias de montanhas". Assim como precisamos de misericórdia, assim também precisamos, e talvez mais, de justiça. E é a esta sede de justiça que há de responder o juízo. Este não será só exigido por Deus, mas, paradoxalmente, também pelos homens, mesmo pelos ímpios. "No dia do juízo universal, não será só o Juiz que descerá do céu, mas a terra inteira se precipitará ao seu encontro" (P. Claudel).

A Sexta-feira Santa é a ocasião propícia para fazer reviver a verdade do juízo final, sem a qual o mundo todo e a história se tornam incompreensíveis, escandalosos. A colunata de Bernini, na praça de São Pedro, em Roma, parece um espetáculo bastante confuso para quem a visita pela primeira vez. As quatro ordens de colunas que cercam a praça parecem todas assimétricas, como uma floresta de árvores gigantescas plantadas ali ao acaso. Mas sabe-se que há um lugar, marcado no chão por uma circunferência, onde é preciso se posicionar. Daquele ponto de observação, a visão muda totalmente, dando lugar a uma admirável harmonia; as quatro ordens de colunas alinham-se como que por encanto, como se fossem uma só. Temos aí um símbolo do que acontece na praça muito mais ampla deste mundo. Nele, tudo parece confuso, absurdo, fruto de um capricho do acaso mais que de uma providência divina.

O sábio do Antigo Testamento já observava: "Tudo – dizia ele – sucede igualmente ao justo e ao ímpio [...]. Observei que, debaixo do sol, em vez do direito há a iniquidade e em vez da justiça há a impiedade" (Ecl 3,16; 9,2). E, de fato, em todas as épocas viu-se a iniquidade triunfar e a inocência ser humilhada. Mas, para que não se julgue que no mundo há alguma coisa fixa e segura, notava Bossuet, às vezes ocorre o contrário, isto é, a inocência é alçada ao trono e a iniquidade é lançada no patíbulo. Mas o que concluía de tudo isso o Antigo Testamento? "Então eu pensei: Deus julgará o justo e o ímpio, pois há um tempo para cada coisa" (Ecl 3,17). Assim também ele descobriu o ponto certo de observação: o juízo final.

***

"Foi estabelecido que cada homem morra uma só vez, e depois disso vem o juízo" (Hb 9,27). Como, vistas por esse ângulo, mudam de aspecto as vicissitudes humanas, mesmo as presentes no mundo de hoje! Diariamente recebemos notícias de atrocidades contra os fracos e os indefesos, as quais ficam impunes. Vemos pessoas defendendo-se de crimes horrorosos com um sorriso nos lábios, pondo em xeque juízes e tribunais, valendo-se da falta de provas. Como se, mostrando desenvoltura diante dos juízes humanos, pudessem resolver tudo. Nada fizestes, pobres irmãos, nada fizestes! O verdadeiro juízo ainda está por começar. Deveis ainda acabar vossos dias em liberdade, temidos, honrados, até mesmo coroados com um pomposo funeral religioso, depois de ter legado abundantes quantias para obras de caridade. Não tereis feito nada. O verdadeiro Juiz vos espera atrás da porta e a ele ninguém engana. Deus não se deixa corromper. Nesta situação, terrível é cair "nas mãos do Deus vivo" (Hb 10,31).

Sabemos como transcorrerá o juízo:

> Depois, dirá aos da esquerda: "Afastai-vos de mim, malditos, para o fogo eterno, preparado para o diabo e seus anjos. Porque eu tive fome e não me destes de comer; tive sede e não me destes de beber; era estrangeiro e não me hospedastes, estava nu e não me vestistes, doente e encarcerado, e não me visitastes" (Mt 25,41-43).

Que será então dos que não apenas não deram de comer a quem tinha fome, mas lhe extorquiram o alimento; não apenas não abrigaram o estrangeiro, mas o reduziram a estrangeiro, exilado e errante; não apenas não visitaram o encarcerado, mas o lançaram injustamente no cárcere, sequestrado, seviciado, morto?

***

Mas há outros fatos em nossa sociedade que dizem respeito a todos nós. Vimos recentemente como é possível criar um senso geral de impunidade que resulta numa série de violações da lei, corrompendo ou deixando-se corromper, a pretexto de que todos fazem o mesmo, que esta é a prática comum, do sistema. E, no entanto, a lei nunca foi revogada. Mais dia menos dia, instaura-se uma investigação e é o caos.

Em nossos dias, não se fala de outra coisa. Mas quem se detém para refletir que essa é, de fato, a situação em que cada um de nós, acusados e acusadores, vive um pouco com relação à lei de Deus? Violam-se alegremente os mandamentos de Deus, um depois do outro, a pretexto de que é tão comum fazê-lo, que a cultura, o progresso, até mesmo a lei humana agora o aprovam. Mas Deus nunca pensou em revogar nem os mandamentos nem o Evangelho, e este senso geral de impunidade é totalmente fictício e um terrível engano. O que está acontecendo sob nossos olhos, com a operação judiciária "Mãos Limpas", é uma pálida imagem de outro inquérito, bem mais dramático, que pende sobre a cabeça de todos nós. Mas quem se preocupa com isso?

No plano terreno, reagimos indignados à hipótese de um "esponjaço" capaz de eliminar todas as responsabilidades penais; no entanto, no plano espiritual, tacitamente pretendemos que Deus faça o mesmo: passe uma esponja sobre tudo. Não nos basta um Deus misericordioso, exigimos também um Deus iníquo, avalizador da injustiça e do pecado. Deus é tão bom – dizem –, que tudo perdoa. Se não for assim, que Deus é este? Não refletimos que, se Deus se rebaixasse a ponto de compactuar com o pecado, ruiria a distinção entre o bem e o mal e, com ela, o universo inteiro.

Não devemos deixar cair no esquecimento as palavras que as gerações passadas nos legaram: "*Dies irae dies illa...* – Dia de ira, aquele dia... Como será terrível o dia em que o Juiz aparecer para tudo julgar rigorosamente – *Liber scriptus proferetur* –, um livro será aberto no qual tudo constará e, com base nele, o mundo será julgado". Que livro? Antes de tudo, o "livro escrito" que é a própria Escritura, a Palavra de Deus. "A palavra que eu anunciei o condenará no último dia", disse Jesus (Jo 12,48). Depois, em particular, para aqueles que não conheceram a Cristo, o livro que é a própria consciência. Um livro que, como um diário, sairá com o homem da sepultura. "Então, todo segredo será revelado, nada ficará impune – *nihil inultum remanebit*". Será o fim de toda a rebelião humana. Não ficará pedra sobre pedra (cf. Mt 24,2), nada de nada.

O que aconteceu com o povo cristão? Outrora se ouviam essas palavras com saudável temor. Hoje, o povo vai à ópera, ouve a *Missa de Réquiem*, de Verdi ou de Mozart, arrepia-se com as notas do *Dies irae*, sai cantarolando e talvez marcando o compasso com a cabeça. Mas a última coisa em que cada um pensa é que aquelas palavras dizem respeito a ele pessoalmente, que também é dele que se está falando.

Ou então o povo entra na Capela Sistina, aqui no Vaticano; senta-se, observa o *Juízo Final*, de Michelangelo, e fica sem fôlego. Mas por causa da representação pictórica, não da realidade representada! Até o adúltero, o ambicioso, o sacrílego senta-se e conversa sobre isso com o vizinho. Nem sequer lhe passa pela cabeça que um daqueles rostos de olhos esbugalhados pelo terror tem algo a dizer precisamente para ele. O grande Michelangelo ficava fascinado com a realidade ("Vinde, benditos... Apartai-vos, malditos"); nós nos contentamos com sua representação.

***

Muito se falou da restauração do *Juízo Final*, de Michelangelo. No entanto, é preciso restaurar urgentemente outro juízo final: o que está pintado não em paredes de tijolo, mas no coração dos cristãos. Ele também está todo desbotado e descascado. "A outra vida (e com ela o juízo) virou piada, uma exigência tão duvidosa que nos divertimos ao pensar que outrora essa ideia era capaz de transformar toda a existência" (KIERKEGAARD, S., *Pós-escrito conclusivo*, seção II, capítulo 4). Em algumas basílicas antigas, a cena do juízo final não era representada na parede da frente, mas na do fundo, atrás da assembleia, de modo que sua visão acompanhava os fiéis ao saírem da igreja e voltarem para a vida cotidiana. A ideia do juízo realmente plasmava toda a existência.

Quando jovem, assisti a uma cena de um filme de que jamais me esqueci. Uma ponte ferroviária desabara num rio transbordado; os destroços dos trilhos pendiam no vazio de ambas as margens. Ao perceber a situação, o guarda da passagem de nível mais próxima correu ao encontro do trem que avançava a toda a velocidade, no lusco-fusco do entardecer, e, postado entre os trilhos, agitou uma lanterna, gritando desesperadamente: "Pare, pare; para trás, para trás!".

Aquele trem é nossa imagem ao vivo. É a imagem de uma sociedade que avança despreocupadamente, ao ritmo de *Rock 'n roll*, inebriada por suas conquistas, sem saber o que a espera. A Igreja deve fazer como aquele guarda: repetir as palavras que Jesus pronunciou um dia, ao saber de um desastre em que várias pessoas perderam a vida: "Se não vos converterdes, perecereis todos do mesmo modo" (Lc 13,5). Ou as palavras que os profetas viviam repetindo em sua época: "Atirai longe de vós todos os pecados que cometestes contra mim e criai para vós um coração novo e um espírito novo. Por que querer morrer, casa de Israel?" (Ez 18,31). Este poderia ser o ponto de partida para uma nova evangelização.

Para se consolar, alguns poderiam dizer que, afinal, o dia do juízo está longe, talvez demore milhões de anos. Mas ainda é Jesus quem responde no Evangelho: "Tolo, quem te garante que nesta mesma noite não te serão pedidas contas da tua vida?" (cf. Lc 12,20). Realmente, "o Juiz está às portas" (Tg 5,9). Nem bem se acabou de dar o último suspiro e o juízo já chegou. Um relâmpago e a verdade brilhou sobre tudo. "Juízo particular", chama-o a teologia; mas é igualmente definitivo. Não há possibilidade de apelação.

***

A esta altura, é preciso desfazer um possível mal-entendido. Por quem dobram os sinos? Quem é convocado por essa palavra sobre o juízo? Só os incrédulos, os de fora? É claro que não! "Com efeito, já vem o tempo – escreve o apóstolo Pedro – de iniciar o julgamento, a começar pela casa de Deus. E se começa por nós, qual será o fim daqueles que não obedecem ao Evangelho de Deus?" (1Pd 4,17). O juízo começa pela Igreja, portanto. Assim, a quem mais foi dado, mais será pedido. Também na Igreja há quem não serve a Deus, mas serve-se de Deus. Então será o fim de toda distinção, mesmo entre os da Igreja docente e os da Igreja discente, entre os pastores e as ovelhas. A única distinção será entre as "ovelhas" e os "cabritos", isto é, os justos e os pecadores. O sino ou a trombeta do juízo toca, portanto, para todos. "Para Deus, não há distinção" (Rm 2,11). "Todos devemos comparecer diante do tribunal de Cristo" (2Cor 5,10).

No Evangelho de Mateus lemos que os sumos sacerdotes, tendo recolhido as trinta moedas de prata que Judas atirara no templo, disseram: "Não nos é lícito pôr este dinheiro no tesouro do templo, pois é preço de sangue" (Mt 27,3 ss.). Temo que, em alguns lugares, tenha havido ministros da Igreja inadvertidos que, às vezes sem saber, tenham destinado ao tesouro do templo dinheiro e ofertas que também eram "preço de sangue". Assim, não apenas o juízo final, mas também o particular deve começar pela casa de Deus!

Qual a razão desta chamada austera precisamente durante a liturgia da Sexta-feira Santa? Porque o juízo foi antecipado na morte de Jesus. "Agora é o juízo deste mundo", disse ele na iminência da sua Paixão (Jo 12,31). O juízo final será apenas a revelação e a execução desse juízo irrevogável, desse "não!" absoluto pronunciado por Deus contra todo o pecado do mundo. A esse respeito, se quisermos, já temos um meio seguro para escapar do futuro juízo e garantir antecipadamente um resultado favorável: o de nos submeter ao juízo da cruz. Nela, o futuro Juiz está diante de nós como Salvador e Rei. Há uma diferença essencial entre o rei e o juiz. O rei, se quiser, pode perdoar; é direito dele; o juiz, por sua vez, mesmo que não queira, deve fazer justiça: é o seu dever.

Jesus "cancelou, pregando-o na cruz, o documento escrito – o *chirographum* – da nossa dívida" (Cl 2,14). Lancemos, pois, entre os braços do Crucificado todo o mal que tenhamos cometido, esse "livro escrito" que trazemos dentro de nós, pronto para nos acusar. Que ninguém volte para casa determinado a continuar pecando, com a impenitência no coração. Julguemos a nós mesmos, para não sermos julgados por Deus. A quem se acusa, Deus escusa; a quem se escusa, Deus acusa. Deixemos aqui no Calvário toda rebelião, todo rancor, todo hábito impuro, toda avareza, toda inveja, todo desejo de fazer justiça com as próprias mãos. Perdoemo-nos uns aos outros, pois está escrito que "o juízo será sem misericórdia para quem não tiver usado de misericórdia" (Tg 2,13). Façamos a Páscoa atravessando este novo "mar vermelho", que é o sangue de Cristo.

O convite é dirigido a todos, também aos que a sociedade chama de "feras". Sobre o Calvário estavam com Jesus dois bandidos: um morreu blasfemando, o outro pedindo perdão. A lembrança do primeiro ainda hoje é objeto de pavor, a do segundo, de bênção e esperança. Hoje todos temos a possibilidade de escolher qual dos dois seremos futuramente para nossos filhos, para a sociedade e a história. Deus está à nossa espera para mostrar em nós o poder de sua graça. "Há alegria no céu por um pecador que se arrepende". Mas que se arrepende realmente, por ter ofendido a Deus e ferido a sociedade; não apenas para obter uma redução da pena. Vamos dar a Deus esta alegria. Depois de Cristo, ninguém mais deve dizer o que disse Caim depois de matar Abel: "Demasiado grande é a minha culpa para obter o perdão" (cf. Gn 4,13).

***

A certa altura do *Dies irae*, há uma mudança de tom: o tremor se transforma numa pungente prece que parece escrita para este dia do ano: "*Recordare, Iesu pie, quod sum causa tuae viae* – Recordai, ó bom Jesus, que é por mim que vieste à terra. Não me condenes naquele dia. Tu me remiste subindo à cruz: tanta dor não seja vã – *Rex tremendae maiestatis, qui salvandos salvas gratis, salva me, fons pietatis* – Ó Rei de tremenda majestade que gratuitamente salvas os que se salvam, salva-me, fonte de piedade". Salva a todos nós, quando vieres de novo na glória, para julgar os vivos e os mortos.

15

"CRISTO AMOU A IGREJA E POR ELA SE ENTREGOU"

(Sexta-feira Santa de 1994)

"Um dos soldados abriu-lhe o lado com a lança e logo saiu sangue e água" (Jo 19,34). Ao refletir sobre essas palavras, houve um momento em que a Igreja primitiva sentiu como que um impacto fulminante provocado por uma revelação.

> Não passes rápido demais por este mistério, ó meu caro – exclama São João Crisóstomo –, pois tenho uma interpretação mística para comunicar-te. Aquele sangue e aquela água são os símbolos do batismo e da Eucaristia da qual foi gerada a Igreja. Foi, portanto, do lado de Cristo que a Igreja foi formada, assim como do lado de Adão foi formada Eva... E como, então, tomou-a do seu lado durante o sono enquanto Adão dormia, assim agora, depois da sua morte, deu o sangue e a água. A morte é agora o que então foi o sono. Vedes como Cristo uniu a si mesmo a sua esposa? (JOÃO CRISÓSTOMO, *Catequeses batismais*, 7, 17-18).

No Ocidente, estas palavras ecoaram em Santo Agostinho: "A primeira mulher foi formada do lado do homem que dormia, e foi chamada vida e mãe dos vivos. Aqui, o segundo Adão, com a cabeça pendente, adormece na cruz, para que assim, com o sangue e a água que vertem do seu lado, fosse formada a sua esposa" (*Tratados do Evangelho de João*, 120,2).

Tudo isso nos ajuda a ver sob nova luz a liturgia que estamos celebrando. À primeira vista, poderíamos pensar que a liturgia da Sexta-feira Santa pertence, ou se inspira, no gênero dos *threnoi* ou *lamentações*, entoados em homenagem a um morto; ou então no gênero do *epinício*, com que se celebrava uma vitória. Ambas as interpretações são verdadeiras: nós choramos uma morte e celebramos uma vitória, pois na cruz "venceu – *enikesen* – o leão da tribo de Judá" (Ap 5,5).

Mas a liturgia da Sexta-feira Santa é sobretudo um *epitalâmio*, um canto de núpcias. Há na Bíblia um salmo intitulado "epitalâmio real", composto para as núpcias de um filho de rei e de uma rainha, que a tradição aplicou a Cristo e à Igreja. Ele começa assim:

> Do meu coração emanam alegres palavras,
> eu canto o meu poema para o rei.

Diz-se ao esposo: "Tu és o mais belo dos filhos do homem", e à esposa: "Ouve, filha, olha, presta atenção, esquece o teu povo e a casa do teu pai; o rei se encantará com a tua beleza" (Sl 45). No epitalâmio, tudo fala de beleza.

Mas também no Novo Testamento há um epitalâmio, escrito expressamente para essas novas núpcias de Cristo e da Igreja. É a Carta aos Efésios. Nela se diz:

> Cristo amou a Igreja e entregou-se a si mesmo por ela [...], a fim de que fosse santa [...], com o objetivo de fazê-la comparecer diante da sua igreja toda gloriosa, sem mancha, sem ruga ou coisa parecida, mas santa e imaculada [...]. Ninguém jamais odiou a própria carne; pelo contrário, nutre-a e trata-a, como fez Cristo com a Igreja [...]. Por isso este homem deixará pai e mãe e se unirá à sua mulher e ambos serão uma só carne. Este mistério é grande no que se refere a Cristo e à Igreja (Ef 5,25-32).

***

Na Carta aos Efésios há uma progressão significativa a propósito da Igreja, uma espécie de tentativa de penetrar cada vez mais profundamente em seu mistério. A princípio, ela é apresentada com a imagem de uma construção, como *edifício de Deus*, cuja "pedra angular é o próprio Jesus" (Ef 2,20). O relacionamento entre Jesus e a Igreja é comparado ao existente entre o alicerce e a casa que sobre ele é construída. Mais adiante, a Igreja é apresentada como *corpo de Cristo*: Deus estabeleceu – lê-se – alguns como apóstolos, outros como profetas, "com o objetivo de edificar o corpo de Cristo" (Ef 4,11-12). Aqui o relacionamento entre os dois é igualado ao existente entre a cabeça e o corpo: "procuramos crescer em tudo em direção a Cristo, que é cabeça" (Ef 4,15).

Mas o Apóstolo ainda não parece satisfeito com essas imagens do edifício e do corpo, e eis que nos fornece outra, a da *esposa*. Quando Adão viu Eva, exclamou: "Desta vez, esta é carne da minha carne e osso dos meus ossos" (Gn 2,23). É isso que Cristo diz hoje da sua Igreja.

Em que consiste a diferença? O edifício não é um parceiro, um interlocutor, com quem se possa dialogar. O próprio corpo também não é uma pessoa que está diante de mim com sua liberdade, que posso amar e que pode me retribuir esse amor. A esposa é tudo isso! Também o novo Adão procurava "um auxiliar semelhante a si" e o conseguiu!

***

A esta altura, porém, devo retomar e fazer minhas as palavras daquele antigo Padre e dizer: "Não passes adiante com demasiada pressa, ó caríssimo, pois tenho outra consideração a propor-te". A afirmação do Apóstolo, "Cristo amou a Igreja", supõe uma pergunta, parece fazê-la vibrar no ar. Cristo amou a Igreja; e você? Você ama a Igreja?

"Ninguém tem ódio à própria carne", isto é, à própria esposa, muito menos Cristo. Então, meu irmão, por que você diz: "Deus sim, a Igreja, não!"? Por que aponta com tanta facilidade o dedo incriminador contra sua mãe dizendo: "A Igreja erra nisto, a Igreja erra naquilo; a Igreja deveria dizer, a Igreja deveria fazer..."? Quem é você que se atreve a indigitar minha esposa que eu amo? – diz o Senhor. "Onde está o documento de repúdio da vossa mãe, com que eu a teria rejeitado?", diz Deus em Isaías (Is 50,1). Penso que essas palavras se dirigem também a muitos cristãos de hoje: "Onde está escrito que repudiei a vossa mãe, a Igreja; que ela já não é mais a minha esposa?".

A Igreja também é "a pedra rejeitada pelos construtores" (os construtores da moderna civilização secular). É "a esposa repudiada", mas repudiada pelos homens, não por Deus. Deus é fiel. Em certas regiões do mundo existe uma expressão típica para designar essa categoria de crentes: os *unchurched Christians*, cristãos sem Igreja. E eles não se dão conta de que, com sua atitude, não se privam só da Igreja, mas também de Cristo (a menos que os desculpe a ignorância ou a boa-fé). Com muito mais razão vale para Cristo e a Igreja o que Jesus afirmou de todo matrimônio: "O homem não separe o que Deus uniu" (Mt 19,6).

Quem não ama a Igreja (pelo menos depois de a ter conhecido) não ama a Cristo. "Não pode ter Deus por Pai – dizia São Cipriano – quem não tem a Igreja por mãe" (*A unidade da Igreja*, 6). E ter a Igreja por mãe não significa só ter sido batizado uma vez na Igreja, mas também estimá-la, respeitá-la, amá-la como mãe, sentir-se solidário com ela no bem e no mal.

Quem olha os vitrais de uma antiga catedral desde a rua vê apenas pedaços de vidros escuros unidos por tiras de chumbo; mas, se transpõe o limiar do edifício e os olha de dentro, contra a luz, um espetáculo de cores e formas o faz perder o fôlego. O mesmo acontece com a Igreja. Quem a vê de fora, com os olhos do mundo, só vê aspectos obscuros e misérias, mas quem a olha do lado de dentro, com os olhos da fé, sentindo-se parte dela, verá o que via Paulo: um edifício maravilhoso, um corpo perfeitamente coeso, uma esposa sem mancha, um "grande mistério"! Quem olha do lado de trás a rosácea desta Basílica, que temos diante de nós, nada vê de especial, só vidro escuro; nós, porém, que estamos aqui dentro divisamos uma luminosíssima pomba, o Espírito Santo.

✳✳✳

Talvez se alegue: "Mas, e a incoerência da Igreja? E os escândalos, até de alguns papas?". Você diz isso, porém, porque pensa humanamente, como homem carnal, e não consegue aceitar que Deus manifesta seu poder e seu amor por meio da fraqueza. Não conseguindo alcançar a inocência por si mesmo, você a exige da Igreja, ao passo que Deus determinou manifestar a própria glória e onipotência precisamente por meio dessa terrível fraqueza e imperfeição dos homens, sem excluir os "homens de Igreja", e com ela plasmou a sua esposa, que é maravilhosa exatamente porque exalta a sua misericórdia. "O Filho de Deus veio a este mundo e, como bom marceneiro que se tornara na escola de José, juntou os pedaços de tábuas mais degradados e nodosos que encontrou e com eles construiu um barco que enfrenta o mar há dois mil anos" (Bruce Marshall).

Os pecados da Igreja! Você acha que Jesus não os conhece melhor que você? Não sabia ele por quem morria, onde andavam naquele momento os seus apóstolos? Mas ele amou esta Igreja real, não a imaginária e ideal. Morreu "para torná-la santa e imaculada", não porque era santa e imaculada. Cristo amou a Igreja "em esperança"; não apenas por aquilo que "é", mas também por aquilo que "seria": a Jerusalém celeste "preparada como uma esposa enfeitada para o esposo" (Ap 21,2).

Mas então por que nossa Igreja é tão pobre e vagarosa? Não nos fizemos essa pergunta mais de uma vez? Padre Primo Mazzolari, que sem dúvida não era pessoa acostumada a adular a Igreja institucional, escreveu:

> Senhor, eu sou a tua carne enferma; peso sobre ti com todo o peso da cruz, como num ombro que não resiste. Para não me largares no solo, ainda arcas com a minha carga e caminhas como bem podes. E entre os que carregas, alguns te recriminam por não caminhares como se deve e, como se não bastasse, acusam a tua Igreja de lentidão, esquecidos de que, carregada como está da escória humana que não pode nem quer lançar ao mar (são seus filhos!), transportar vale mais do que chegar.

A Igreja é lenta, sem dúvida. Lenta na evangelização, na resposta aos sinais dos tempos, na defesa dos pobres e em tantas outras coisas. Mas vocês sabem por que caminha lentamente? Porque nos carrega nas costas, a nós que ainda estamos cobertos dos detritos de pecado. Os filhos acusam a mãe de estar coberta de rugas, e essas rugas, como acontece na vida natural, são causadas por eles mesmos. Cristo amou a Igreja e entregou-se a si mesmo por ela para que fosse "sem mancha", e a Igreja, não fôssemos nós, seria sem mancha! A Igreja teria menos uma ruga se eu tivesse cometido menos um pecado. Erasmo de Rotterdam respondeu a um dos Reformadores que lhe censuravam a permanência na Igreja Católica, não obstante a sua "corrupção": "Eu tolero esta Igreja esperando que melhore, já que também ela é forçada a me suportar, à espera de que eu melhore" (*Hyperaspistae Diatribes*, I, 1).

***

Todos nós devemos pedir perdão a Cristo por tantos julgamentos irrefletidos e tantas ofensas feitas à sua esposa e, por conseguinte, a ele mesmo. Tentem dizer a um homem verdadeiramente apaixonado que sua esposa é feia, ou que "não presta", e verão se lhe poderão fazer ofensa maior que essa e se conseguem suportar sua ira.

Todos precisamos adotar um novo jeito de falar, mais consciente do que é a Igreja.

> Como sou um deles – escrevia Saint-Exupéry sobre sua pátria terrena, num período sombrio da sua história –, jamais renegarei os meus, não importa o que façam. Jamais falarei contra eles, não testemunharei contra eles diante de estrangeiros. Se for possível tomar a sua defesa, eu os defenderei. Se me cobrirem de vergonha, esconderei essa vergonha no meu coração e me calarei. Seja qual for meu pensamento sobre eles, jamais servirei de testemunha de acusação. Um marido não vai de casa em casa para propagar entre vizinhos que sua mulher é uma desavergonhada: assim não salvaria

a própria honra. Pois sua mulher é de sua casa e ele não pode enobrecer-se ficando contra ela. É dentro de casa que poderá desafogar sua raiva (*Piloto de guerra*, 24).

Corre-se o risco de alguns fazerem exatamente o que aqui se condena. Que, tendo rompido com a Igreja, andem de universidade em universidade, de revista em revista, de congresso em congresso, repetindo as amargas acusações contra a Igreja "institucional", como se fosse algo totalmente diferente do ideal de Igreja cultivado no próprio espírito, imaginando assim salvar a própria honra à custa dela. O mundo, como sabemos, abre caminhos para quem volta as costas à Igreja. "Como é fácil fazer carreira quando se passa ao acampamento inimigo!", dizia Tertuliano, falando dos que abandonavam a Igreja para aderir a uma seita herética qualquer e imediatamente se viam agraciados de honrarias e cargos (cf. *Prescrição contra os hereges*, 41, 7). Não raro as nuvens de poeira de acusações contra a Igreja e seus superiores apenas tentam esconder o próprio naufrágio na fé.

Então, será preciso que, na Igreja, todos e sempre se calem? Não, depois que você "voltar para casa", depois que chorar com a Igreja e se humilhar a seus pés, Deus pode lhe ordenar, como fez com outros no passado, que eleve sua voz contra "as chagas da Igreja". Não antes, porém, e não sem que, de alguma forma, você morra nesta missão perigosa.

Os santos aplicaram também à Igreja o que Jó dizia sobre Deus: "Mesmo que me matasse, quero recorrer a ele" (cf. Jó 13,15, Vulgata).

***

De tudo o que contemplamos nesta Sexta-feira Santa infere-se um apelo particular para as almas consagradas. Estas são as que "desposaram" a causa do Reino, que perceberam, por pura graça, a necessidade de "algo majestoso" a ser amado e o encontraram em Cristo. Por isso são chamadas a ser sinal visível do amor esponsal da Igreja por Cristo. Hoje se fala muito de um mal-estar que está fermentando no interior da vida religiosa tradicional, de uma crise de identidade. Creio que há muitas explicações para esse mal-estar, mas uma é fundamental: em muitos de nós arrefeceu o amor a Cristo que é a base da nossa opção.

Há no Apocalipse uma carta que interessa a nós, religiosos, e é escrita à Igreja de Éfeso. Diz: "Conheço tuas obras, teu trabalho e tua perseverança [...]. Mas tenho contra ti que esfriaste no teu primeiro amor. Lembra-te, pois, de que altura caíste e converte-te!" (Ap 2,2-5). Também nós insistimos muitas vezes "nas obras, no trabalho e na perseverança" (coisas preciosas que não devem ser negligenciadas), mas talvez falte a alma de tudo, que é o amor esponsal por Cristo. O amor precisa da oração para sobreviver, como o fogo do oxigênio para arder. "Quem tem ouvidos ouça o que diz o Espírito às igrejas" (e às comunidades religiosas)!

***

De tudo o que contemplamos neste dia extrai-se, finalmente, um apelo também para os esposos cristãos. Foi o próprio Apóstolo quem o formulou: "As mulheres sejam submissas a seus maridos [...]. E vós, maridos, amai vossas mulheres, como Cristo amou a Igreja" (Ef 5,22.25). (Hoje diríamos que a mulher também deve "amar" o marido e o marido ser "submisso" à mulher.) As mulheres não devem se sentir diminuídas como se, nesse simbolismo, elas fossem chamadas a representar a Igreja, ao passo que os homens representariam Jesus Cristo. Ao contrário, devem se sentir honradas pelo fato de toda a humanidade ser aqui representada por uma mulher, por Eva, que é a Igreja. No plano da realidade, também os homens não são representados aqui por Cristo, mas pela Igreja; não são o esposo, mas a esposa.

Estamos no ano internacional da família e a Igreja empenha todo o esforço para defender os direitos e promover a santidade da família. Mas ela não será sadia se a sua raiz, o relacionamento do casal, estiver doente. Tudo se resume nisso. Quando este relacionamento se rompe, é como quando se parte a corda de uma fileira de alpinistas: todos os que nela estavam ligados precipitam-se no vácuo, a começar pelos filhos.

Que pode aprender um casal de esposos cristãos do modelo Cristo-Igreja? Sobretudo uma coisa. Há no mundo dois tipos de amor: um amor de munificência e um de sofrimento. O primeiro consiste em dar presentes e donativos à pessoa amada; o segundo, em ser capaz de sofrer por ela e de sofrer por causa dela. Deus, na criação, nos amou com um amor de munificência, mas na cruz amou-nos também com um amor de sofrimento, que é infinitamente mais exigente. Não nos esqueçamos, porém, para não pensar que tudo se resume a sofrimento, do que disse o próprio Jesus, que "há maior alegria em dar do que em receber" (cf. At 20,35). Alegria de descobrir um plano inteiramente novo no amor, de amar como Deus nos ama, de conhecer o amor que é recompensa e alegria para si mesmo.

***

No livro de Jeremias lemos este oráculo misterioso: "O Senhor cria uma novidade sobre a terra: a mulher cingirá o homem" (Jr 31,22). Até hoje – quer dizer o profeta –, foi o esposo que procurou e perseguiu a mulher infiel que corria atrás de ídolos. Virá, porém, um dia em que as coisas mudarão. De fato, será a própria mulher, a comunidade da aliança, que procurará o seu esposo e o abraçará.

Esse dia chegou! Agora tudo se cumpriu. Não porque a humanidade de repente se tornou ajuizada e fiel, não, mas porque o Verbo a assumiu e a uniu a si na sua própria pessoa, numa aliança nova e eterna. Toda a liturgia da Sexta-feira Santa exprime o cumprimento desse oráculo. Ele começou no Calvário, com Maria segurando entre as mãos e beijando o rosto do Filho descido da cruz, e agora continua na Igreja, da qual ela era figura e primícias.

A Igreja que, tendo à frente o sucessor de Pedro, vai agora desfilar e beijar o Crucificado, é a Mulher que "cinge o homem", que o abraça, cheia de gratidão e emoção, e diz, com a esposa do Cântico: "Encontrei o amado do meu coração; abracei-o fortemente e não mais o largarei" (Ct 3,4).

16

"REFULGE O MISTÉRIO DA CRUZ"

(Sexta-feira Santa de 1995)

A parte central da liturgia que estamos celebrando é a adoração da cruz, que em breve começará com o rito do desvelamento. O Santo Padre recebe do diácono a cruz coberta com um véu roxo e descobre, a cada vez, uma de suas extremidades, por três vezes, até seu total desvelamento. O gesto é acompanhado das palavras solenes: "*Ecce lignum crucis in quo salus mundi pependit* – Eis o madeiro da cruz, na qual está suspensa a salvação do mundo".

Neste antigo rito, eu vejo simbolizada a revelação progressiva do mistério da cruz no decorrer dos séculos. Cada um dos três desvelamentos representa uma época ou fase da história da salvação: o primeiro representa a cruz *prefigurada* no Antigo Testamento; o segundo, a cruz *concretizada* na vida de Jesus, a "cruz da história"; o terceiro, a cruz *celebrada* no tempo da Igreja, a "cruz da fé".

Como vemos, a cruz atravessa toda a história da salvação. Está presente no Antigo Testamento em *figura*; presente no Novo Testamento como *fato*; e no tempo da Igreja, como *sacramento* ou como *mistério*.

***

Que representa o "madeiro", ou a "árvore" no Antigo Testamento? É a árvore da vida plantada no meio do jardim, a árvore do conhecimento do bem e do mal, em torno da qual se consuma a rebelião, com a pretensão do homem de definir por si mesmo o que é bom e o que é mau. No Deuteronômio, o madeiro reaparece associado à maldição: "Maldito – lê-se – aquele que for pendurado no madeiro" (Dt 21,23). Mas também se anuncia um papel positivo do madeiro em passagens que, à luz da sua futura realização, serão vistas como profecias da cruz; com o madeiro foi fabricada a arca na qual a humanidade se salvou do dilúvio; com um bastão de madeira, Moisés feriu as águas do Mar Vermelho, que se dividiram (cf. Ex 14,16); e com este bastão de madeira tornaram-se doces as águas amargas de Mará (cf. Ex 15,25 ss.).

O que representa o madeiro da cruz na *vida de Jesus*, ou seja, não mais na figura, mas na sua realidade histórica? Representa o instrumento da sua condenação, da sua total destruição como homem, o ponto mais baixo da sua *kenosis*. O "madeiro" (*xulon*) (assim era frequentemente chamada a cruz) era o suplício mais infame, reservado aos escravos, réus dos piores delitos. Nele tudo era preparado para tornar o suplício ainda mais degradante. Primeiro, o condenado era açoitado, depois tinha de carregar até o lugar da execução, se não a cruz inteira, ao menos a trave transversal, amarrado nu, depois pregado ao patíbulo, onde agonizava tomado por convulsões e sofrimentos atrozes, com os ferimentos suportando o peso de todo o corpo.

"Crucificado!": no tempo dos apóstolos, não se podia ouvir essa palavra sem que um calafrio de pavor percorresse todo o corpo. Para um judeu, a tudo isso se acrescentava a maldição divina, já que estava escrito, precisamente: "Maldito aquele que pende do madeiro" (cf. Gl 3,13).

Mas o que representa a cruz à luz da ressurreição, na revelação que o Espírito faz dela, por meio dos apóstolos, *no tempo da Igreja*? Ela é o lugar onde se cumpriu "o mistério da piedade", onde o novo Adão disse sim a Deus por todos e para sempre. Onde o verdadeiro Moisés dividiu, com o madeiro, o novo Mar Vermelho e, com sua obediência, transformou as águas amargas da rebelião nas águas doces da graça e do batismo. Onde Cristo "nos resgatou da maldição da lei, tornando-se ele mesmo maldição por nós" (Gl 3,13). A cruz é poder de Deus e sabedoria de Deus (1Cor 1,24). É a nova árvore da vida plantada no meio da praça da cidade (cf. Ap 22,2).

Que acontecimentos tão decisivos se deram na cruz para justificar essas afirmações? Deu-se que o Senhor venceu definitivamente o mal, sem com isso destruir a liberdade de que é fruto. Não o venceu destroçando-o com a sua onipotência e expulsando-o dos confins do seu reino, mas assumindo-o sobre si, sofrendo ele mesmo as suas consequências em Cristo, e vencendo o mal com o bem, que é como dizer: o ódio com o amor, a rebelião com a obediência, a violência com a mansidão, a mentira com a verdade. "Ele carregou os nossos pecados no seu corpo sobre o madeiro da Cruz" (1Pd 2,24).

***

Esta é, em suma, a revelação do mistério da cruz efetuada pelos apóstolos. Ela continuará sob outra forma – não mais como Escritura, mas como Tradição – na vida da Igreja. Numa homilia pronunciada no século II durante uma liturgia idêntica à nossa em honra da Paixão, um bispo erguia este hino inspirado à cruz, nova árvore da vida:

> Esta árvore é para mim salvação eterna:
> Dela me nutro, dela me apascento.
> Por suas raízes mergulho minhas raízes,
> por seus ramos me expando
> com seu orvalho me inebrio
> por seu Espírito, sua aura deliciosa, sou fecundado.
> Esta árvore é o alimento da minha fome,
> manancial da minha sede,
> manto da minha nudez...
> Esta árvore é minha proteção quando temo a Deus,
> apoio quando vacilo,
> prêmio quando combato,
> troféu quando venço.
> Esta árvore é para mim "a senda estreita
> e o caminho apertado" (cf. Mt 7,13 s.),
> a escada de Jacó,
> o caminho dos anjos,
> em cuja sumidade
> "o Senhor se apoiava" (cf. Gn 28,13) (in: *Sources chrétiennes*, 27, 177 s.).

Aos olhos da Igreja, a cruz assume dimensões cósmicas. Não é mais um mero episódio histórico, mas algo que transformou a face da terra.

> Esta árvore de dimensões celestes – prossegue aquele hino – elevou-se da terra ao céu, fundamento de todas as coisas, sustentáculo do universo, suporte do mundo inteiro, vínculo cósmico que mantém unida a instável natureza humana, fixando-a com os invisíveis cravos do Espírito, para que, presa à divindade, dela não se possa mais destacar.

Nas atas do martírio de Santo André, que outrora se liam no Breviário, o Apóstolo, antes de se estender sobre a cruz, dirigiu-lhe a seguinte saudação: "Ó cruz, instrumento de salvação do Altíssimo! Ó cruz, troféu da vitória de Cristo contra os inimigos! Ó cruz, que estás plantada na terra e produzes o teu fruto no céu! Ó nome da cruz, que estás repleto de tudo! Eu conheço o teu mistério!" (*Atos apócrifos de André*).

A arte cristã contribuiu para esta celebração do mistério da cruz. Em alguns mosaicos absidais, como na basílica de Santo Apolinário de Ravena, sobre um fundo de céu estrelado, se destaca solene uma grande cruz gamada, trazendo na base a inscrição *Salus mundi*: Salvação do mundo.

***

Em 569 d.C., uma relíquia da cruz foi enviada de presente pelo imperador Justino II à rainha Radegunda em Poitiers. Nessa ocasião, um poeta cristão, Venâncio Fortunato, compôs dois hinos em que toda a compreensão do mistério da cruz, obtida pela Igreja, traduziu-se em canto. São os mesmos hinos que vão acompanhar esta nossa liturgia. Desde então, eles foram ininterruptamente usados por gerações e gerações de cristãos, para expressar a sua comovida gratidão e seu entusiasmo pela cruz de Cristo. Graças à comunhão dos santos, esses hinos chegaram até nós impregnados de toda a sua riqueza de fé e de piedade. E Deus assim os ouve, com este imenso acompanhamento que atravessa os séculos.

"*Vexilla Regis prodeunt, fulget crucis mysterium* – Avança o estandarte do Rei, refulge o mistério da cruz". "*O crux, ave spes unica* – Salve, ó cruz, única esperança!".

O tema da cruz como árvore da vida percorre de alto a baixo o segundo desses dois hinos:

> Ó cruz fiel, nobilíssima entre as árvores,
> nenhuma selva produz outra semelhante
> em sua fronde, flores e frutos.

"*Dulce lignum, dulces clavos, dulce pondus sustinet*", ouviremos dentro em pouco: "Suave madeiro, suaves cravos que sustentam o amado peso". Nem sequer é esquecido o tema da cruz cósmica: "*Terra, pontus, astra, mundus: quo lavantur flumine!* – A terra, o mar, os astros, o mundo, em que rio são banhados!".

Em dado momento, o poeta se dirige à cruz, como a uma criatura viva, com esta apóstrofe comovida: "*Flecte ramos arbor alta, tensa laxa viscera* – Dobra os ramos, árvore excelsa, afrouxa um tanto as fibras. Abranda a tua natural dureza e com brando caule sustenta os membros do nosso Rei!".

***

Este é o "desvelamento" do mistério da cruz no decorrer da história da salvação. Mas ele deve renovar-se em todas as épocas. Também hoje, aos olhos da nossa geração, é preciso que "refulja o mistério da cruz". O desvelamento ritual que se processa na liturgia deve ser acompanhado de um desvelamento existencial que aconteça na vida e no coração de cada fiel. Da árvore da vida plantada no centro da nova Jerusalém, lê-se que "produz doze colheitas e dá frutos a cada mês" (Ap 22,2). A cruz reserva uma colheita e um fruto também para a presente estação da história e nós devemos fazer de tudo para recolhê-lo.

Franz Kafka escreveu um romance intitulado *O processo*. Nele fala-se de um homem que um dia, sem que ninguém soubesse a razão, foi preso, mesmo continuando em sua vida normal e em seu trabalho. Inicia-se uma extenuante busca para descobrir os motivos, o tribunal, as acusações, os processos penais. Mas ninguém sabe dizer-lhe nada, a não ser que realmente há um processo em curso contra ele. Até que um dia virão levá-lo para a execução. É a história da humanidade que luta, até a morte, contra o sentimento de uma culpa obscura, do qual não consegue se libertar.

No decorrer da história, chega-se à conclusão de que para este homem haverá três possibilidades: a verdadeira absolvição, a absolvição aparente e o adiamento. Mas a absolvição aparente e o adiamento não resolverão nada; só servirão para manter o acusado na sua mortal incerteza por toda a vida. Na absolvição verdadeira, ao contrário, "as atas processuais devem ser totalmente eliminadas, desapareçam radicalmente do processo, não só a acusação, mas também o processo e até a sentença são destruídos, tudo é destruído". Mas não se sabe se alguma vez existiu uma dessas tão ansiadas absolvições autênticas; sobre elas há apenas boatos, apenas "belíssimas lendas". Como todas as outras deste autor, a obra acaba assim: com algo que se vislumbra ao longe, como em sonho, sem nenhuma possibilidade de alcançar.

Na Sexta-feira Santa, nós podemos gritar aos milhões de pessoas que se veem representadas neste acusado: a absolvição verdadeira existe, não é mera lenda, algo belíssimo, mas inatingível. Não. Jesus destruiu o "documento escrito da nossa dívida; cancelou-o, pregando-o na cruz" (Cl 2,14). Destruiu tudo. "Não há mais condenação alguma para os que estão em Cristo Jesus" (Rm 8,1). Nenhuma condenação! De espécie alguma! Para aqueles que creem em Jesus Cristo!

***

Assim também hoje refulge o mistério da cruz: "*Fulget crucis mysterium!*". Continua a iluminar o nosso caminho. Um sociólogo escreveu recentemente a respeito da atual crise do sagrado:

> A alma do Ocidente insensibilizou-se. Há um panteão franqueado para todos os deuses, mas desprovido de sacralidade. A religião formal, a religião social, a religião das boas obras pouco significam para muitos. Do mais fundo da sociedade surge a necessidade de um novo contato com o divino. Que expanda a alma e dê força, alegria, esperança e um sentido glorioso da existência (Francesco Alberoni).

Foi isso que a pregação da cruz operou no início do cristianismo. Como uma onda de irreprimível esperança e alegria, ela varreu tudo aquilo em que o homem do decadente império romano procurava refúgio: cultos mistéricos, magia, teurgia, religiões novas. Houve uma sensação como de uma "nova primavera do mundo".

O mesmo pode fazer ainda hoje, em nossa "época de angústia", a pregação da cruz de Cristo, se ao menos soubermos restituir-lhe o alento, o entusiasmo, a fé de outrora. Uma Igreja nacional europeia consultou recentemente uma agência publicitária para saber como apresentar a mensagem cristã por ocasião da Páscoa, e a sugestão que recebeu foi que, para começar, eliminassem o símbolo da cruz, por ser muito antiquado e triste! Terrível equívoco!

O necessário é realizar um "desvelamento" da cruz também no coração dos cristãos, como aconteceu na história e acontece na liturgia. Passemos também nós da cruz sinal de condenação e de maldição para a cruz salvação, perdão, "única esperança", glória. Até nos sentirmos impelidos a gritar, exultantes, com São Paulo: "Quanto a mim, não haja outro orgulho e glória a não ser na cruz de Nosso Senhor Jesus Cristo" (Gl 6,14).

Dentro em pouco, o Papa que levantará a cruz acima de nossas cabeças e que, no jubileu do ano dois mil, transporá a porta santa levando diante de si a cruz de Cristo é o símbolo da Igreja que de um ano a outro, de um século a outro, e, desta vez, de um milênio a outro, entrega intacta ao mundo a coisa mais preciosa que tem: o mistério da cruz de Jesus Cristo. Realmente, neste dia refulge o mistério da cruz: "*Fulget crucis mysterium!*".

17

"UM MORREU POR TODOS"

(Sexta-feira Santa de 1996)

Cícero conta que o tirano de Siracusa, Dionísio, certo dia quis que um súdito chamado Dâmocles, invejoso de sua condição régia, experimentasse como vive um rei. Convidou-o à sua mesa e fez com que lhe servissem uma lauta refeição. A vida na corte parecia ao homem cada vez mais invejável. Mas a certa altura o rei o convidou a olhar para cima. Que viu o servo? Uma espada pendia sobre sua cabeça, com a ponta para baixo, presa num fio de crina de cavalo! Imediatamente, empalideceu, a comida lhe ficou atravessada na garganta e ele começou a tremer. Assim – queria dizer Dionísio – vivem os reis: com uma espada que pende dia e noite sobre sua cabeça (cf. *Tusculanae Disput.*, V).

E podemos acrescentar: não apenas os reis. Uma espada de Dâmocles pende sobre a cabeça de todos os homens, sem exceção. Só que eles, completamente imersos em suas ocupações e distrações, não se importam. Essa espada se chama morte. É por amor, não por ódio, aos homens que a Igreja deve assumir de vez em quando a ingrata tarefa de convidar a elevar o olhar para ver a espada pendendo sobre a cabeça, para que ela não caia sobre nós quando estivermos despreparados.

Mas será que já não temos suficiente consciência da morte? Que necessidade há de ficar mexendo na ferida? É verdade. O medo da morte habita o mais profundo de todo ser humano. A angústia da morte, disse um grande psicólogo, é "o verme no centro" de todo pensamento. Ela é expressão imediata do mais potente instinto humano, o instinto de autopreservação. Se pudéssemos ouvir o grito silencioso que brota de toda a humanidade, escutaríamos um brado fortíssimo: "Não quero morrer!".

Para que, então, convidar os homens a pensar na morte, se ela já é tão presente? Simples: porque nós optamos por *remover* o pensamento da morte. Por fingir que ela não existe, ou que só existe para os outros, não para nós. Numa grande cidade da Itália, foi construído no pós-guerra um novo bairro residencial de alto padrão. Os construtores decidiram não levantar nenhuma igreja porque o toque de finados e a simples visão dos funerais poderia perturbar a serenidade dos moradores.

Mas o pensamento da morte não se deixa segregar ou remover por meios tão pobres. Só resta, pois, *reprimi-lo*, e a maioria de nós faz isso. Reprimir exige esforço, atenção constante, um contínuo esforço psicológico, como se estivéssemos tentando manter fechada uma tampa que faz força para abrir. Empregamos uma parte notável de nossas energias para afastar o pensamento da morte. Alguns fingem estar seguros em relação a isso, dizem saber que devem morrer, mas que não se preocupam excessivamente com isso; que pensam na vida, não na morte... Mas isso é uma pose do homem secularizado. Na realidade, esse é só mais um modo de reprimir o medo.

Por isso é necessário falar da morte exatamente na Sexta-feira Santa, dia em que ela foi vencida. Falar da morte não para aumentar o medo, mas para ser dela libertados por aquele que é o único capaz de fazê-lo.

***

Que respostas os homens encontraram para o problema da morte? Os poetas foram os mais sinceros. Por não terem soluções a propor, eles ao menos nos ajudam a tomar consciência de nossa situação e a nos enternecer diante da nossa sorte e da de nossos semelhantes. "Vive-se / como no outono/ as folhas nas árvores", escreveu um poeta (G. Ungaretti). O homem, disse outro, é como uma onda que rola e avança espumando no mar, sem saber em qual praia quebrará. É uma luz prestes a se apagar, brilhando em pequenos círculos tremulantes, sem saber qual deles brilhará por último (G. Bécquer). "Homens, paz! Na terra prostrada, / muito é o mistério", exclamou um poeta italiano diante do enigma da morte (PASCOLI, G., *I due fanciulli*).

Os filósofos, por sua vez, tentaram "explicar a morte". Um deles, Epicuro, afirmou que a morte é um falso problema porque, dizia ele, "enquanto existimos, a morte não está presente, e quando a morte está presente, nós já não existimos" (*Carta a Meneceu*).

O marxismo também tentou eliminar o problema da morte. A morte, diz, é um assunto pessoal, e precisamente isso demonstra que o que importa não é a pessoa humana, mas a sociedade, a espécie que não morre. No entanto, o marxismo acabou e o problema da morte permanece. Antes de perder a batalha no exterior, na corrida armamentista ou nos mercados mundiais, o comunismo a perdeu nos corações. Diante da morte, nada soube fazer além de construir mausoléus.

Mesmo a Bíblia, antes de Jesus Cristo, permanecia quase muda diante do problema da morte. "Vaidade das vaidades, tudo é vaidade", concluía desconsolado o Coélet (Ecl 12,8). O homem que morre é comparado a uma lamparina que se dobra e se apaga, a uma ânfora que se quebra na fonte, a uma roldana que arrebenta, deixando cair definitivamente o balde no poço (cf. Ecl 12,1-8). O contato com Deus se interrompe com a morte. "Não louvam o Senhor os mortos nem os que descem ao túmulo" (Sl 115,17). "Ó morte, como é amargo o pensamento de ti!", concluía o Sirácida (Sr 41,1).

***

Que dirá sobre isso a fé cristã? Algo simples e grandioso: a morte existe, é o maior de nossos problemas, mas Cristo venceu a morte! A morte humana não é mais a mesma de antes, algo decisivo ocorreu. Pela fé se capta a incrível novidade que só podia ser provocada pela vinda do próprio Deus à terra. A morte perdeu seu aguilhão, como uma serpente cujo veneno doravante só é capaz de anestesiar a vítima por algumas horas, não de matá-la. "A morte foi tragada pela vitória. Onde está, ó morte, a tua vitória? Onde, ó morte, o teu aguilhão?" (1Cor 15,54-55).

Nos Evangelhos, há um centurião romano que proclama a novidade dessa morte: "O centurião que estava em frente dele, vendo que morrera assim, disse: 'Verdadeiramente este homem era Filho de Deus'" (Mc 15,39). Ele entendia de combatentes e de combates; reconheceu imediatamente que o "alto grito" emitido por Jesus no momento de expirar era o grito de um vencedor, não de um derrotado.

Mas como Jesus venceu a morte? Não evitando-a, mas atacando-a e fazendo-a retroceder como um inimigo em fuga. Venceu-a sofrendo-a, experimentando em si todo o seu amargor. Venceu-a por dentro, não por fora.

Relembremos as palavras da segunda leitura: "Cristo, nos dias de sua vida terrena, ofereceu orações e súplicas com fortes gritos e lágrimas àquele que podia libertá-lo da morte..." (Hb 5,7). Não temos um sumo sacerdote que não sabe compartilhar de nossas enfermidades, sobretudo nosso medo da morte. Ele bem sabe o que é a morte! Nos Evangelhos lemos que Jesus chorou três vezes e, destas, duas foram diante da dor por um morto.

No Getsêmani, Jesus viveu até o fim a nossa experiência humana diante da morte. "Começou a sentir medo e angústia", dizem os Evangelhos. E os dois verbos usados nesse ponto sugerem a ideia de um homem tomado por um profundo desalento, por uma espécie de terror solitário, como quem se sente excluído da convivência humana.

Jesus não enfrentou a morte como quem sabe ter um trunfo na manga, a ser usado no momento decisivo. Se durante sua vida ele às vezes demonstrou saber que ressuscitaria, tratava-se de um conhecimento especial, que nem sempre lhe estava disponível. Seu grito sobre a cruz: "Meu Deus, meu Deus, por que me abandonastes?" (Mt 27,46) indica que, naquele momento, como homem, ele não dispunha dessa certeza.

Jesus penetrou na morte como todos nós, quando entramos num lugar escuro sem saber o que nos espera do outro lado. Sua inabalável confiança no Pai é que o sustentou e o levou a exclamar: "Pai, em tuas mãos entrego o meu Espírito" (Lc 23,46).

***

Mas o que ocorreu, ultrapassado esse limiar obscuro? Os Padres costumavam explicá-lo com uma imagem. A morte, como uma fera voraz, atacou Cristo e o engoliu, pensando que ele lhe pertencia como qualquer mortal. Mas ficou presa no anzol. Aquela humanidade escondia dentro de si "granito", o Verbo de Deus que não pode morrer. A morte teve seus dentes quebrados para sempre. Numa homilia feita também numa Sexta-feira Santa, um bispo do século II exclamava: "Com seu Espírito que não se sujeita à morte, Cristo matou a morte que matava o homem" (MELITÃO DE SARDES, *Sobre a Páscoa*, 66).

Jesus venceu a morte "morrendo". *Mortem nostram moriendo destruxit*: é o grito pascal que se eleva em uníssono da Igreja do Oriente e do Ocidente neste dia. A morte não é mais um muro diante do qual tudo se despedaça; é passagem, é Páscoa. É uma espécie de "ponte dos suspiros" pela qual se entra na verdadeira vida que não conhece a morte.

De fato, Jesus (e aqui reside o grande anúncio cristão) não morreu apenas por si, não nos deixou apenas um exemplo de morte heroica, como Sócrates. Fez algo bem diferente: "Um morreu por todos" (2Cor 5,14), exclama São Paulo, e ainda: "Ele provou a morte em favor de todos" (Hb 2,9). Extraordinárias afirmações que só não nos fazem clamar de alegria porque não as levamos suficientemente a sério, ao pé da letra, como devemos. "Batizados na morte de Cristo" (cf. Rm 6,3), entramos numa relação real, até mesmo mística, com tal morte, tornamo-nos partícipes dela, tanto que o Apóstolo tem a coragem de proclamar na fé: "Morrestes e vossa vida está escondida com Cristo em Deus" (Cl 3,3). "Um morreu por todos, logo todos morreram" (2Cor 5,14).

A razão para isso é cristalina. Do fato de que doravante pertencemos muito mais a Cristo que a nós mesmos (cf. 1Cor 6,19 s.) decorre, inversamente, que o que é de Cristo nos pertence bem mais do que aquilo que é nosso. Sua morte é mais nossa que nossa própria morte. "O mundo, a vida, a morte, o presente, o futuro: tudo é vosso, porque sois de Cristo", diz ainda São Paulo (cf. 1Cor 3,22 s.). A morte é nossa, muito mais do que somos da morte; pertence-nos, muito mais do que pertencemos a ela. Em Cristo, também nós vencemos a morte.

Quando se trata da morte, a coisa mais importante no cristianismo não é o fato de que devemos morrer, mas o fato de que Cristo morreu. O cristianismo não se revela nas consciências pelo medo da morte; revela-se pela morte de Cristo. Jesus veio libertar os homens do medo da morte, não aumentá-lo. O Filho de Deus assumiu carne e sangue como nós, "para reduzir à impotência mediante a morte aquele que tem o poder da morte, o diabo, e libertar todos os que por temor da morte estavam sujeitos à escravidão por toda a vida" (Hb 2,14 s.).

O que mais aterroriza na morte é a solidão em que devemos encará-la. Já se disse: "Ninguém pode morrer por outro, mas cada qual deverá lutar pessoalmente com a morte. Podemos gritar quanto quisermos ao pé do ouvido de quem esteja próximo, mas naquele momento cada um deverá vê-la por si mesmo" (LUTERO, ed. Weimar, v. 10, 31 s.). Mas isso não é exatamente verdade. "Se morremos com ele, viveremos também com ele" (2Tm 2,11). Por isso é possível morrer a dois!

Aqui se desvela o que há de realmente grave, do ponto de vista cristão, na eutanásia. Ela rompe na morte do homem seu vínculo com a morte de Cristo; despoja-a de seu caráter pascal e a faz voltar a ser o que era antes de Cristo. A morte é privada de sua austera majestade, tornando-se obra do homem, decisão de uma liberdade finita. Ela é literalmente "profanada", despojada de seu caráter sagrado.

***

Desde que o mundo é mundo, os homens jamais deixaram de buscar remédio contra a morte. Um dos remédios típicos do Antigo Testamento chama-se prole: sobreviver nos filhos. Outro é a fama. Não morrerei por completo, canta o poeta pagão, *non omnis moriar*. "Ergui um monumento mais duradouro que o bronze – *aere perennius*" (HORÁCIO, *Odes*, III, 30).

Em nossos dias, assistimos à difusão de novo pseudorremédio: a doutrina da reencarnação. Mas "Foi estabelecido que cada homem morra uma só vez, e depois disso vem o juízo" (Hb 9,27). Uma só vez, *semel*! A doutrina da reencarnação é incompatível com a fé cristã. Tal como proposta a nós no Ocidente, é fruto, entre outros, de um erro sem proporção. Na origem, e em todas as religiões em que é professada como parte do próprio credo, a reencarnação não significa um acréscimo de vida, mas de sofrimento; não é motivo de consolação, mas de terror. Por ela se vem a dizer do homem: "Vê, se fizeres o mal, deverás renascer para expiá-lo!". É ameaça e castigo. É como dizer a um encarcerado, no fim de seu tempo de prisão, que sua pena foi redobrada e que tudo deve recomeçar. Domesticamos tudo, adaptando-a à nossa mentalidade ocidental materialista e secularizada. Fizemos da doutrina da reencarnação, inventada quando ainda não se conhecia a ressureição de Cristo, um álibi para escapar à seriedade da vida e da morte.

O verdadeiro remédio é aquele que a Igreja recorda neste dia do ano: "Um morreu por todos!". "Cristo experimentou a morte em benefício de todos!" Para prevenir-nos da morte, não devemos fazer nada além de nos agarrar a ele. Ancorar-nos em Cristo, pela fé, como um navio se ancora no fundo do mar para poder resistir à tempestade que sobrevém.

Há algum tempo, pregavam-se muitos meios para "prevenir" a morte. O principal era pensar nela, representá-la em seus mais perturbadores pormenores. Mas o importante não é ter ante os olhos nossa morte, mas a morte de Cristo, não a caveira, mas o crucifixo. O grau de união com ele será o grau de nossa segurança diante da morte.

Façamos com que o apego a Cristo seja mais forte que nosso apego às coisas, à profissão, aos entes queridos, a tudo, enfim, de modo que nada tenha o poder de nos deter quando chegar "o momento de recolher as velas" (2Tm 4,6).

Francisco de Assis, que realizou perfeitamente essa união com Cristo, ao se aproximar da morte, acrescentou a seu *Cântico das criaturas* uma estrofe: "Louvado sejas, meu Senhor, por nossa irmã, a morte corporal, da qual nenhum homem vivente pode escapar". E quando lhe anunciaram que estava próximo do fim, exclamou: "Bem-vinda, minha irmã morte!". A morte mudou de fisionomia: tornou-se uma irmã.

E ele não ficou só. Depois da última guerra, em 1950, foi publicado um livro intitulado *Últimas cartas de Stalingrado*. Eram cartas de soldados alemães sitiados em Stalingrado, despachadas no último comboio, antes do ataque final do exército russo em que todos pereceram. Em uma delas, um jovem soldado escrevia a seus pais: "Não tenho medo da morte. Minha fé me dá essa bela segurança!".

***

Jesus, antes de morrer, instituiu a Eucaristia e nela antecipou a própria morte; tirou-a da órbita do acaso, dos eventos e explicações contingentes. Deu-lhe um sentido, o sentido que ele quis dar, diferente daquele dado por seus inimigos: fazer da morte o memorial da nova aliança, a expiação dos pecados, a suprema oferenda de amor do Pai pelos homens. "Tomai – disse – e comei: este é meu corpo oferecido em sacrifício por vós".

Em cada missa ele oferece também a nós essa maravilhosa possibilidade de dar por antecipação um sentido à nossa morte, de nos unir a ele para fazer de nossa morte uma oferta viva em Cristo, uma libação para o sacrifício, como dizia São Paulo (2Tm 4,6).

Um dia, ao cair da tarde, à margem do lago, Jesus disse a seus discípulos: "Passemos à outra margem!" (Mc 4,35). Haverá um dia e uma tarde em que ele dirá também a nós estas palavras: "Passemos à outra margem". Felizes aqueles que, como os discípulos, estiverem prontos a tomá-lo consigo em seu barco, "tal como é", e zarpar com ele na fé.

Uma profunda ação de graças prorrompe, neste dia, do coração de todos os que creem e de todo o gênero humano:

Obrigado, Senhor Jesus Cristo, em nome de quem sabe e de quem não sabe que morreste por eles.

Obrigado por teu suor de sangue, tua angústia e o grito de vitória na cruz.

Fica próximo de todos os que estão deixando agora este mundo e repete para eles o que disseste ao bom ladrão da cruz: "Hoje estarás comigo no paraíso!" (Lc 23,43).

Fica conosco, Senhor, quando também para nós se fizer tarde e nosso dia for declinando (cf. Lc 24,29).

18

"A MIM O FIZESTES"

(Sexta-feira Santa de 1997)

Disse São Leão Magno: "A Paixão do Senhor se prolonga até o fim do mundo – *Passio Domini usque in finem producitur mundi*" (*Sermão*, 70, 5). Prolonga-se, é preciso explicar, em seu corpo místico que é a Igreja, especialmente nos pobres, nos doentes e nos perseguidos. Blaise Pascal celebrizou este pensamento, tornando-o seu: "Jesus está em agonia até o fim do mundo: não convém dormir durante esse tempo" (*Pensamentos*, 553, Br.).

Neste ano, meditemos um pouco sobre este Jesus que sofre e está em agonia hoje. A liturgia é memória, presença e expectativa. Dela partem sempre três movimentos ideais: um para trás, para os eventos históricos comemorados; outro para a frente, para o glorioso retorno do Senhor; outro em redor, no hoje de nossa vida. Sigamos este terceiro movimento e a partir desta celebração litúrgica lancemos o olhar à realidade que nos circunda.

Onde Jesus "sofre" e "está em agonia" hoje? Em muitos lugares e situações. Mas fixemos o olhar apenas sobre um, para não nos perdermos no vazio e na multiplicidade: a pobreza! Cristo está cravado à cruz nos pobres. Os cravos são as injustiças, os sofrimentos e as humilhações infligidas a eles. Jesus não pode descer da cruz se não lhe arrancarmos esses cravos... Mesmo que não esteja em nosso poder arrancá-los imediatamente de todos os lugares, na realidade, comecemos ao menos a arrancá-los de nosso coração, a "desencravá-los" de dentro de nós.

***

O maior pecado contra os pobres talvez seja a indiferença, o fingir não ver, o "passar longe, do outro lado da estrada" (cf. Lc 10,31). Ignorar as imensas multidões de famintos, mendigos, sem-teto, sem assistência médica e, sobretudo, sem esperança de um futuro melhor, escrevia o Papa na encíclica *Sollicitudo rei socialis*, "significaria tornar-nos como o 'rico epulão', que fingia não conhecer o pobre Lázaro, que jazia ao seu portão" (n. 42).

Tendemos a interpor vidros duplos entre nós e os pobres. Os vidros duplos, hoje tão comuns, impedem a passagem do frio e do barulho, mas também deturpam tudo, fazem com que as coisas cheguem até nós esmaecidas, atenuadas. E, de fato, continuamos a ver os pobres movendo-se, agitando-se, gritando na tela de televisão, nas páginas dos jornais e das revistas missionárias, mas o grito deles nos chega de muito longe. Não entra em nosso coração.

Diante dos pobres, a primeira coisa a fazer é quebrar os vidros duplos, superar a indiferença, a insensibilidade. Livrar-nos das defesas e deixar-nos invadir por uma sadia inquietude diante da espantosa miséria que há no mundo. Fazer os pobres entrarem em nossa carne. Devemos "dar-nos conta" dos pobres. Dar-nos conta significa abrir os olhos, num sobressalto de consciência, pelo qual começamos a ver algo que já estava ali, mas que não víamos. O grito dos pobres, escrevia Paulo VI, obriga-nos a "despertar as consciências diante do drama da miséria e das exigências de justiça social do Evangelho e da Igreja" (*Evangelica testificatio*, n. 17).

Imaginemos que, um dia, enquanto vemos na televisão as imagens de alguma catástrofe (um descarrilhamento de trem, um acidente de carro, o desabamento ou o incêndio de um edifício), subitamente reconheçamos entre as vítimas um parente próximo: mãe, irmão, marido. Que grito nos rasgaria a garganta! Que mudança de coração com relação ao instante imediatamente anterior! Que mudança de interesse pelo evento! O que teria acontecido? Algo muito simples: passaríamos a perceber com o coração aquilo que antes percebíamos só com os olhos e o cérebro. Pois bem, é isso que deveria acontecer, ao menos em certa medida, quando nos deparamos com alucinantes espetáculos de miséria. Os pobres são ou não são nossos irmãos? Não pertencemos todos à mesma família humana? Por acaso não está escrito que somos "membros uns dos outros" (Rm 12,5)?

Infelizmente, com o tempo, nos acostumamos a tudo e nos tornamos resistentes à miséria dos outros, às imagens de corpos que a fome transformou em esqueletos. Já não nos impressionamos tanto, damos a coisa por inevitável.

Contudo, vamos tentar nos colocar um pouco ao lado de Deus, procurando ver as coisas como ele as vê. Alguém comparou a Terra a uma astronave em órbita no cosmo, na qual um dos três cosmonautas a bordo consome 85% dos recursos disponíveis e disputa para se apoderar dos 15% restantes.

***

Com a vinda de Jesus Cristo, o problema dos pobres assumiu uma nova dimensão histórica. Tornou-se um problema cristológico. Jesus de Nazaré se identificou com os pobres. Aquele que pronunciou sobre o pão estas palavras: "Isto é o meu corpo", pronunciou-as também com referência aos pobres. Disse-as quando, falando daquilo que se fez ou se deixou de fazer pelo faminto, pelo sedento, pelo prisioneiro, pelo nu e pelo exilado, declarou solenemente: "Vós o fizestes a mim" e "não o fizestes a mim" (cf. Mt 25,31 ss.). É o mesmo que dizer: "Aquela pessoa em andrajos, necessitada de um pouco de pão, aquele pobre que estendia a mão era eu, era eu!".

Lembro-me da primeira vez que esta verdade "explodiu" dentro de mim com todo o seu fulgor. Eu estava em missão num país do Terceiro Mundo e, a cada novo espetáculo de miséria que via – ora um menino maltrapilho, com a barriga inchada e o rosto recoberto de moscas, ora um grupo de pessoas que perseguia um caminhão de lixo na esperança de encontrar algo quando ele fosse descarregado, ora um corpo cheio de feridas –, ouvia uma voz ecoar dentro de mim: "Este é o meu corpo. Este é o meu corpo". Era de perder o fôlego.

O pobre é também um *vicarius Christi*, alguém que faz as vezes de Cristo. Não no sentido de que os atos do pobre sejam os atos de Cristo, mas de que aquilo que se faz ao pobre é como se fosse feito a Cristo: "A mim o fizestes!"

Há uma ligação bastante estreita entre a Eucaristia e os pobres. Em certo sentido, os dois são o corpo de Cristo; nos dois, Cristo se faz presente. São João Crisóstomo escreve:

> Queres honrar o corpo de Cristo? Não permitas que ele seja objeto de desprezo em seus membros, isto é, nos pobres que não têm nem com que se vestir. Não o honres aqui na igreja por entre alfaias de seda, enquanto lá fora o transcuras, quando sofre frio e nudez... Que vantagem pensas ter Cristo se a mesa do sacrifício está repleta de vasos de ouro e depois ele morre de fome na pessoa do pobre? Antes sacia o faminto e só em seguida orna o altar com o que sobrar (*Homilias sobre Mateus*, 50, 3-4).

O próprio Cristo, por sinal, encarregou-se de confirmar no decorrer dos séculos esta interpretação estrita e realista de sua palavra "vós o fizestes a mim". Um dia, Martinho, ainda soldado e catecúmeno no norte da Europa, onde prestava serviço, encontrou um pobre tiritando de frio. Por não ter nada além da capa que estava usando, com um golpe de espada partiu-a em duas e deu a metade ao pobre. À noite, Cristo lhe apareceu vestido com a metade de sua capa. Visivelmente alegre, o Senhor dizia aos anjos que o circundavam: "Martinho, ainda catecúmeno, me revestiu com esta veste" (SULPÍCIO SEVERO, *Vida de São Martinho*, 3).

O pobre é Jesus que vaga incógnito no mundo, assim como quando, depois da ressurreição, aparecia com outra fisionomia – a Maria, como jardineiro; aos discípulos de Emaús, como um peregrino; aos apóstolos no lago, como um passante postado à margem –, esperando que "seus olhos se abrissem". Nestes casos, o primeiro a reconhecê-lo gritava para os demais: "É o Senhor!" (Jo 21,7). Ah!, se à vista de um pobre saísse de nossos lábios, ao menos uma vez, o mesmo grito de reconhecimento: "É o Senhor!", é Jesus!

***

Como traduzir na prática, ao menos em certa medida, nosso interesse pelos pobres? Eles não têm necessidade de nossos bem-intencionados sentimentos, mas de fatos, que, por si sós, já serviriam para apaziguar nossa má consciência. Escreve João: "Se alguém, tendo riquezas neste mundo, ao ver um irmão em necessidade, fecha-lhe o próprio coração, como moraria nele o amor de Deus? Irmãos, não amemos só em palavras, com a língua, mas com fatos e na verdade" (1Jo 3,17-18).

Concretamente, o que devemos fazer pelos pobres pode ser resumido em três palavras: evangelizá-los, amá-los, socorrê-los.

Evangelizar os pobres: esta foi a missão que Cristo reconheceu como sua por excelência (cf. Lc 4,18) e a confiou à Igreja. Não devemos permitir que nossa má consciência nos leve a cometer a enorme injustiça de privar da boa nova aqueles que são seus primeiros e mais naturais destinatários, aduzindo, para nos desculpar, o provérbio segundo o qual "barriga com fome não ouve conselho".

Jesus multiplicava os pães e, junto, a palavra. Aliás, primeiro administrava a Palavra (às vezes por três dias seguidos), depois se preocupava com os pães. Nem só de pão vive o pobre, mas também de esperança e de toda palavra que sai da boca de Deus. Os pobres têm o sagrado direito de ouvir o Evangelho na íntegra, não em edição reduzida, adaptada e convenientemente politizada.

Têm o direito de ouvir ainda hoje a boa nova: "Bem-aventurados os pobres" (Lc 6,20). Sim, bem-aventurados, apesar de tudo. Porque para eles se abre uma "possibilidade" imensa, fechada ou bastante difícil para os ricos: o Reino (cf. Mt 19,24).

Amar os pobres. O amor a Cristo e o amor aos pobres estão ligados. Alguns (como Charles de Foucauld), partindo do amor a Cristo, chegaram ao amor aos pobres; outros (como Simone Weil) partiram do amor aos pobres, aos proletários, e a partir dele foram conduzidos ao amor a Cristo.

Amar os pobres significa, antes de tudo, respeitá-los e reconhecer sua dignidade. Neles, exatamente pela falta de outros títulos e distinções acessórias, brilha com luz mais viva a radical dignidade do ser humano.

Amar os pobres significa ainda pedir-lhes perdão. Perdão por não ir a seu encontro na verdade e na alegria. Pelas distâncias que, apesar de tudo, mantemos entre nós e eles. Pelas contínuas humilhações de que devem saciar-se. Perdão por viver de indignação reflexa e passiva diante da injustiça. Pela demagogia em relação a eles; por falarmos apenas por nós mesmos, tentando legitimar nosso modo acomodado de viver. Por buscar sempre a certeza matemática de não nos envolver, em vez de fazer qualquer gesto por eles. Por não reconhecer neles o tabernáculo vivo do Cristo pobre e desprezado. Por não ser dos seus.

Aliás, os pobres não merecem apenas nossa compaixão e comiseração. Merecem nossa admiração. Eles são os verdadeiros campeões da humanidade. Todos os anos se concedem os prêmios Nobel, taças, medalhas de ouro, de prata, de bronze; ao mérito, à memória ou aos vencedores de competições. Só porque alguns foram capazes de correr em menos tempo cem, duzentos ou quatrocentos metros com barreira, de saltar um centímetro mais alto que os outros, de vencer uma maratona ou um *slalom*. Mas se alguém observasse de quantos saltos mortais, de quanta resistência, de quais *slalom* os pobres são capazes, e não uma vez, mas durante toda a vida, as *performances* dos mais famosos atletas pareceriam brincadeiras de criança.

Evangelizar os pobres, amar os pobres e, por fim, *socorrer os pobres*. São Tiago diz: De que serve apiedar-se diante de um irmão ou irmã sem roupa ou comida, dizendo-lhes: "Pobrezinhos, como sofrem! Vão, aqueçam-se, alimentem-se!", sem lhes dar nada do que precisam para se aquecer e se alimentar? A compaixão, como a fé, sem obras é morta (cf. Tg 2,15-17). No dia do juízo, Jesus não dirá: "Eu estava nu e te compadeceste", mas: "Eu estava nu e me vestiste".

Hoje, porém, não basta apenas a simples esmola. Nada nos dispensa de fazer tudo o que pudermos, mesmo em nível restrito e individual. Hoje seria necessária uma nova cruzada, uma mobilização geral de todos os cristãos e de todo o mundo civil, para libertar os sepulcros vivos de Cristo que são os milhões de pessoas que morrem de fome, de doenças e de privações. Esta seria uma cruzada digna de tal nome, ou seja, da cruz de Cristo. Eliminar ou reduzir o injusto e escandaloso abismo que há entre ricos e pobres no mundo é o dever mais urgente (e mais ingente) que o milênio que se encerra deixa para o milênio que logo mais começará.

Não é necessário invocar Deus diante da miséria do mundo, mas temos de invocar a nós mesmos. Li em algum lugar que um dia, vendo uma menina tremendo de frio e chorando de fome, um homem foi tomado pela indignação e pela revolta e gritou: "Deus, onde estás? Por que não fazes algo por essa criatura inocente?", mas uma voz interior lhe respondeu: "Mas eu já fiz algo por ela. Eu te criei!".

***

A Escritura, num salmo, proclama bem-aventurados aqueles que assumem sobre si a sorte do pobre: *"Beatus vir qui intelligit super egenum et pauperem* – Bem-aventurado o homem que pensa no pobre e no indigente" (Sl 41,1). Sobre tal homem se invoca uma bênção que na Vulgata soava assim: *"Dominus conservet eum, et vivificet eum, et beatum faciat eum in terra* – O Senhor o conserve, lhe dê vida e o faça feliz na terra".

Na Igreja Católica, esta invocação tornou-se a oração litúrgica oficial *pro Summo Pontifice*. Permitam-me, veneráveis Padres e irmãos, fazer ressoar esta oração, ao término destas reflexões sobre os pobres.

São os próprios pobres que, por meu intermédio, agradecem e bendizem no dia em que comemoramos a Paixão de Cristo que neles se prolonga. Creio que ninguém neste mundo merece mais que o Papa esta bênção que sai do coração dos pobres. Seu exemplo não permitiu a ninguém, dentro e fora da Igreja, permanecer tranquilo no próprio egoísmo e indiferença diante das massas dos deserdados da terra. *"Dominus conservet eum, et vivificet eum, et beatum faciat eum in terra* – O Senhor o conserve, lhe dê vida e o faça feliz na terra". Assim seja!

19

"DESTRUIU O MURO DE SEPARAÇÃO"

(Sexta-feira Santa de 1998)

Na carta apostólica *Tertio millennio adveniente*, João Paulo II escreveu:

> Assim, quando o segundo milênio já se encaminha para o seu termo, é justo que a Igreja assuma com maior consciência o peso do pecado dos seus filhos [...]. Ela não pode transpor o limiar do novo milênio sem impelir os seus filhos a se purificarem, pelo arrependimento, de erros, infidelidades, incoerências, atrasos (n, 33).

Entre esses pecados, assume especial relevância o que se comete nas relações com o povo judeu. Ao concluir o Simpósio realizado no Vaticano de 30 de outubro a 1º de novembro de 1997, "Sobre as raízes do antijudaísmo", João Paulo II afirmava:

> No mundo cristão, circularam por tempo demasiado longo interpretações errôneas e injustas do Novo Testamento relativas ao povo judeu e sua pretensa culpa, gerando sentimentos de hostilidade para com esse povo. Isso contribuiu para adormentar as consciências, de tal modo que, ao se desencadear sobre a Europa a onda de perseguições inspiradas por um antissemitismo pagão [...], a reação espiritual de muitos não foi aquela que a humanidade tinha o direito de esperar da parte de muitos discípulos de Cristo (*Discurso*, 31 out. 1997).

Há muito tempo foram evidenciados os fundamentos teológicos que permitem essa corajosa tomada de responsabilidade, sem afetar, sequer minimamente, nossa fé na Igreja, por si mesma, "santa e imaculada" (LG, n. 8).

Nesses pedidos de perdão por parte da Igreja, existe, porém, um significado também teológico, que não deve passar despercebido. Quando a Igreja assume a responsabilidade pelas culpas de seus membros, pratica o ato talvez mais sublime que se possa realizar sobre a terra: desculpa Deus, proclamando: Deus é inocente, *anaitios o Theos!*, como já afirmava o filósofo Platão (*República*, 379c). Deus não tem culpa nisso; fomos nós que pecamos. Confessa com o profeta: "Ao Senhor, nosso Deus, a justiça; a nós, a desonra no rosto" (Br 1,15).

***

A Sexta-feira Santa constituiu, ao longo dos séculos, o terreno de cultura privilegiado da incompreensão e hostilidade para com os judeus. É justo, portanto, que a Sexta-feira Santa seja o ponto de partida para a obra de reconciliação e de "purificação da memória".

São Paulo nos apresenta esta interpretação do evento da cruz:

> Pois ele é a nossa paz: de dois povos fez um só, derrubando a parede da inimizade que os separava [...], para reconciliá-los com Deus num só corpo, por meio da cruz, destruindo em si mesmo a inimizade [...]. E é graças a ele que uns e outros podemos nos apresentar ao Pai num só Espírito (Ef 2,14-18).

Os "dois povos", como se sabe, são os judeus e os pagãos.

Essa visão profética do Apóstolo esteve intensamente obscurecida nos fatos. Foi precisamente durante uma homilia pronunciada numa "Sexta-feira Santa" na Ásia Menor, no século II (lemos um trecho dela na Liturgia das Horas de ontem), que foi lançada pela primeira vez, por Melitão de Sardes, a acusação indiscriminada de deicídio com referência aos judeus: "O que fizeste, Israel? Mataste teu Senhor, durante a grande festa [...]. Ouvi, ó vós, estirpes dos povos e vede. O Soberano é ultrajado, *Deus é assassinado...* pela mão de Israel" (*Sobre a Páscoa*, 73-96).

É no contexto dessa polêmica antijudaica que se vem formando, a começar já por Melitão, o gênero dos *Improperia*, ou Censuras, que mais tarde passou a fazer parte também da liturgia latina da adoração da Cruz. Enumeram-se um a um os benefícios de Deus em favor de Israel e opõe-se, a cada um deles, a ingratidão do povo. "Ele te fez sair do Egito... Tu, ao invés... Ele te alimentou com o maná no deserto... Tu, ao invés...".

É verdade que neste e em outros textos semelhantes é preciso conceder à retórica uma parte significativa, particularmente ao gênero, então em voga, da diatribe. Mas a semente estava lançada e deixaria sua marca na liturgia (recorde-se a famosa qualificação usada na oração em relação aos judeus, e agora suprimida), na arte e no próprio folclore, contribuindo para difundir o estereótipo negativo do judeu.

O ícone bizantino da crucifixão quase sempre mostra duas figuras femininas aos lados da cruz de Cristo. Em alguns casos, ambas estão voltadas para a cruz, porém na maioria das vezes uma olha para a cruz e a outra lhe volta as costas, ou é diretamente impelida por um anjo a se afastar da cruz. São a Igreja e a Sinagoga. Perdeu-se de vista a afirmação de Paulo, declarando que Cristo morreu na cruz para unir as duas realidades, não para dividi-las.

Tudo isso, como observava o Santo Padre, tornou os cristãos menos vigilantes quando, em nosso século, o furor nazista desencadeou-se contra os judeus. Numa palavra, favoreceu, indiretamente, a *Shoah*, o Holocausto. Mas já bem antes desse epílogo fatal, a polêmica serviu para justificar numerosas vexações e causou ao povo judeu não poucos sofrimentos por parte das populações cristãs e das próprias instituições da Igreja.

***

Passo, porém, ao fato que me parece ser mais urgente esclarecer. Por ocasião do recente debate que se seguiu à publicação do documento do Pontifício Conselho para a Unidade dos Cristãos *We remember*, um renomado homem de cultura formulou um juízo radical sobre toda a questão:

> A fonte de todo antijudaísmo – escreveu ele na primeira página de um grande jornal – está no Novo Testamento: principalmente nas cartas de São Paulo e no Apocalipse. Um filho de Israel não pode esquecer que a época dos Patriarcas, nos quais ele está habituado a ver a instauração da lei e o auge da relação confiante com Deus, seja vista por Paulo como um tempo dominado pelo Pecado e pela Morte. E não pode tolerar que Jerusalém, o lugar sagrado por excelência, seja considerada pelo autor do Apocalipse como o ponto de convergência do mal físico e metafísico, onde reinam o Dragão e a Besta.

O único remédio – prossegue o autor – seria "censurar São Paulo, censurar o Apocalipse, e aquelas passagens do Evangelho nas quais o sentimento antijudaico é expresso com maior intensidade". Entretanto, assim como não se pode pedir aos cristãos que façam isso (antes, seria uma perda se o fizessem), não resta senão cultivar cada qual suas raízes religiosas, em espírito de tolerância, tendendo àqueles valores universais que estão além de toda religião e que aproximam todas elas (CITATI, P., in: *La Repubblica*, 18 mar. 1998).

Um discurso, como se vê, muito conciliador. A meu ver, parece que podemos vislumbrar nessas palavras um equívoco fundamental. Paulo não considera "um tempo dominado pelo pecado e pela morte" apenas o dos Patriarcas, mas o de toda a humanidade antes de Cristo. "Judeus e gregos – afirma na Carta aos Romanos – estão sob o império do pecado" (Rm 3,9). No interior dessa situação comum de pecado e de morte, é antes reconhecida uma superioridade do povo judeu. "Qual é, então, a superioridade do judeu? Qual é a utilidade da circuncisão? Ela é grande sob todos os aspectos! Em primeiro lugar, foi a eles que as revelações de Deus foram confiadas" (Rm 3,1-2).

Como se pode acusar Paulo por não reconhecer em Abraão o "auge da relação confiante com Deus", se precisamente por isso foi definido por ele como "pai de todos os crentes"? (cf. Rm 4,16). Muita confusão, a propósito de Paulo, provém do fato de se ter confundido a polêmica "contra os judeus" com aquela que é, na realidade, uma polêmica contra "os judeus cristãos".

Por outro lado, o que Paulo e João dizem a respeito dos judeus nada representa, afinal, em relação ao que dizem dos pagãos. Estes são definidos como "sem Messias, privados de cidadania em Israel, estranhos às alianças da promessa, sem esperança e sem Deus no mundo" (Ef 2,12). Sabemos que a própria "Babilônia" do Apocalipse, sede da besta e do dragão, não deve ser identificada primariamente com Jerusalém, mas com a Roma pagã, a cidade "das sete colinas" (Ap 17,9).

Acredito que a resposta correta para o problema suscitado está nas palavras do Papa, acima lembradas: "No mundo cristão, circularam por tempo demasiado longo interpretações errôneas e injustas do Novo Testamento relativas ao povo judeu". O antissemitismo não nasce da fidelidade às Escrituras cristãs, mas da infidelidade a elas. Nesse sentido, a situação nova que se criou no diálogo entre judeus e cristãos mostra-se útil para compreender melhor nossas próprias Escrituras. Também ela constitui um sinal dos tempos. E vejamos em que sentido.

Reportemo-nos à mais antiga formulação do mistério pascal, ao querigma. Este nunca menciona os judeus como causa da morte de Cristo, e sim "os nossos pecados": "Cristo morreu por nossos pecados e ressuscitou para nossa justificação" (Rm 4,25; cf. 1Cor 15,3). Os próprios símbolos de fé, que fazem menção até mesmo a Pôncio Pilatos, ao se referirem à crucificação e morte de Cristo, nunca mencionam os judeus.

É verdade que alguns chefes judeus exerceram um papel ativo na condenação de Jesus. Foi-nos lembrado pela narrativa da Paixão que acabamos de ouvir. No entanto, foram causas materiais. Na medida em que se insiste nessas circunstâncias concretas, atribuindo-lhes um valor teológico, além de histórico, perde-se de vista o alcance universal e cósmico da morte de Cristo. O drama da redenção é banalizado, fazendo-se dele o resultado de circunstâncias contingentes. "Ele – escreve João – é vítima de expiação por nossos pecados; e não somente pelos nossos, mas também pelos de todo o mundo" (1Jo 2,2). Do mundo inteiro: mesmo de quem não o conhece ou não acredita nele!

Outro fato é esquecido na polêmica contra os judeus: eles agiram por ignorância (mesmo que isso não queira dizer sem culpa). Cristo afirma-o sobre a cruz: "Pai, perdoa-lhes, porque não sabem o que fazem" (Lc 23,34). "Pois bem! Irmãos, eu sei que foi por ignorância que agistes, assim como os vossos chefes", diz Pedro depois do Pentecostes (At 3,17; 13,27). "Se o tivessem conhecido, não teriam crucificado o Senhor da glória", diz São Paulo (1Cor 2,8).

Queremos, então, continuar a falar de deicídio? Podemos fazê-lo, uma vez que, segundo as Escrituras e nossa dogmática, efetivamente houve um deicídio. Saibamos, no entanto, que não foram só os judeus que o cometeram: fomos todos nós.

***

Todavia, se "as raízes do ódio contra os judeus" não estão no Novo Testamento, onde estão elas? Como e quando se deu a ruptura? Creio que não é difícil descobri-lo. Jesus, os apóstolos, o diácono Estêvão (cf. At 7) polemizaram contra os chefes judeus, às vezes empregando tons extremamente duros. Mas, com que espírito o faziam? Ao anunciar a destruição de Jerusalém, Jesus chorava, como também chorou a morte do amigo Lázaro. Enquanto morria, Estêvão clamou: "Senhor, não lhes leves em conta este pecado!".

Paulo, o principal incriminado em todos esses acontecimentos, chega a dizer palavras que provocam calafrios:

> Em Cristo digo a verdade, não minto, e pelo Espírito Santo a minha consciência disso me dá testemunho: trago no coração uma grande tristeza e uma dor incessante. Sim, eu desejaria ser anátema, ser eu mesmo separado do Cristo por meus irmãos, os da minha raça segundo a carne (Rm 9,1-3).

Paulo, para quem Cristo é "o próprio viver" (*mihi vivere Christus est*), aceitaria ser separado dele, excomungado, se isso pudesse servir para que o Messias fosse aceito por seus consanguíneos segundo a carne!

Esses homens falavam partindo do âmbito interno do povo judeu, sentindo-se solidários com ele, pertencentes à mesma realidade religiosa e humana. Podiam dizer: "São judeus? Eu também sou!". Quando se ama, é possível expressar-se assim. Os profetas, o próprio Moisés, haviam sido talvez menos severos em relação a Israel? Às vezes haviam sido até muito mais! É deles que provêm as expressões mais severas do Novo Testamento. Os próprios "Impropérios", onde é que têm sua fonte última, senão no gênero literário do processo sagrado (o *rîb*) que Deus empreende, no Antigo Testamento, nas relações com seu povo? (cf. Dt 32; Mq 6,3-4; Sl 77 e 105).

Será que os judeus se sentiram ofendidos por Moisés e pelos profetas, e por isso os acusaram de antissemitismo? Eles sabem muito bem que, se for o caso, Moisés está disposto a se deixar apagar, ele próprio, do livro da vida, antes que se salvar sozinho, sem seu povo. No fundo, não é diferente do que acontece também entre nós. Dante Alighieri dirige aos italianos invectivas tais que, se um estrangeiro se aventurasse a se apropriar de alguma coisa, por mínima que fosse, faríamos disso uma tragédia. Mas nós aceitamos que ele as faça: sentimos que é dos nossos, que fala com amor, e não com desprezo.

No entanto, ao invés disso, o que aconteceu na passagem da primitiva Igreja judeu-cristã para a Igreja dos gentios? Os gentios assumiram a polêmica de Jesus e dos apóstolos contra o judaísmo, mas não o amor deles pelos judeus! A polêmica foi transmitida, mas o amor não o foi. Ao se reportarem à já acontecida destruição de Jerusalém, os Padres da Igreja não o farão chorando. Muito ao contrário!

A raiz do problema está toda aqui: falta de amor, isto é, infidelidade ao preceito central do Evangelho. Nós, cristãos, continuamos a nos lamentar até a vigília da *Shoah*, do ódio anticristão dos judeus, de sua oposição à difusão do Evangelho (o que, principalmente nos primórdios, certamente foi verdadeiro), mas não nos dávamos conta da trave que havia em nosso coração!

Não se trata de submeter o passado a um processo sumário. "Um correto juízo histórico – escreve o Papa na *Tertio millennio adveniente* (n. 35) – não pode prescindir da atenta consideração dos condicionamentos culturais da época". Com efeito, acreditava-se então, unanimemente, que os direitos da verdade estavam acima dos direitos da pessoa. Não se trata, pois, de mover um processo ao passado.

Mas – continua a carta do Papa – a consideração das circunstâncias atenuantes não dispensa a Igreja do dever de lastimar profundamente as fraquezas de tantos filhos seus, que lhe deturparam o rosto, impedindo-a de refletir plenamente a imagem do Senhor crucificado, testemunha insuperável de amor paciente e de humilde mansidão (ibid.).

(Quando a Igreja fala dos seus "filhos", sabemos que neles estão incluídos também os seus "pais"!).

***

Quando falo da culpa contra os irmãos judeus, não me refiro apenas à dos outros, das gerações que me precederam. Penso também na minha. Sempre me lembrarei do momento em que teve início minha conversão com referência a esse ponto. Estava no avião, de volta de minha primeira peregrinação à Terra Santa. Lia a Bíblia e caiu-me sob os olhos a frase da Carta aos Efésios: "Ninguém jamais odiou a própria carne" (Ef 5,29). Entendi que ela se aplica também à relação de Jesus com seu povo. E, de súbito, meus preconceitos, se não propriamente a hostilidade em relação aos judeus, absorvidos insensivelmente nos anos de formação, pareceram-me uma ofensa dirigida ao próprio Jesus.

Ele assumiu tudo de nós, exceto o pecado. Mas o amor pela própria pátria e a solidariedade com seu próprio povo não são um pecado, são um valor. Portanto, por força da própria encarnação, Jesus – chamemo-lo agora por seu nome hebraico *Yeshua* – ama o povo de Israel. Com um amor tão forte e puro como nenhum patriota no mundo jamais teve por sua pátria. O pecado contra os judeus é também um pecado contra a humanidade de Cristo.

Compreendi que devia converter-me para Israel, "o Israel de Deus", como o chama o Apóstolo, que não coincide necessariamente e em tudo com o Israel político, ainda que não se possa nem mesmo separar um do outro. Compreendi que esse amor não representa nenhuma ameaça para nenhum outro povo. Não forma alianças nem bloqueios contra nenhum deles, porque Jesus nos ensinou que nosso coração cristão deve abrir-se à universalidade e ajudar o próprio Israel a fazê-lo. "Ou então Deus seria somente o Deus dos judeus? Porventura não é ele também o Deus dos pagãos?" (cf. Rm 3,29).

Isso tornou a figura de Edith Stein particularmente querida para mim: esta nova Rebeca, que carregou em seu seio duas nações e dois povos em luta entre si, a Igreja e a Sinagoga, e as reconciliou, derramando seu sangue por uma e por outra. Edith Stein é o modelo do novo amor cristão por Israel, que encontra em Jesus de Nazaré, não um obstáculo, mas seu maior incentivo. "O senhor não pode acreditar – escrevia a um sacerdote, amigo seu – o que significa para mim ser filha do povo eleito, pertencer a Cristo, não só pelo espírito, mas também pelo sangue". Sentir correr nas próprias veias o mesmo sangue de Cristo enchia-a de comoção e de orgulho.

Tornaram-se célebres as palavras por ela escritas ao se manifestarem os primeiros sinais de hostilidade da perseguição nazista contra os judeus: "Lá, sob a cruz, entendi o destino do povo de Deus. Pensei: aqueles que sabem que esta é a cruz de Cristo têm o dever de tomá-la sobre si, em nome de todos os outros". Quando ela e sua irmã Rosa saem da porta da clausura entre dois policiais, para serem deportadas para Auschwitz, alguém entre os presentes vê Edith apertar fortemente a mão da irmã e sussurrar-lhe: "Venha, vamos morrer por nosso povo".

Mas temos um modelo ainda maior que Edith Stein: Maria – chamemo-la também por seu belo nome hebraico *Miriam* –, a Mãe de Jesus. Ela é, também nisso, "figura da Igreja". Modelo de uma Igreja ainda não manchada por qualquer culpa contra Israel, ainda não atingida por nenhuma hostilidade. Os sentimentos de Maria para com seu povo são expressos no *Magnificat*:

> Veio em socorro de Israel, seu servo,
> lembrando-se de sua misericórdia,
> como houvera prometido aos nossos pais,
> em favor de Abraão e da sua descendência, para sempre (Lc 1,54 ss.).

"Israel, Abraão, os nossos pais": a mesma comoção de pertencer ao povo da aliança. "Em favor da sua descendência, para sempre": a mesma certeza, como em Paulo, da irrevogabilidade da promessa feita a Israel.

***

Para terminar, voltemos à passagem da Carta aos Efésios. O muro de inimizade, destruído sobre a cruz, reformou-se e tornou-se mais denso no decurso dos séculos. Temos de destruí-lo novamente, mediante o arrependimento e o pedido de perdão a Deus e aos irmãos judeus. É preciso que os gestos e as palavras de reconciliação colocados no vértice da Igreja não fiquem nos documentos, mas cheguem ao coração de todos os batizados. Por esse único motivo, ousei falar disso aqui. Em outros tempos, por ocasião de grandes missões, fazia-se a fogueira das vaidades. Nós, nesta Sexta-feira Santa, façamos a fogueira das hostilidades. "Destruamos em nós mesmos a inimizade". Em nós mesmos, não nos outros!

Quando, quando se realizará o desejo de Jesus de reunir os filhos de seu povo, como a galinha recolhe sob as asas seus pintinhos? Nós, cristãos, podemos apressar ou retardar o dia em que, pelas estradas de Jerusalém, soará novamente o brado, como no Domingo de Ramos: "Bendito seja, em nome do Senhor, aquele que vem!" (cf. Lc 13,34-35; 19,38). O dia em que Jesus de Nazaré poderá ser reconhecido por seu povo, se não ainda como o Messias esperado e o Filho de Deus, como por nós, ao menos como um de seus grandes profetas.

Neste ano, por uma rara coincidência, a Páscoa judaica ocorre na mesma data que a nossa. Celebramos juntos, neste dia, o memorial da salvação. A Páscoa é o sinal visível e institucional da continuidade entre Israel e a Igreja.

Existe um texto que os hebreus recitavam – e o recitam ainda hoje – durante o *Seder* pascal. Melitão de Sardes o assumiu e o introduziu na liturgia cristã, precisamente no trecho da homilia que lemos ontem (sinal de que, não obstante a polêmica verbal, havia ainda, naquele tempo, um notável conhecimento e osmose entre as duas comunidades). Vamos recitá-lo juntos, neste dia, nós e eles, em espírito de louvor comum e de agradecimento a Deus:

> Ele nos fez passar:
> da escravidão à liberdade,
> da tristeza à alegria,
> do luto à festa,
> das trevas à luz,
> da servidão à redenção (*Pesachim*, X, 5; MELITÃO DE SARDES, *Sobre a Páscoa*, 68).

Acrescentemos: Fez-nos passar da hostilidade à amizade. Destruiu o muro de separação que se havia interposto entre nós. Podemos nos preparar para transpor, reconciliados, a soleira do novo milênio.

20

"PARA REMIR O SERVO, ENTREGASTE O FILHO"

(Sexta-feira Santa de 1999)

Este ano que precede imediatamente o Grande Jubileu do Ano 2000 é dedicado à pessoa de Deus Pai e é dele, portanto, que temos de falar.

No entanto, qual a relação entre a pessoa do Pai e a liturgia da Sexta-feira Santa? A Sexta-feira Santa não é, antes, uma prova contra o Pai, um evento a ser silenciado quando se fala dele? Temos de admitir: contra as intenções da liturgia, no passado esse dia às vezes contribuiu para ofuscar a imagem de Deus Pai. Para acentuar os sofrimentos de Cristo na cruz, dava-se uma imagem do Pai que não podia deixar de incutir terror. Na Sexta-feira Santa de 1662, num discurso perante a corte do rei da França, um dos maiores oradores sacros da história apresenta Jesus que busca conforto no Pai, enquanto "o Pai, surdo, o rejeita, vira-lhe o rosto, deixando-o à mercê do furor de sua justiça irritada" (BOSSUET, J.-B., *Oeuvres complètes*, IV, Paris, 1836, 365).

A presente liturgia é a ocasião propícia para pôr fim a esse estado de coisas e esclarecer o equívoco que o produziu.

***

Até há algum tempo costumava-se definir o Espírito Santo como "o grande desconhecido" entre as Pessoas divinas. Hoje honestamente não podemos continuar a dizer isso. No século que acabou de chegar ao fim o Espírito Santo se impôs "com preponderância" à atenção da Igreja. Renovou-se a pneumatologia, mas sobretudo renovou-se o Pentecostes, graças à experiência que dele fizeram centenas de milhões de crentes de todas as Igrejas cristãs. Hoje temos de dizer que o grande desconhecido é o Pai. Mais que desconhecido: rejeitado!

As causas do obscurecimento da figura de Deus Pai na cultura moderna são múltiplas. No fundo está a reivindicação de autonomia absoluta do homem. E como Deus Pai se apresenta como o próprio princípio e a fonte de toda autoridade, só restava negá-lo, e foi o que aconteceu. "A raiz do homem é o próprio homem" (K. Marx). "Se Deus existe, o homem é nada" (J.-P. Sartre): são algumas das vozes que se elevaram no nosso mundo ocidental nos dois últimos séculos.

Freud pensou que poderia dar uma justificação psicológica para essa rejeição, dizendo que o culto do Pai celeste não passa de uma projeção do complexo paterno que leva a criança a idealizar seu próprio pai terreno depois de ter desejado matá-lo.

Falando da época que antecedeu a revelação evangélica, um autor do século II dizia: "A ignorância do Pai era causa de angústia e de medo" (*Evangelium Veritatis*, 17,10). O mesmo acontece também hoje: a ignorância do Pai é fonte de angústia e de medo. Se o Pai é, em todos os níveis, espiritual e material, "a raiz última do ser", sem ele só podemos nos sentir "desenraizados".

***

É urgente, portanto, trazer à luz a verdadeira face de Deus Pai. Para isso, não precisamos de tantos anos de trabalho quantos foram necessários para eliminar a pátina escura que cobria a imagem do Pai na Capela Sistina. Basta um lampejo, uma iluminação do coração, uma revelação do Espírito. Porque a verdadeira face de Deus Pai está ali, consignada para sempre na Escritura. Está contida numa palavra: "Deus é amor!". No Novo Testamento, a palavra "Deus", sem outros acréscimos, significa sempre Deus Pai. Portanto, Deus Pai é amor. "Pois Deus amou tanto o mundo, que deu seu Filho Único" (Jo 3,16), significa: Assim *Deus Pai* amou o mundo.

"Por que Deus nos criou?". A essa pergunta o catecismo nos ensinava a responder: "Para conhecê-lo, servi-lo e amá-lo nesta vida e depois desfrutá-lo na outra, no paraíso". Resposta perfeita que, no entanto, observando bem, responde apenas à pergunta: "Para qual *finalidade*, com que objetivo nos criou?" (para servi-lo, amá-lo, desfrutá-lo); não responde à pergunta: "Por que *motivo* nos criou, o que o impeliu a nos criar?". A essa pergunta não se deve responder: "Para que o amássemos", mas: "Porque nos amava".

Aqui está toda a diferença entre o Deus dos filósofos e o Deus do Evangelho. O Deus dos filósofos é um Deus que pode ser amado, que deve ser amado, mas que não ama, não pode amar os homens, pois se desqualificaria se o fizesse. "Deus", escreve Aristóteles, "movimenta o mundo enquanto *é amado*" (*Metafísica*, XII, 7, 1072b) (não enquanto *ama*!). A revelação diz exatamente o contrário: "Nisto consiste o amor: não fomos nós que amamos a Deus, mas foi ele quem nos amou... E nós amamos a Deus, porque ele nos amou primeiro!" (1Jo 4,10.19).

Esse é o verdadeiro mistério do cristianismo. Um dos mais lidos escritores cristãos do mundo anglo-saxão, Clive Staples Lewis, escreveu um romance intitulado *The Screwtape Letters* (*Cartas de um diabo a seu aprendiz*). Seu enredo é singular. Um jovem diabo recebe a incumbência de seduzir na terra um bom rapaz recém-convertido. Mas, inexperiente como é, se mantém em contato com o velho tio, o diabo Screwtape ["Coisa-Ruim"], que lhe dá instruções sobre como alcançar seu objetivo. (Um refinadíssimo tratado sobre os vícios e as virtudes, se lido em sentido contrário.) Assim, o autor nos transporta para o inferno e nos faz ouvir os discursos feitos lá embaixo. O que enlouquece os demônios, que eles não entendem e nunca entenderão, é o amor de Deus por criaturas miseráveis como os homens. Na terra, eles parecem querer dizer, acredita-se que a Trindade, ou outras coisas como essa, são os maiores mistérios; os tolos não entendem que esse é o verdadeiro mistério inexplicável. E acredito que, pela primeira vez, os demônios estão certos.

***

Mas é hora de falarmos da objeção que se adensa no ar, como uma tempestade, quando se fala do amor do Pai. "E a dor do mundo? E este imenso rio de lágrimas e de sangue que atravessa a história?".

Essa objeção assumiu novas tonalidades, depois da última guerra mundial e depois de Auschwitz. Nasceu uma literatura que pode ser definida "dos processos contra Deus". "Onde estava Deus então?", quantas vezes já vimos esta pergunta, em romances e peças teatrais, nestes últimos cinquenta anos!

A forma que a negação de Deus assumiu no positivismo linguístico deste século partia daí. Se a frase "Deus é amor", dizia-se, não é abalada nem sequer pela constatação do sofrimento atroz que existe no mundo, isso significa que não tem sentido e deve ser silenciada. Para considerar uma afirmação verdadeira, deve haver, ao menos em princípio, a possibilidade de "falsificá-la", ou seja, de demonstrar, mediante uma observação empírica, a sua verdade ou falsidade. Aqui ela não existe.

Mas não se tratam de protestos suscitados apenas pela filosofia e pela literatura, ou por ocasião de grandes calamidades. É toda a humanidade que, de todos os cantos da terra, grita cotidianamente a sua dor. Recentemente li o testemunho de uma jovem mulher. Dizia: "Senhor, por que me condenaste a morrer? (Descobrira ser portadora de uma grave doença). Tenho um marido que, depois de dez anos de casamento, ainda me ama e me declara isso; duas crianças maravilhosas. Por que não posso vê-las crescer?". Sendo uma mulher de fé, logo se corrigia e acrescentava frases de outro teor: "Eu sei, Senhor, que não podemos programar a vida e a morte do jeito que queremos, que o sucesso de uma vida não se mede pelo número de anos. Mas se quiseres que tudo isso passe da razão ao coração, deves agir. Sozinhos, não conseguimos".

***

O que tem a responder a tudo isso o acusado, que é a fé? Creio que, diante do sofrimento, nós que cremos precisamos, antes de tudo, assumir uma atitude de humildade. Não imitar os amigos de Jó, que no final são recriminados pelo próprio Deus, de quem pretendiam ser os defensores. Não desfiar explicações eruditas, como se o sofrimento não encerrasse para nós nenhum mistério. Do sofrimento temos de dizer o que Agostinho diz do próprio Deus: "Se acreditar tê-lo compreendido, não é ele o que compreendeste" (*Sermões*, 52).

Jesus, que tinha mais explicações que nós para dar, diante da dor da viúva de Naim, se comoveu e fez o mesmo diante da dor das irmãs de Lázaro. Depois de chorar, fez também outra coisa; disse: "Eu sou a ressurreição e a vida; quem crê em mim, mesmo que morrer, viverá" (cf. Jo 11,25).

Também nós, depois das lágrimas, ou entre as lágrimas, podemos dizer algumas palavras sobre a dor. Quais palavras? Não é verdade que o homem sofre e Deus não, que Deus se limita a olhar. Deus também sofre! Não inventamos uma afirmação tão insólita apenas para ter uma resposta para o homem de hoje. Ela está escrita em letras garrafais na Bíblia, do início ao fim. "Criei filhos e os enalteci, mas eles contra mim se rebelaram" (Is 1,2). Os pais terrenos que tiveram a triste experiência de ser renegados e desprezados pelos filhos entendem a dor que está por detrás dessas palavras de Deus. "Povo meu, que te fiz?", ouviremos repetir nesta liturgia; "em que te contristei? Responde-me!" (cf. Mq 6,3). Essas palavras também expressam dor.

Deus não se aflige tanto por uma ofensa feita a ele (quem poderia realmente fazer-lhe mal?) quanto pela ofensa que o homem faz a si mesmo ou a outros homens. Não é seu orgulho que é ferido, e sim seu amor. Está escrito: "Deus não criou a morte, nem se alegra com a ruína dos vivos" (cf. Sb 1,12-14). Ele não apenas "não se alegra", mas "sofre" com a ruína dos vivos.

Se essa afirmação de que Deus sofre nos parece nova e dá até um pouco de medo a alguns, é porque durante séculos a ideia de Deus com que frequentemente se raciocinava na prática tinha voltado a ser a ideia filosófica do Deus impassível, que está acima e fora das mudanças e das vicissitudes humanas.

Mas o Deus cristão não pode ser "impassível" no sentido que o entendem os filósofos. Não pode sê-lo porque é amor. O amor, sabemos bem disso, é a coisa mais vulnerável que existe no mundo. É vulnerável por causa da liberdade que sempre deixa ao amado. "Não se vive em amor sem dor": esta máxima vale para Deus, não menos que para os homens. "Deus Pai sofre uma Paixão de amor", dizia Orígenes (*Homilias sobre Ezequiel*, 6, 6).

O tema do sofrimento de Deus é uma redescoberta que os maiores teólogos deste século aceitaram e que o próprio papa João Paulo II, na encíclica *Dominum et vivificantem* (n. 39) fez sua, embora com as devidas reservas. Ele fala de uma "imperscrutável e indizível dor de pai", que encontra na Paixão redentora de Cristo a sua manifestação histórica e seu "reconhecimento". Certamente o sofrimento de Deus não é como o nosso. É sumamente livre, não contradiz suas outras perfeições, mas as exalta. É "a paixão do impassível", dizia um antigo Padre (GREGÓRIO TAUMATURGO, *A Teopompo*). É pura "com-paixão".

Em toda a liturgia pascal, a imagem do Pai mais próxima desse modelo é a do *Exsultet* da noite de Páscoa: "Ó maravilhosa condescendência de tua bondade para conosco. Ó inestimável ternura de amor: para remir o servo, entregaste o Filho!".

À pergunta: "Onde estava Deus Pai no Calvário, quando o Filho agonizava?", é preciso, portanto, responder: estava com ele na cruz. A devoção popular e a arte encontraram a resposta antes da teologia. Da Idade Média até hoje, de um extremo a outro do mundo ocidental, esta é a representação clássica da Trindade: Deus Pai que, com os braços estendidos, sustenta a cruz do Filho, ou o acolhe no regaço com infinita ternura assim que ele é deposto dela, e entre os dois a pomba do Espírito Santo. No mundo bizantino, a Trindade são três anjos em torno de uma mesa, no mundo latino são as três pessoas divinas no Calvário. São incontáveis as representações desse tipo, das mais simples e populares às grandes obras-primas, como *A Trindade* de Masaccio no afresco da igreja de Santa Maria Novella em Roma.

***

Mas, a esta altura, a objeção ressurge, mais perigosa, sob outra forma. Então, Deus também é impotente para enfrentar o mal. Continuamos a dizer, na profissão de fé: "Creio em Deus Pai", mas nos detemos aqui, não acrescentamos "onipotente". O mal, não Deus, é onipotente. Voltamos à antiga crença pagã de que, acima da própria divindade, reina o Destino, a dura *Ananke*, a necessidade de todas as coisas. É nisso que Satanás tenta fazer os homens acreditarem, mas é uma mentira.

O argumento frequentemente repetido da antiguidade aos nossos dias é: "Ou Deus *pode* derrotar o mal, mas não *quer*, e então não é um pai; ou *quer* vencê-lo, mas *não pode*, e então não é onipotente". A ele respondemos: Deus quer derrotar o mal, pode derrotá-lo, vai derrotá-lo. O mal físico e o mal moral. Mas escolheu fazê-lo de uma maneira que jamais imaginaríamos. (Vamos tentar compreender bem isso, porque acredito que essa é a afirmação com a qual chegamos mais perto daquela que se poderia chamar a resposta cristã para a objeção do mal.) Deus escolheu derrotar o mal, não evitando-o, ou então desbaratando-o com sua onipotência ou expulsando-o de seu reino, mas assumindo-o e transformando-o em bem a partir de dentro; transformando o ódio em amor, a violência em mansidão, a injustiça em justiça, a angústia em esperança. Fez aquilo que nos pede para fazer, quando diz na Escritura: "Não te deixes vencer pelo mal, mas vence o mal com o bem" (Rm 12,21).

Foi o que aconteceu na cruz. Os Padres tinham um lindo símbolo para exprimir tudo isso: as águas amargas de Mará transformadas em águas doces por Moisés (cf. Ex 15,23 ss.). Jesus bebeu as águas amargas da rebelião e as transformou nas águas doces da graça, simbolizadas pela água que brotou de seu lado. Tomou sobre si o imenso "Não" do mundo a Deus e o transformou num filial "Sim".

Ainda assim, nossa resposta não está completa, falta a palavra ressurreição! Se Deus Pai "tolera" a existência do sofrimento, é porque sabe o que está para fazer no "terceiro dia". Na cruz, o Pai esperava impaciente que os homens terminassem sua tarefa, para começar a fazer a sua: "Vós o crucificastes, Deus o ressuscitou e o constituiu Senhor e Cristo" (cf. At 2,23-24.36). "Deus o exaltou e lhe deu o nome que está acima de todos os outros nomes" (Fl 2,9).

Longe de depor contra o Pai, a Sexta-feira Santa é o lugar de sua plena revelação. Ou conhecemos a verdadeira face de Deus Pai nesse dia, ou jamais a conheceremos.

Isso não é pregar a resignação passiva diante do mal do mundo ou a desistência da luta. Às vezes, tomar sobre si o mal do mundo pode significar assumir a luta contra o mal do mundo e devolver-nos a vida, como acontece em Jesus. Uma das tarefas atribuídas ao Jubileu do Ano 2000 é também a de fazer memória dos novos mártires. Justamente eles são a demonstração de que é possível vencer o mal com o bem e que, também hoje, esta é a verdadeira vitória.

***

Quantas coisas aprendemos de uma meditação sobre o Pai, feita na Sexta-feira Santa! A primeira diz respeito precisamente ao próximo Jubileu. O Jubileu deve ser a grande oportunidade para reconciliar a humanidade com o Pai. Na origem, o ano jubilar era o tempo em que a terra era restituída ao seu legítimo proprietário (cf. Lv 25,13); hoje deve ser o tempo em que a criatura é restituída ao seu Criador.

Neste ano, não pregamos um Deus encolerizado e prestes a atingir o mundo com sabe-se lá quais castigos. Chega das discutíveis representações de Nossa Senhora que já não consegue segurar o braço do Pai furioso. Sem querer, elas também contribuem para ofuscar a imagem do Pai e são injustas com a própria Virgem que, no *Magnificat*, foi a primeira a cantar a misericórdia de Deus. Chega do abuso do "terceiro segredo de Fátima" com o qual alguns espíritos exaltados aterrorizam as pessoas simples. Ninguém o conhece, mas todos parecem saber perfeitamente a que se refere.

Há um tempo para pregar o castigo e um tempo para pregar a misericórdia. O Jubileu é o tempo de pregar a misericórdia. Ele deve ser, como foi o proclamado por Jesus, "um ano de graça do Senhor" (cf. Lc 4,19). "O ano santo", dizia ontem aos sacerdotes o Papa na Missa do Crisma, "chama todos nós, ministros ordenados, a nos tornar totalmente disponíveis ao dom de misericórdia que Deus Pai quer conceder com abundância a todo ser humano".

***

O ano do Pai pode ter uma "consequência" benéfica também no plano humano. Pode servir para "reconduzir o coração dos pais para os filhos e o coração dos filhos para os pais" (cf. Lc 1,17; Ml 3,24), como aconteceu, por obra de João Batista, no primeiro advento. Se Deus Pai é aquele "de quem toda a paternidade nos céus e sobre a terra recebe o seu nome" (Ef 3,15), então os pais terrenos podem aprender com ele a difícil missão de pai: a paciência, o respeito pela liberdade dos filhos, a esperança em relação a eles, a alegria por todos os seus pequenos sucessos.

Ao ter seu primeiro filho, o homem costuma anunciar alegremente aos amigos: "Eu me tornei pai!". Num sentido mais profundo, essas palavras só podem ser ditas mais tarde na vida, depois que se demonstrou muita solicitude, paciência, generosidade, depois que se aprendeu a sofrer pelos filhos. Então sim se pode dizer com razão: "Eu me tornei pai". Também Deus se tornou plenamente Pai por nós na cruz.

Isso vale ainda mais para os pais espirituais. Hoje muitos sacerdotes preferem estar no meio do povo "como irmão entre irmãos". É mais simples, menos difícil; mas as pessoas precisam de pais, os buscam desesperadamente e quando o encontram agradecem a Deus. "No ano dedicado ao Pai", dizia o Papa na mesma homilia, "a paternidade de todo sacerdote se torne mais evidente".

Concluamos em oração.

"Pai de misericórdia e Deus de toda consolação, nós te suplicamos: tu, que no Calvário sustentaste os braços de teu Cristo, que o acolheste deposto da cruz e o ressuscitaste ao terceiro dia, fica perto de todos os que sofrem. Acolhe na tua paz as vítimas das guerras, sustenta a esperança dos sobreviventes, multiplica as forças dos que socorrem e a tenacidade dos mediadores, não permitas que sejamos derrotados pelo mal, mas ajuda-nos a vencer o mal com o bem. Por Jesus Cristo, Nosso Senhor".

21
"TUDO ESTÁ CONSUMADO"
(Sexta-feira Santa de 2000)

Recentemente uma notícia abalou o mundo. Um grupo de pesquisas norte-americano completou o mapeamento do genoma humano. Identificou todos os fragmentos de DNA que constituem a bagagem genética de uma pessoa, os dois bilhões de letras, chamadas genes, que compõem o alfabeto químico com o qual é escrita a história de cada ser que vem ao mundo.

"A ciência", escreveu-se, "descobriu o programa subjacente da vida humana, o código dos códigos, o santo Graal, o modelo básico do *Homo sapiens*. Saberemos finalmente o que significa ser homem". E ainda: "Depois de milhões de dólares e milhões de horas de trabalho, inaugura-se o que nossos filhos, olhando para trás, designarão o século do genoma" (*Newsweek*, 10 abr. 2000).

A notícia caiu num terreno já saturado de expectativa e de entusiasmo pelas contínuas novidades no campo da bioética e aumentou a sensação difusa de que nos encontramos numa guinada da evolução humana, na linha de chegada de novas e impensáveis metas.

Nesse contexto acontece, este ano, a celebração da Paixão do Senhor, a Páscoa do Grande Jubileu, a primeira Páscoa do milênio. Há dois mil anos ela tem enfrentado os acontecimentos e as situações do momento; jamais se omitiu. E tampouco o faz desta vez.

> Jesus – escreveu um poeta crente – não nos deu palavras mortas, que devemos encerrar em pequenas (ou grandes) caixas e que devemos conservar em azeite rançoso... As palavras vivas só podem ser conservadas vivas... É de nós, enfermos e carnais, que depende fazer viver e nutrir e manter

vivas no tempo aquelas palavras pronunciadas vivas no tempo... É a nós que pertence, é de nós que depende, fazer compreender nos séculos dos séculos a palavra do Filho de Deus (PÉGUY, Ch., *O pórtico do mistério da segunda virtude*).

Os ritos e os textos da Sexta-feira Santa se repetem inalterados ano após ano, mas jamais se tornarão "enlatados em conserva", porque eles são o ambiente vital que mantém viva a palavra de Deus.

* * *

O que o mistério que estamos celebrando tem a dizer sobre a situação que acabamos de mencionar? Para descobrir isso, relembremos a palavra ouvida: "Depois de ter tomado o vinagre, Jesus exclamou: 'Tudo está consumado!'. E, inclinando a cabeça, entregou o Espírito" (Jo 19,30).

"Tudo está consumado!". Bastam estas palavras para esclarecer todo o mistério do Calvário. O que está consumado? Antes de tudo, a vida terrena de Jesus, a obra que o Pai lhe deu para realizar (cf. Jo 4,34; 5,36; 17,4). "Tendo amado os seus que estavam no mundo, amou-os até o fim" (Jo 13,1). "Fim" em grego é *telos*: a palavra que retorna, na forma de verbo, no grito de Cristo: *Tetelestai*, "Tudo está consumado". É levada a termo a prova suprema do seu amor.

São levadas a termo também as Escrituras. A do Servo sofredor, do cordeiro pascal, do inocente transpassado, do novo templo visto por Ezequiel, de cujo lado brota um rio de água viva (cf. Ez 47,1 ss.). Mas não é apenas um ou outro ponto da Escritura que é levado a termo; todo o Antigo Testamento, em bloco, é realizado. Não analiticamente, mas sinteticamente, na essência. Morrendo, o Cordeiro abre o livro fechado com sete selos (cf. Ap 5,1 ss.), revela o sentido último do plano de Deus. "Eis a página que, virada, ilumina tudo, como aquela grande folha ilustrada sobre o Missal, no início do Cânon. Ei-la, deslumbrante e pintada de vermelho, a grande página que separa os dois Testamentos. Todas as portas se abrem ao mesmo tempo, todas as oposições se dissipam, todas as contradições se resolvem" (CLAUDEL, P., *Le poète et la Bible*).

A página que *divide* os dois Testamentos é também a que os *une*; os ilumina reciprocamente. Nada é abolido, tudo é levado a termo.

Ao levar a termo as coisas, Cristo realiza uma superação, as faz dar um salto de qualidade. Acontece como na consagração eucarística: a partir daquele instante, o pão deixa de ser apenas pão, torna-se outra coisa. Também a antiga

Aliança, a partir do instante da morte de Cristo, tornou-se a "nova e eterna aliança"; a letra tornou-se Espírito.

> O antigo se converteu em novo,
> a lei em graça,
> a figura em realidade,
> o cordeiro em Filho,
> o homem em Deus (MELITÃO DE SARDES, *Sobre a Páscoa*, 7).

***

Mas tampouco foi apenas isso que foi consumado. O mistério pascal de Cristo se situa na linha da história de Israel, mas a supera, a amplia desmedidamente. Não realiza as expectativas de um único povo, mas, através delas, as expectativas de todos os povos e de cada homem.

Querendo ser independentes de Deus, os homens se aprisionaram no ódio e na morte. Estão numa situação na qual o amor do Pai já não pode habitar neles. Para alcançá-los nesta situação, o Filho de Deus se faz homem. Sofre de maneira atroz e morre de morte violenta, para que o sofrimento e a morte dos seres humanos sejam também eles habitados, a partir de agora, pelo amor do Pai. Muitos morreram antes e depois de Cristo, mas ninguém jamais deu à própria morte aquele valor de adesão absoluta ao amor do Pai que ele lhe deu.

Com essa oferta de amor filial e de sereno assentimento, ele inverteu o sentido da morte em direção da verdadeira vida. Ela é uma ponte, não mais um precipício. Quando cai no pecado e na morte, o homem terá à sua espera, também ali, aquele que o criou. Compreende-se o hino entoado por Paulo ao amor vitorioso de Deus: "Nem a morte, nem a vida, nem os anjos, nem os principados, nem as coisas presentes ou as futuras, nem as potências, nem a altitude, nem a profundeza, nem outra criatura qualquer poderá nos separar do amor que Deus nos manifesta em Cristo Jesus, Senhor nosso" (Rm 8,38-39).

Cristo completou outro "mapa": o do destino humano! Sem saber, Pilatos enunciou uma grande verdade quando, apontando para Jesus, disse: *Ecce homo!*, "Eis o homem!".

Jesus não explorou apenas os dois abismos do destino humano, o pecado e a morte, mas também o da derrota, do revés, do fracasso. Naquele Sexta-feira da Preparação, o Calvário parecia um palco no qual se tinha pressa em descer as cortinas após um clamoroso insucesso. O som do *Shofar* está prestes a anunciar o início de descanso festivo. Apressado, sob o olhar da Mãe, José de Arimateia e seus homens soltam as mãos de Jesus da trave, ungem o corpo com óleo, o envolvem num lençol e, levando-o numa maca, desaparecem na escuridão, com as mulheres que o seguem chorando. A colina ficou vazia e silenciosa, como estarão nesta noite os altares de nossas igrejas.

Assim terminou a primeira liturgia da Sexta-feira Santa. Mas desde que o maior fracasso da história se transformou na vitória mais bonita, mais pura, mais recordada entre os homens, a própria derrota mudou de sinal. Ela pode ser o lugar privilegiado em que se descobre o verdadeiro sentido da vida, a verdadeira grandeza da pessoa humana e sobretudo o amor do Pai pelos pequenos e pobres. Falando aos jovens aos pés do Monte das Bem-aventuranças na sua viagem à Terra Santa, em 24 de março de 1999, o Santo Padre João Paulo II dizia: "Jesus exalta aqueles que o mundo em geral considera fracos. Diz a eles: Felizes de vocês que parecem perdedores, porque são os verdadeiros vencedores".

Que resgate para a imensa maioria dos perdedores, dos relegados, dos pobres, dos oprimidos pela vida e pelos acontecimentos; daqueles aos quais não chegou nenhuma notícia sobre o genoma humano e, se chegou, os encontrou às voltas com problemas bem diferentes para se interessar por ela! Que esperança para todos nós, uma vez que, cedo ou tarde, morrendo, estaremos todos na categoria dos perdedores!

***

Não há contradição entre os dois mapas, o dos cientistas e o de Cristo. Eles se referem a dois andares diferentes do mesmo edifício. Um não invalida o outro. Os que têm fé só podem alegrar-se com todos os homens por cada uma das descobertas que promete melhorar as condições de vida na terra. Foi essa a intenção de Deus ao dizer: "Multiplicai-vos e dominai a terra" (cf. Gn 1,28). Dominem, plasmem o mundo e a vocês mesmos. Eu sou o *Ens a se*, o Ser que se faz por si mesmo, e quero que vocês também participem desta minha dignidade, fazendo-se por si mesmos, plasmando e aperfeiçoando, com a inteligência que lhes dei, sua própria natureza, no respeito da minha vontade e na reverência do meu nome. Isso significa ser "à minha imagem e semelhança".

E, no entanto, não podemos nos abandonar à euforia do momento. As descobertas recentes no campo da vida humana se mostram ambíguas e passíveis de desdobramentos contraditórios. Abrem novas possibilidades de conhecer a causa de muitas doenças e de preveni-las; mas também suscitam inquietantes questões morais que nem mesmo os mais acirrados defensores da ciência ignoram. O homem não renunciará facilmente a brincar de ser Deus e de decidir tudo: quem deve nascer e quem não, até a cor dos cabelos dos bebês, para não falar do resto. Já temos casos de pessoas que são demitidas do trabalho, ou que não têm o seguro de vida renovado, porque se descobriu que são portadoras de genes capazes de desencadear uma doença grave. E isso é apenas um prenúncio do que poderá acontecer.

Mas nós também ignoramos as desilusões do passado, ignoramos os perigos do presente. Acreditamos que, ao menos uma vez, a humanidade terá sabedoria suficiente para administrar bem as próprias descobertas. O homem conhece as causas de suas doenças e as previne, conhece as leis biológicas e as usa em benefício próprio... E depois? Bastará tudo isso para ser feliz? Então por que tantos suicídios entre pessoas que já têm tudo isso, que são saudáveis, bonitas, ricas? O que poderá impedir esses dois espectros do "tédio" e da "náusea", bem conhecidos dos homens da cultura, de rondar cada vez com mais frequência o mundo? Os antigos consideravam a máxima tolice *propter vitam rationes perdere vivendi*, perder, por amor à vida, as razões de viver. "De que adianta viver bem, se não é possível viver para sempre? – *Quid prodest bene vivere cui non datur semper vivere?*" (AGOSTINHO, *In Ioh.*, 45, 2).

***

Em sua vida, morte e ressurreição Cristo revelou o sentido último da vida humana. Revelou-o não no laboratório, ou com fórmulas teóricas, mas vivendo-o, realizando-o. E o sentido último é este: acolher em si o amor do Pai, como Jesus o acolheu, e fazer com que este amor circule no mundo, doando-o aos irmãos.

Pais, irmãos, irmãs: ouso gritar a vocês aquilo que antes gritei a mim mesmo. Chega de meios-termos! Não percamos mais tempo. Empenhemo-nos em realizar o objetivo pelo qual Cristo morreu. Vivamos de maneira a poder dizer também nós no fim: "Tudo está consumado". Aceitemos o sofrimento. É a única porta para entrar na cruz de Cristo e não permanecer fora dela, como espectadores. Todos os outros caminhos – arte, teologia, reflexão, sentimento – são como observar da janela de um submarino a vida que acontece no fundo do mar. Não é como estar mergulhados nele, fazer parte dele...

Outra conclusão surge de tudo isso: não podemos renunciar a Cristo; não podemos relativizar o alcance da sua redenção; não podemos subtrair-lhe nenhuma parte da humanidade, passada, presente ou futura. Simplesmente, não temos o direito de fazê-lo. Não podemos deixar de anunciar o Evangelho a todas as criaturas. "Cristo é o mesmo ontem, hoje e sempre!" (Hb 13,8).

O que se deve abandonar não é o anúncio da cruz, mas, quando muito, certas formas equivocadas do passado de fazê-lo. Apresentar-nos ao mundo como *crucificados*, não como *cruzados*. Ninguém, também nas outras crenças, se sente ameaçado por Jesus Cristo, quando ele é anunciado como foi anunciado pelo papa João Paulo II, sob o olhar de todo o mundo, na semana de 20 a 26 de março de 1999, nos lugares de sua vida e de sua morte.

Às vezes não precisamos dizer nada, mas apenas estar presentes, sofrer e amar, mostrando-nos cheios de respeito por quem ainda não consegue crer. A forma mais essencial de evangelização é permitir que o amor que Cristo veio implantar no mundo se difunda. Mais com os fatos que com as palavras.

Isso vale sobretudo para os judeus. Perdemos o direito de anunciar a eles abertamente o Evangelho. Só nos resta permitir que Cristo abra caminho sozinho rumo ao coração do seu povo. Mas renunciar até a desejar e pedir que o povo judeu reconheça em Jesus de Nazaré "a glória do seu povo Israel" (Lc 2,32) significaria não amar verdadeiramente nem Jesus, nem os judeus.

Que chegue a esta humanidade em espera, pelos canais misteriosos que só o Espírito conhece, o grito que ouvimos esta noite: *Tudo está consumado. Tetelestai. Consummatum est.*

22

"ESTE É O MOMENTO EM QUE O PRÍNCIPE DESTE MUNDO SERÁ LANÇADO FORA"

(Sexta-feira Santa de 2001)

O evangelista São Lucas termina o relato das tentações de Jesus dizendo que "o diabo se afastou dele até o momento oportuno" (Lc 4,13). O próprio Jesus nos faz entender qual era esse "momento oportuno" ao dizer, na iminência da sua Paixão: "Agora é o juízo deste mundo; agora o príncipe deste mundo será lançado fora" (Jo 12,31).

Esta é a interpretação unânime que os autores do Novo Testamento deram da morte de Cristo. Cristo, diz a Carta aos Hebreus, "reduziu à impotência mediante a morte aquele que tem o poder da morte, o diabo" (Hb 2,14).

Certamente a Paixão de Cristo não se reduz à sua vitória sobre Satanás. Seu significado é bem mais amplo e positivo; ele "haveria de morrer para reunir os filhos de Deus que estavam dispersos" (cf. Jo 11,52). Contudo, banalizamos a Paixão de Cristo se retiramos dela esse aspecto de vitória sobre o demônio, bem como sobre o pecado e sobre a morte.

Essa luta continua depois de Cristo, no seu corpo. O Apocalipse diz que, derrotado por Cristo, "o dragão se irritou contra a mulher e foi guerrear contra o resto de seus filhos" (Ap 12,17). Por isso o apóstolo Pedro recomenda aos cristãos: "Sede sóbrios! Vigiai! Vosso adversário, o diabo, ronda qual leão a rugir, buscando a quem devorar" (1Pd 5,8).

Tudo isso deu à existência cristã de todos os tempos um caráter dramático, de luta, e de luta "não apenas contra criaturas feitas de carne e de sangue" (cf. Ef 6,12). O rito do batismo reflete tudo isso com aquela drástica "escolha de lado" que o precede: "Renuncias a Satanás? – Crês em Cristo?".

Então, nada mudou com a morte de Cristo? Tudo é como antes? Ao contrário! O poder de Satanás não é mais livre para agir para suas finalidades. Ele acredita que age para um objetivo e obtém exatamente o seu contrário; serve involuntariamente à causa de Jesus e de seus santos. Ele é "aquela força que sempre quer o mal e faz o bem" (GOETHE, *Fausto*).

Deus faz com que a ação do demônio sirva para a purificação e a humildade de seus eleitos. "Para que não me ensoberbecesse com a grandeza das revelações, foi colocado um espinho na minha carne, um enviado de Satanás, para me esbofetear" (2Cor 12,7). Um canto *spiritual* negro ("Not Weary Yet") o diz em tom leve, mas teologicamente perfeito: "O velho Satanás é louco, é mau. Deu um tiro para matar minha alma. Mas errou o alvo e atingiu o meu pecado".

***

Mas agora tudo isso acabou. O silêncio caiu sobre Satanás; a luta se tornou apenas contra "a carne e o sangue", ou seja, contra males ao alcance do homem. O inventor da demitologização escreveu: "Não se pode usar a luz elétrica e o rádio, em caso de doença não se pode recorrer a meios médicos e clínicos e ao mesmo tempo acreditar no mundo dos espíritos" (BULTMANN, R., *Novo Testamento e mitologia*). Ninguém ficou tão feliz em ser demitologizado como o demônio, se é verdade – como se disse – que "sua maior astúcia consiste em fazer acreditar que ele não existe".

O homem moderno manifesta uma verdadeira alergia ao ouvir falar desse assunto. Por fim, aceitou-se uma explicação tranquilizadora. O demônio? É a soma do mal moral humano, é uma personificação simbólica, um mito, um bicho-papão, é o inconsciente coletivo ou a alienação coletiva.

Paulo VI ousou lembrar aos cristãos a "verdade católica" de que o demônio existe. "O mal", disse certa vez, "não é apenas uma deficiência, mas uma eficiência, um ser vivo, espiritual, pervertido e perversor. Terrível realidade. Misteriosa e assustadora" (Audiência geral, 15 nov. 1972). Uma parte da cultura reagiu rasgando as próprias vestes, escandalizada: "Esquecemos que no passado usamos o demônio para perseguir bruxas, hereges e outras pessoas semelhantes?". Não, não esquecemos; mas, para estes e outros objetivos semelhantes, usamos – e infelizmente ainda o fazemos – ainda mais Deus que o demônio. Vamos abolir também Deus?

Até muitos crentes e alguns teólogos se deixam intimidar: "Sim, mas efetivamente poderia bastar a hipótese simbólica, a explicação mítica ou a psicanalítica…". Alguns pensam que a própria Igreja está renunciando a essa crença, uma vez que fala dela cada vez menos.

Mas qual o resultado desse silêncio? Algo muito estranho. Satanás, expulso pela porta, volta a entrar pela janela; expulso pela fé, volta a entrar pela superstição. O mundo moderno, tecnológico e industrializado, está repleto de magos, de espiritualistas, de astrólogos, de vendedores de feitiços e de amuletos e de seitas satânicas propriamente ditas.

A nossa situação não é muito diferente daquela dos séculos XIV-XVI, tristemente famosos pela importância atribuída neles aos fenômenos diabólicos. Não há mais fogueiras de endemoniados, caça às bruxas e coisas do gênero; mas as práticas que têm como centro o demônio, bem como as vítimas físicas ou morais de tais práticas, não são menos numerosas que as de então, e não apenas entre as camadas pobres e populares. Tornou-se um fenômeno social – e comercial – de imensas proporções.

Há algum tempo uma revista semanal norte-americana de difusão mundial dedicou todo um número à crença no demônio em nossos dias. Impressionou-me a conclusão de um dos intelectuais entrevistados. O esquecimento do demônio, dizia ele, não tornou mais serena e racional a vida dos homens no planeta, mas, ao contrário, nos tornou mais obtusos e insensíveis diante dos horrores do mal. Nada mais nos assusta.

***

Para dizer a verdade, os que negam a existência do demônio têm uma desculpa. O que conhecem a esse respeito – casos de possessão diabólica, histórias e filmes de exorcismos – tem quase sempre uma explicação patológica, facilmente reconhecível. Se há um senão que se pode fazer a eles é o de se deter aqui, de ignorar todo um outro nível em que a explicação patológica já não é suficiente.

Repete-se o equívoco em que caiu Freud e tantos outros depois dele: de tanto se ocupar de casos de neurose religiosa (porque para isso se recorria a ele), ele acabou acreditando que a religião em si não passa de uma neurose. Como se alguém quisesse estabelecer o nível de saúde mental de uma cidade depois de visitar o manicômio local!

A maior prova da existência de Satanás não está nos pecadores ou nos obsessos, mas nos santos. É verdade que o demônio está presente e atuante em certas formas extremas e "desumanas" de mal, tanto individual como coletivo, mas aqui ele está em casa e pode esconder-se atrás de milhares de sósias e de dublês. É o mesmo que acontece com certos insetos, cuja tática consiste em camuflar-se, pousando numa superfície que tem sua mesma cor.

Ao contrário, na vida dos santos ele é obrigado a se manifestar abertamente, a se colocar "contra a luz"; a sua ação se destaca como o preto no branco. No próprio Evangelho a prova mais convincente da existência dos demônios não está nas histórias de libertação dos obsessos (às vezes é difícil distinguir nelas o papel das crenças da época sobre a origem de certas doenças), e sim no episódio das tentações de Jesus.

Alguns mais, outros menos, todos os santos e os grandes homens de fé (alguns dos quais, como São João da Cruz, intelectuais de primeira ordem), testemunham sua luta com esta realidade obscura. Certo dia, São Francisco de Assis confidenciou a um companheiro: "Se os irmãos soubessem quais e quantas tribulações e aflições me causam os demônios, não haveria nenhum deles que não se movesse de compaixão e de pena de mim" (*Espelho de perfeição*, 99).

O Francisco que compõe o sereno *Cântico das criaturas* é o mesmo que luta com os demônios; a Catarina de Sena que atua na história e até na política de sua época é a mesma que o confessor declara "martirizada" pelos demônios (RAIMUNDO DE CÁPUA, *Vida de Santa Catarina*, n. 128, 347, 417); o Padre Pio que projeta a Casa Alívio do Sofrimento é o mesmo que de noite tem lutas furiosas com os demônios. Não se pode analisar as personalidades deles e tomar apenas uma parte. Não o permite a honestidade e tampouco uma boa psicologia. Essas pessoas não lutaram contra moinhos de vento! O que São João da Cruz diz, descrevendo a noite escura do espírito, não é ficção.

Repete-se a história de Jó (cf. Jó 1,6 ss.). Deus "entrega" às mãos de Satanás os seus amigos mais caros para dar a eles a oportunidade de demonstrar que não o servem apenas em benefício próprio ou para poder se "vangloriar" dele diante de seu inimigo. Ele lhe dá poder não apenas sobre seu corpo, mas às vezes, misteriosamente, também sobre sua alma, ou ao menos sobre parte dela. Em 1983 foi beatificada uma carmelita, Maria de Jesus Crucificado, conhecida como a Pequena Árabe, por ser de origem palestina. Na sua vida, quando já estava muito avançada na santidade, houve dois períodos de verdadeira possessão diabólica, documentada nas atas do processo. E o caso nada tem de isolado...

***

Então por que, até mesmo entre os crentes, alguns parecem não se dar conta dessa tremenda batalha invisível em ação na Igreja? Por que tão poucos demonstram ouvir os sinistros rugidos do "leão" que espreita buscando a quem devorar? É simples! Eles buscam o demônio nos livros, enquanto o demônio não está interessado nos livros, e sim nas almas, e ele não frequenta os institutos universitários, as bibliotecas, e sim as almas.

Outro equívoco às vezes está presente entre os que têm fé. Deixam-se impressionar pelo que os homens de cultura "leigos" pensam da existência do demônio, como se houvesse uma base comum de diálogo com eles. Não se dão conta de que uma cultura que se declara ateia não pode acreditar na existência do demônio; ao contrário, é melhor não acreditar nele. Seria trágico acreditar na existência do demônio, quando não se acredita na existência de Deus. Então sim seria o caso de se desesperar.

O que pode saber de Satanás quem lidou, sempre e apenas, não com sua realidade, mas com a ideia, as representações e as tradições etnológicas a respeito dele? Os que observam os fenômenos que os noticiosos apresentam como diabólicos (possessão, pactos com o diabo, caça às bruxas…), para depois concluir triunfalmente que é tudo superstição e que o demônio não existe, se parecem com aquele astronauta soviético que concluía que Deus não existe, porque ele havia percorrido os céus de uma ponta a outra e não o encontrara em nenhuma parte. Em ambos os casos, procurou-se no lugar errado.

***

Dito isso, podemos e devemos também redimensionar o demônio. Ninguém está mais pronto para fazê-lo do que o crente. No cristianismo, Satanás não tem uma importância igual e contrária à de Cristo. Deus e o demônio não são dois príncipes paralelos, eternos e independentes um do outro, como em certas religiões dualistas. Para a Bíblia, o demônio não passa de uma criatura de Deus "que não deu certo"; tudo o que ele tem de positivo vem de Deus, só que ele o corrompe e o desvia, usando-o contra o próprio Deus. Com isso, explicamos tudo? Não. A existência do Maligno continua a ser um mistério, como é a do mal em geral, mas não é o único mistério da vida…

Tampouco é correto dizer que nós acreditamos "no" demônio. Nós acreditamos "em" Deus e "em" Jesus Cristo, mas não acreditamos "no" demônio, se acreditar significa confiar em alguém e confiar-se a alguém. Acreditamos "o" demônio, não no demônio; ele é um *objeto*, e, além disso, negativo da nossa fé, não o motivo ou *a expressão* dela.

Não podemos ter muito medo dele. Após a vinda de Cristo, diz um antigo autor,

> o demônio está preso, como um cão à corrente; não pode morder ninguém, a não ser quem, desafiando o perigo, fica perto dele... Pode latir, pode pedir atenção, mas não pode morder, a não ser quem quer ser mordido. De fato, não é forçando que ele prejudica, e sim convencendo; não rouba de nós o consentimento, mas o solicita (CESÁRIO DE ARLES, *Discursos*, 121, 6).

A crença no demônio não diminui a liberdade humana. Só precisamos estar atentos para não atribuir a ele a responsabilidade por todos os nossos erros ou pelas doenças que nos acometem. Ver o demônio por todos os cantos não é menos equivocado do que não vê-lo em canto nenhum. "Quando é acusado, o diabo se regozija por isso. Ele até quer que o acuses, aceita de bom grado cada uma de tuas recriminações, se isso serve para não te deixar fazer a tua confissão!" (AGOSTINHO, *Sermões*, 20, 2).

Para concluir, voltemos à nossa liturgia. Um Padre da Igreja descreve assim o que acontece no Calvário na Sexta-feira Santa. Imagine, diz, que houve no estádio uma luta épica. Um bravo homem enfrentou o cruel tirano da cidade e, com enorme esforço e sofrimento, o derrotou. Você estava nas arquibancadas, como simples espectador; não lutou, não fez nenhum esforço nem se feriu. Mas se admirar o bravo, se se alegrar com ele por sua vitória, se fizer coroas para ele, se provocar e animar a assembleia para ele, se se inclinar com alegria diante do vencedor, se beijar sua cabeça e apertar sua mão direita; em suma, se delirar tanto por ele a ponto de considerar a vitória dele como sua, eu lhe digo que certamente participará do prêmio do vencedor (CABASILAS, N., *Vida em Cristo*, I, 5).

Lembremo-nos destas palavras quando, daqui a pouco, for elevado entre nós o Crucifixo e nos aproximarmos dele para lhe beijar os pés.

23

"QUANDO EU FOR ELEVADO DA TERRA, ATRAIREI TODOS A MIM"

(Sexta-feira Santa de 2002)

As crônicas da época descrevem com riqueza de detalhes o momento em que, sob o olhar de Sisto V, foi elevado o obelisco na Praça São Pedro, em Roma. Todos os anos, neste dia, nós cristãos revivemos o momento em que foi plantado no centro da Igreja o verdadeiro obelisco, o mastro principal do barco de São Pedro que marca o centro de tudo: a cruz.

Meditemos uma palavra de Cristo em sua cruz: "Quando eu for elevado da terra, atrairei todos a mim" (Jo 12,32). É uma chave de leitura do mistério que nos foi dada antecipadamente pelo próprio Jesus, ou – o que tem o mesmo valor para nós – por seu Espírito que inspirou o evangelista João a escrevê-la.

Mas mal se acaba de pronunciar aquela frase e imediatamente surge a objeção. Passaram-se vinte séculos desde aquele dia e, Senhor, não parece que atraíste tudo a ti. Quantas partes da humanidade ainda não te conhecem! Daí a oração tingida de decepção que às vezes ouvimos dos crentes: "No presente, Senhor, não vemos que atrais tudo a ti, por isso te pedimos para apressar o dia em que verdadeiramente atrairás tudo a ti".

Mas será que olhamos bem? A frase de Jesus não foi um desejo piedoso que ainda espera para ser realizado. Sempre se realizou, desde o momento em que foi elevado da terra. Quem pode conhecer os infinitos caminhos que Cristo crucificado tem para atrair todos a si?

Um caminho é o sofrimento humano. "Ele tomou sobre si as nossas dores – *Vere dolores nostros ipse portavit*" (Is 53,4). Depois que Cristo o tomou sobre si e o redimiu, também o sofrimento é, a seu modo, um sacramento universal de salvação. Universal porque não conhece nem mesmo a distinção entre primeiro e terceiro mundo, entre hemisfério norte e hemisfério sul; está presente em todas as latitudes.

Aquele que mergulhou nas águas do Jordão, santificando-as para todo batismo, mergulhou também nas águas da tribulação e da morte, transformando-as em potencial instrumento de salvação: "Aquele que sofreu em seu corpo rompeu definitivamente com o pecado" (1Pd 4,1). "Sofrer", escreveu o Santo Padre João Paulo II na carta apostólica *Salvifici doloris*, "significa tornar-se particularmente suscetíveis, particularmente sensíveis à obra das forças salvíficas de Deus oferecidas à humanidade em Cristo... Nesse sofrimento redentor, Cristo se abriu desde o início, e constantemente se abre, a todo sofrimento humano". Misteriosamente, todo sofrimento – não apenas o dos que têm fé – completa "o que falta à Paixão de Cristo" (Cl 1,24).

Outro meio que Cristo tem para atrair todos a si é atrair... para os outros. Para os que têm fome, sede, para os que estão doentes, presos, para os que são estrangeiros, perseguidos pela justiça, indefesos... "A mim o fizestes" (Mt 25,40). E também esse caminho não se limita apenas aos que têm fé.

O Concílio afirma que "o Espírito Santo dá a cada homem a possibilidade de entrar em contato, do modo que Deus conhece, com o mistério pascal" (GS, n. 22). Só Deus sabe *como* isso acontece, mas também nós sabemos *que* acontece, se sabemos ler as palavras de Cristo.

***

Mas chegamos à pergunta mais atual. Podemos admitir que existe ainda outro caminho com que Cristo atrai todos a si, ou seja, mediante o que há de verdadeiro e de válido nas outras religiões?

Vivemos numa sociedade que, do ponto de vista religioso, se tornou pluralista. Nossas teologias – oriental e ocidental, católica e protestante – se desenvolveram num mundo em que na prática existia apenas o cristianismo. Sabia-se da existência de outras religiões, mas elas ou eram consideradas desde logo falsas e combatidas, ou nem sequer eram levadas em conta. Hoje não é mais assim. O cristianismo não se identifica com o Ocidente nem o Ocidente com o cristianismo. Há algum tempo acontece um diálogo entre as religiões, baseado no respeito recíproco e no reconhecimento dos valores presentes em cada uma delas. Na Igreja Católica, o ponto de partida foi a declaração *Nostra aetate* do Concílio

Vaticano II, mas uma orientação análoga é compartilhada também pelas outras Igrejas históricas cristãs. Com esse reconhecimento foi se afirmando a convicção de que até as pessoas fora da Igreja podem se salvar.

Nessa nova perspectiva, é possível manter o papel até agora atribuída à fé "explícita" em Cristo? Neste caso, não existe o perigo de que o antigo (e hoje abandonado) axioma: "fora da Igreja não há salvação" (*extra Ecclesiam nulla salus*) sobreviva no axioma: "fora da fé não há salvação" (*extra fidem nulla salus*)?

Em alguns ambientes cristãos, esta última ainda é a doutrina dominante e é ela que motiva o esforço missionário. Neste caso, porém, a salvação seria limitada a uma minoria exígua da humanidade. Ora, a Escritura afirma que, se alguém age com base na própria consciência (Rm 2,14-15) e faz o bem ao próximo (Mt 25,3 ss.), não é excluído da salvação de Cristo. Digo "salvação *de Cristo*", porque todos os que se salvaram, saibam ou não, foram salvos pelos méritos de Cristo: "Pois debaixo do céu não foi dado aos homens outro nome pelo qual possamos ser salvos" (At 4,12). No entanto, uma coisa é afirmar a necessidade universal de *Cristo* para a salvação e outra coisa é afirmar a necessidade da *fé* em Cristo para a salvação.

A preocupação do momento é reconhecer às outras religiões uma existência não apenas *de fato* no plano divino de salvação, mas também *de direito*, de modo a considerar que sejam não apenas *toleradas*, mas também positivamente *desejadas* por Deus, como expressão da inesgotável riqueza da sua graça e da sua vontade "de que todos os homens sejam salvos" (1Tm 2,4). De fato, aqueles que vivem em contato direto com as grandes religiões não cristãs testemunham o bem que milhões de pessoas recebem delas e a profunda vida espiritual e de oração que elas alimentam entre o povo.

O ponto delicado é saber se esse reconhecimento nos obriga a separar outras religiões do Cristo encarnado e de seu mistério pascal. Alguns pensam assim e correlacionam os elementos do bem e da verdade neles contidos com o Verbo eterno e o Espírito de Deus. Como pessoas da Trindade – afirmam –, eles atuavam no mundo antes da vinda de Cristo e continuam a atuar mesmo depois de sua ressurreição; não na dependência do mistério de Cristo, mas paralelamente a ele, numa relação de complementaridade, não de subordinação.

Mas devemos nos perguntar: para reconhecer às outras religiões uma dignidade própria e uma existência de direito no plano divino de salvação, é realmente necessário separá-las do mistério pascal de Cristo, ou pode-se obter o mesmo resultado mantendo-as em relação com ele? (Não nos esqueçamos de que o vínculo com o Cristo da cruz não anula o vínculo com o Verbo eterno. As duas coisas se somam, elas não se eliminam reciprocamente, nem fora nem dentro da Igreja.)

"Um evento particular", afirma-se, "limitado no tempo e no espaço, como é Cristo, não pode esgotar as infinitas potencialidades de Deus e de seu Verbo". É verdade, mas pode realizar, de tais potencialidades, o suficiente para a salvação de um mundo que é igualmente finito! Se acreditamos que o sangue derramado na cruz é o sangue de um Deus feito homem, não consideramos exagerada a afirmação de que "uma única gota dele pode salvar o mundo inteiro", *cuius una stilla salvum facere totum mundum quit ab omni scelere* (Hino *Adoro te devote*).

***

Vamos pensar bem, portanto, antes de dar um passo de tal magnitude. O filósofo que no século passado proclamou: "Deus está morto. Nós o matamos!", quase percebendo as consequências desse fato, escreveu logo depois: "O que fizemos nós, quando separamos esta terra de seu sol? Em que direção se move ela agora? Longe de qualquer sol? Não caímos cada vez mais? E para trás, para o lado, para a frente, em todas as direções?" (NIETZSCHE, F., *A gaia ciência*, n. 125). Evitemos repetir o mesmo erro, separando grande parte da humanidade do seu sol, que é Cristo.

Durante a controvérsia jansenista, estavam em moda crucifixos de braços estreitos, quase paralelos ao corpo, que criavam entre si um espaço muito limitado. Era para afirmar que Cristo não morreu por todos, mas apenas pelo pequeno número de eleitos e predestinados. Terrível convicção que a Igreja tem laboriosamente rejeitado. Não voltemos aos crucifixos de braços estreitos. Vamos mantê-los ampliados, para abraçar o mundo inteiro. Vamos preservar a dimensão cósmica do evento do Calvário. O que se celebrou no Gólgota na primeira Sexta-feira Santa, e que celebramos todos os anos neste dia, é realmente uma "missa no mundo" (T. de Chardin).

Uma coisa é certa e dela deve partir toda teologia cristã das religiões: Cristo deu sua vida por amor a todos os homens, porque todos são criaturas de seu Pai e seus irmãos. Ele não fez distinções. Sua *oferta* de salvação, ao menos ela, certamente é universal.

A maior injustiça, privar dela uma porção tão grande da humanidade, não é feita a Cristo ou à Igreja, mas à própria humanidade. Não é possível partir da afirmação de que "Cristo é a suprema, definitiva e normativa proposta de salvação feita por Deus para o mundo", sem com isso reconhecer – como cristãos – uma exigência, um direito de todos de pertencerem, de alguma forma, a este caminho e de se beneficiarem dessa salvação.

Como se podem separar totalmente de Cristo as outras formas de salvação, sem com isso reduzi-las a vias preparatórias e de segunda categoria? Então Deus faria preferência de pessoas e não ofereceria a todos "oportunidades iguais"! Será que é mais fácil, para as outras religiões, reconhecer a *superioridade* do cristianismo do que sua *unicidade*? Será que é mais aceitável para elas fazê-las depender do Verbo eterno e do Espírito Santo dos cristãos, ou seja, da Trindade (um conceito tão estranho para elas), do que fazê-las depender de Cristo e de seu mistério pascal?

***

"Mas é realista", alguns se perguntam, "continuar a acreditar numa misteriosa presença e influência de Cristo em religiões que existem desde muito antes dele e que não sentem nenhuma necessidade, depois de vinte séculos, de aceitar seu Evangelho?" Há, na Bíblia, um dado que pode nos ajudar a dar uma resposta a essa objeção: a humildade de Deus, a ocultação de Deus. "Tu és um Deus escondido, Deus de Israel, Salvador – *Vere tu es Deus absconditus*" (Is 45,15, Vulgata).

Deus é humilde ao criar. Não põe sua etiqueta em tudo, como fazem os homens. Nas criaturas não está escrito que são feitas por Deus. Cabe a elas descobrir. Há alguma verdade na afirmação do poeta Hölderlin: "Deus cria o mundo, como o oceano faz os continentes: retirando-se". Quanto tempo foi necessário para o homem reconhecer a quem ele devia sua existência, quem tinha criado o céu e a terra para ele? Quanto tempo vai demorar até que todos cheguem a reconhecê-lo? Por esse motivo, Deus deixa de ser o criador de tudo? Deixa de aquecer com seu sol aqueles que o conhecem e aqueles que não o conhecem?

O mesmo acontece na redenção. Deus é humilde ao criar e é humilde ao salvar. Cristo está mais preocupado com que todos os homens sejam salvos do que com que saibam quem é seu Salvador. *Latens deitas*, divindade que se esconde, é Cristo também na Eucaristia (Hino *Adoro te devote*). No momento de passar da fé para a visão, o maior assombro não será descobrir a onipotência de Deus, mas sim sua humildade.

***

Neste dia, em que Deus procede à máxima ocultação de si sobre a cruz, "permaneçamos firmes na confissão da nossa fé", como nos exortou a segunda leitura: *teneamus confessionem* (Hb 4,14). Voltemos a proclamar com João: "Ele é vítima de expiação por nossos pecados; e não somente pelos nossos, mas também pelos de todo o mundo" (1Jo 2,2).

Depois de descrever, nos primeiros três capítulos da Carta aos Romanos, a situação desesperada de judeus e gregos (ou seja, de toda a humanidade) nas garras do pecado e da ira de Deus, no terceiro capítulo São Paulo tem a coragem inaudita de afirmar que esta situação agora mudou radicalmente, em virtude de um único homem que "Deus designou para servir de meio de expiação por seu sangue" (Rm 3,25). Por que o Apóstolo chama Cristo de "Novo Adão" (Rm 5,12-19) e Lucas transfere o início da sua genealogia de Abraão para Adão (Lc 3,38), a não ser para afirmar que ele não é o novo protótipo deste ou daquele povo, mas de toda a humanidade?

"Um morreu por todos" (2Cor 5,14). "Pela obediência de um só todos foram constituídos justos" (Rm 5,19). A coragem de que precisamos hoje, para acreditar na universalidade da redenção de Cristo é nada em comparação à coragem que se fazia necessária então.

Um salmo diz sobre Sião: "Eis Filisteia, Tiro, Etiópia: todos lá nasceram... O Senhor escreverá no livro dos povos: 'Lá este nasceu'" (Sl 86,4-6). Tudo isso se realizou no evento do Calvário: todos nascemos ali. Daí o sopro universal que caracteriza os ritos da Sexta-feira Santa. Na "oração universal", daqui a pouco, rezaremos por todos os homens do mundo, porque acreditamos que Cristo morreu por todos.

Assim, permanece sempre vinculante o mandato de Jesus: "Ide por todo o mundo e pregai o Evangelho a toda criatura" (Mc 16,15). Continua aberta a missão aos povos, que não teria mais razão de ser se o Evangelho não fosse destinado a todos os povos. Só temos de passar da motivação negativa à positiva. Deixar de nos basear tanto no pensamento de que, se não chegar a conhecer Cristo, as pessoas não se salvam, quanto no desejo de compartilhar com todos os homens o dom imenso que é Cristo para o mundo.

O pluralismo religioso não consiste em considerar todas as religiões igualmente "verdadeiras" (isso seria relativismo), mas em reconhecer a cada um o direito de ter como verdadeira a própria religião e de difundi-la, desde que por meios pacíficos, dignos de uma religião. "Com doçura e respeito", recomenda aos cristãos a Primeira Carta de São Pedro (1Pd 3,16). No espírito dos dois encontros de Assis, o de outubro de 1986 e o de janeiro de 2002, podemos acrescentar.

Aliás, o que mais deve nos preocupar não é a salvação de quem não conhece o Cristo, mas a de quem o conhece e vive como se jamais o tivesse conhecido, esquecido do próprio batismo, de Deus, de tudo. A estes, a Igreja faz chegar hoje o seu premente convite: "Deixai-vos reconciliar com Deus. Entre aqueles braços abertos, irmão distante, há um lugar também para ti".

Concluamos com uma oração.

"Continua, Senhor, a atrair todos a ti, quem te conhece e quem não te conhece. Que o teu Espírito continue a colocar todo homem e toda mulher, da maneira que só tu conheces, em contato com teu mistério pascal de morte e ressurreição. Escuta-nos, Senhor! Escuta-nos, Senhor!".

24

"ELE É A NOSSA PAZ"

(Sexta-feira Santa de 2003)

Imagine que não existe o paraíso,/ é fácil se você tentar./ Nenhum inferno sob nós,/ e nada mais do que o céu acima de nós. / Imagine todas as pessoas/ vivendo para o hoje,/ imagine que não há pátrias./ Não é difícil, você vai ver./ Nada por que matar ou morrer/ e nenhuma religião também. (*Imagine all the people/ living for today./ Imagine there's no countries/ it isn't hard to do./ Nothing to kill or die for/ and no religion too.*).

Imagine todas as pessoas/ vivendo a vida em paz./ Pareço-lhe um sonhador?/ Não sou o único./ Espero que um dia você se junte a nós/ e o mundo será uma coisa só. (*Imagine all the people/ living life in peace./ You may say I'm a dreamer/ But I'm not the only one./ I hope someday you'll join us/ and the world will live as one*)"[1] (LENNON, J., *Imagine*).

Parece-me que é de Platão a máxima: "Os idosos são ensinados pelos filósofos, os jovens pelos poetas". Para dizer a verdade, hoje os mestres dos jovens não são mais os poetas, mas sim os compositores; não a poesia, mas a música. Há milhões de jovens cuja visão da vida se baseia na de seu cantor e compositor favorito.

Nas semanas agitadas que vivemos, aquela canção, escrita por um dos grandes ídolos da música moderna, com uma melodia persuasiva, voltou a tocar com frequência nas passeatas e nos programas de rádio, como uma espécie de manifesto pacifista. Não podemos deixá-la sem resposta. Certa vez, Jesus tomou como ponto de partida de um de seus ensinamentos o que cantavam os jovens da

---

1. Mantivemos o texto conforme o original italiano. (N. do E.)

época nas praças: "Tocamos músicas alegres para vós e não dançastes, entoamos cantos de luto e não chorastes" (Mt 11,16-17). Devemos seguir o exemplo dele.

***

A primeira pergunta que nos fazemos é esta: Por que se esforçar para "imaginar" algo que estava diante de nossos olhos até ontem? Um mundo sem paraíso nem inferno, sem religião, sem pátrias, *with no possessions*, sem propriedade privada, onde se ensinava o povo a viver apenas "para as coisas deste mundo": não é precisamente essa a sociedade que os regimes totalitários comunistas se propuseram realizar? O sonho, portanto, não é novo, mas o despertar dele não foi alegre...

"Não mais paraíso, não mais inferno": tampouco é a primeira vez que essas palavras soaram no mundo. "Se Deus existe, o homem é nada. Deus não existe! Felicidade, lágrimas de alegria! *Não mais céu. Não mais inferno! Nada além da terra*". São palavras que um conhecido filósofo e escritor punha na boca de um de seus personagens nos ruidosos anos do existencialismo ateu (SARTRE, J.-P., *O diabo e o bom Deus*, X, 4).

No entanto, o mesmo autor escreveu outra peça teatral intitulada *Entre quatro paredes*. Nela se fala de três pessoas – um homem e duas mulheres – introduzidas, em curtos intervalos, numa sala. Não há janelas, a luz é forte e não há possibilidade de apagá-la, faz um calor sufocante, e não há nada exceto um sofá. A porta está fechada, há uma campainha, mas ela não funciona. De que se trata? São três pessoas que acabaram de morrer, e o lugar onde se encontram é o inferno.

Depois que, de tanto vasculhar um a vida do outro, suas almas se desnudaram diante de todos e as culpas das quais mais se envergonham vieram à tona e são exploradas impiedosamente pelos demais, um dos personagens diz aos outros dois: "Lembrem-se: o enxofre, as chamas, a grelha. Tudo isso é bobagem. Não há necessidade de grelhas: o inferno são os outros" (SARTRE, J.-P., *Entre quatro paredes*, cena 5). Por esta via, portanto, o inferno não é abolido; ele apenas se transfere para a terra.

***

Mas a canção que recordei, não obstante as sugestões equivocadas para realizá-la, contém um desejo justo e santo que não podemos deixar cair no vazio. Vamos ouvir outra "canção" sobre a paz e a unidade, escrita muito tempo antes:

> *Ele é a nossa paz,*
> de dois povos fez um só,
> derrubando a parede de inimizade que os separava,
> quando em sua carne aboliu a Lei com seus mandamentos e proibições,
> para estabelecer a paz formando de ambos, em sua pessoa, um homem novo
> para reconciliá-los com Deus num só corpo,
> por meio da cruz,
> destruindo em si mesmo a inimizade entre ambos.
> Ele veio anunciar a paz
> a vós que estáveis longe,
> e paz aos que estavam perto.
> E é graças a ele que uns e outros podemos nos apresentar
> *ao Pai num só Espírito* (Ef 2,14-18).

Aqui também é apresentado um mundo em que se vive "em paz", como se fosse "uma só coisa"; mas o caminho para realizá-lo é bem diferente. "Fez a paz, destruindo em si mesmo a inimizade". Destruindo a inimizade, não o inimigo; destruindo-a em si mesmo, não no outros!

Naquela mesma época, um outro grande homem proclamava ao mundo a vinda da paz. Na Ásia Menor, encontrou-se, entre as ruínas de uma mesquita, uma cópia do famoso *Índice dos próprios feitos* do imperador Augusto. Ali, ele celebra a *pax Romana* que estabeleceu no mundo, definindo-a *parta victoriis pax*, uma paz obtida com vitórias militares (*Monumentum Ancyranum*, ed. Th. Mommsen, 1883).

Jesus não discute essa paz, mas revela que existe outra diferente. Diz: "Eu vos deixo a paz; dou-vos a minha paz. Eu vo-la dou, não como a dá o mundo" (Jo 14,27). Também a sua é uma "paz fruto de vitórias". Mas vitórias sobre si mesmo, não sobre os outros; vitórias espirituais, não militares. "Venceu o leão da tribo de Judá – *Vicit leo de tribu Iuda*", exclama o Apocalipse (5,5), mas Santo Agostinho explica: "*Victor quia victima* – Vencedor porque vítima" (*Confissões*, X, 43). Jesus nos ensinou que não há nada por que matar, mas que há algo por que morrer.

***

O caminho para a paz do Evangelho não tem sentido apenas no âmbito da fé; vale também no âmbito político, para a sociedade. É a atual ordem mundial que exige a mudança do método de Augusto pelo de Cristo. A consciência moderna já não aceita a vocação que Virgílio indicava a seus concidadãos: "*Tu regere imperio populos, Romane, mement* – Tua missão, recorda-te, Roma, é exercer o império dos povos" (*Eneida*, 6, 851). Cada povo reivindica o próprio direito de se autogovernar.

Hoje vemos claramente que o único caminho para a paz é destruir a inimizade, não o inimigo (destruiremos metade da população do mundo, descontente com sua ordem? E como identificar o inimigo no terrorismo?). Sem contar que se aplica aos inimigos também aquilo que Tertuliano dizia do sangue dos cristãos: "*Semen est sanguis christianorum*". Também o sangue dos inimigos, infelizmente, é semente de outros inimigos.

Certo dia alguém recriminou Abraham Lincoln por ser demasiado gentil com os próprios inimigos e lhe lembrou que seu dever como presidente era destruí-los. Ao que ele respondeu: "Será que não destruo meus inimigos ao fazer deles meus amigos?".

O grande presidente dos Estados Unidos encontrará alguém que aceite esse formidável desafio? Os inimigos são destruídos com as armas, a inimizade com o diálogo. Antes de indicá-lo às nações, a Igreja, guiada pelo papa João Paulo II, está se esforçando para realizar esse programa na relação entre as várias religiões.

***

Mas só compreendemos metade da mensagem cristã sobre a paz. Hoje está bastante na moda um *slogan* que diz: "*Think globally, act locally* – Pense globalmente, aja localmente". Ele vale sobretudo para a paz. A paz não se faz como a guerra. Para fazer a guerra, são necessários longos preparativos: formar grandes exércitos, preparar estratégias, fazer alianças e depois lançar-se a ataques coordenados. Ai de quem quisesse começar de imediato, sozinho e sem pensar: estaria fatalmente destinado à derrota.

A paz se faz exatamente ao contrário: sem pensar, começando de imediato, dando o primeiro passo, mesmo que sozinho, até com um simples aperto de mão. Milhares de gotas de água suja jamais farão um oceano limpo. Milhares de homens sem paz no coração – e de famílias sem paz em seu interior – jamais farão uma humanidade em paz. Uma das mensagens do papa João Paulo II para o Dia Mundial da Paz, o de 1984, trazia como título: *A paz nasce de um coração novo*.

Que sentido tem fazer passeatas pelas ruas gritando "Paz!", se se levanta um punho ameaçador e se quebram vitrines? Pode-se ser "pacifistas de mão armada"? Que sentido teria exibir a bandeira da paz na janela de casa, se lá dentro se eleva a voz, se impõe tiranicamente a própria vontade e se erigem muros de hostilidade ou de silêncio? Não seria melhor, neste caso, recolher a bandeira e hasteá-la dentro de casa?

Mas também nós que estamos aqui reunidos temos de fazer algo para sermos dignos de falar de paz. Jesus veio anunciar "paz aos distantes e paz aos próximos". A paz com "os próximos" muitas vezes é mais difícil que a paz com "os distantes"... Jesus disse: "Se estiveres para apresentar a tua oferta ao pé do altar, e ali te lembrares de que teu irmão tem qualquer coisa contra ti, larga tua oferta diante do altar, e vai primeiro reconciliar-te com teu irmão. Então voltarás, para apresentar a tua oferta" (Mt 5,23-24).

Daqui a pouco nos aproximaremos para beijar o Crucifixo. Se não queremos que do alto de sua cruz Jesus nos repita: "Vai primeiro reconciliar-te com teu irmão", nosso beijo deve ser dado não apenas a ele que é a cabeça, mas também aos membros do seu corpo, especialmente àqueles que tendemos a rejeitar.

Outrora, ao final da Quaresma ou de Missões populares, faziam-se as fogueiras das vaidades. Num fogo aceso no centro da praça principal da cidade, cada um lançava os instrumentos do vício ou os objetos de superstição que tinha em casa. Eles faziam uma fogueira das vaidades; façamos uma fogueira das hostilidades! Lancemos entre os braços do Crucifixo e na fornalha ardente do seu coração todo ódio, rancor, ressentimento, inveja, rivalidade, todo desejo de fazer justiça com as próprias mãos.

***

"Por meio dele possamos nos apresentar, uns e outros, ao Pai num só Espírito". "Uns e outros" não são apenas judeus e gentios; são também cristãos e muçulmanos, latinos e gregos, católicos e protestantes, clero e leigos, homens e mulheres, brancos e negros.

Eis a resposta do Evangelho ao "sonho" da canção: "E o mundo será uma coisa só – *And the world will live as one*". Conhecemos a objeção: "Passaram-se dois mil anos desde então e o que mudou?". Mas não nos enganemos. O mundo reconciliado, que se tornou uma só coisa em Cristo, já existe. É o que Deus vê quando olha para este nosso conturbado planeta, ele que com seu olhar abarca passado, presente e futuro ao mesmo tempo.

É válido também para o mundo o que Francisco de Assis diz de cada homem: "O homem, o que é diante de Deus, tanto é, e nada mais" (*Admoestações*,

XIX). O mundo, o que é diante de Deus, tanto é, e nada mais. E aos olhos de Deus, já agora, "não há mais judeu nem grego; não há mais escravo nem livre; não há mais homem nem mulher, porque *todos somos um* em Cristo Jesus" (cf. Gl 3,28).

Em 8 de setembro de 1994, numa homilia transmitida de Castelgandolfo, durante o conflito nos Bálcãs, o Santo Padre João Paulo II elevou a Deus uma oração pela paz. Unamo-nos ao seu grito veemente, não menos atual hoje que então, depois que uma guerra acabou de ser deflagrada e outras continuam esquecidas:

"Eu, bispo de Roma, ajoelho-me diante de ti, Senhor, para gritar: 'Liberta-nos do flagelo da guerra. Venha o teu reino; reino de justiça, de paz, de perdão e de amor. Tu não amas a violência e o ódio, tu rejeitas a injustiça e o egoísmo. Tu queres que os homens sejam irmãos entre si e te reconheçam como pai. Tua vontade é a paz'. Seja feita a tua vontade!".

25
"VENCEDOR PORQUE VÍTIMA"
(Sexta-feira Santa de 2004)

Reflitamos sobre o quarto canto do Servo de Javé (Is 52,13–53,12) à luz do texto evangélico da Paixão segundo João. A passagem começa com um prólogo celeste no qual Deus é quem fala; continua com o monólogo de uma multidão que, como faz o coro na tragédia grega, reflete sobre os fatos e deles extrai as próprias conclusões; termina com Deus, que retoma a palavra para emitir seu veredicto final.

O acontecimento é tal que só pode ser corretamente compreendido partindo do seu epílogo; por isso, Deus antecipa desde o início seu resultado final: "O meu servo terá sucesso; ele será enaltecido, elevado, exaltado grandemente" (Is 52,13). Acena-se para algo jamais ocorrido antes, para povos que se maravilham, para reis que fecham a boca: o horizonte se amplia para uma absolutez e universalidade que nenhuma narrativa histórica, nem mesmo a dos Evangelhos, teria condições de alcançar, determinada como é pelo tempo e pelo espaço. É a força própria da profecia que a torna preciosa e indispensável para nós, mesmo depois de conhecermos sua realização.

***

A multidão toma a palavra. Em primeiro lugar, quase como que pedindo desculpas pela própria cegueira, ela descreve a irreconhecibilidade do servo. "Não tinha nem esplendor nem beleza: como podíamos reconhecer a 'mão de Deus' no que víamos?".

> Desprezado e repudiado pelos homens,
> homem de dores, experimentado na doença,

> como alguém diante de quem se esconde o rosto,
> desprezado e desconsiderado (Is 53,3).

Mas eis a reconsideração, a "revelação", o ato de fé em seu "estado nascente":

> Contudo, ele suportava nossas doenças,
> e tomou sobre si as nossas dores.
> Nós o reputamos como marcado,
> como ferido por Deus e humilhado.
> Ele foi transpassado pelos nossos pecados,
> esmagado por nossas iniquidades.
> O castigo que nos salva caiu sobre ele,
> por suas chagas fomos curados (Is 53,4-5).

Para compreender o que acontece nesse momento na multidão, vamos refletir sobre o que acontece quando a profecia se torna realidade. Por algum tempo, após a morte de Jesus, a única certeza sobre ele era que estava morto e morto na cruz; que era "o amaldiçoado por Deus", porque estava escrito na Lei: "Maldito aquele que for pendurado no madeiro" (cf. Dt 21,23; Gl 3,13). Veio o Espírito Santo, "convenceu o mundo do pecado" e eis que desabrocha a fé pascal da Igreja: "Cristo morreu por nossos pecados!" (cf. Rm 4,25); "ele carregou os nossos pecados no seu corpo sobre o madeiro da Cruz" (1Pd 2,24).

Ninguém pode ser colocado ao lado do Servo; de um lado está ele, do outro, todos os outros.

> Nós todos, como ovelhas, éramos errantes,
> cada um de nós seguia o seu caminho,
> e o Senhor fez recair sobre ele
> a iniquidade de todos nós (Is 53,6).

O próprio profeta que escreve se inclui naquele "nós". Não podemos pensar que ele fale de si ou de algum personagem do passado, sem reduzir todo o poema a um conjunto de piedosos exageros. E como acreditar que o Servo é uma coletividade e um povo, se é justamente pelos pecados do "seu" povo que ele é ferido de morte (Is 53,8)? O apóstolo Paulo eliminará todas as dúvidas a esse respeito: "Judeus e gregos estão sob o império do pecado [...]. Não há distinção alguma: todos pecaram e estão privados da glória de Deus" (Rm 3,9.22-23).

***

Deus retoma então a palavra:

> Por tudo que sofreu, verá a luz
> e ficará saciado por seu conhecimento;
> meu servo justo justificará muitos,
> tomando sobre si as iniquidades deles (Is 53,11).

O elemento mais surpreendente de todo o poema não está no fato de o Servo permanecer como cordeiro manso e não invocar a justiça e a vingança de Deus, como fizeram Jó, Jeremias e diversos salmistas, em circunstâncias análogas. A novidade maior é que nem mesmo Deus pretende vingar o Servo e lhe fazer justiça. Ou melhor, que a justiça que ele faz ao Servo não consiste em castigar os perseguidores, mas em salvá-los, em torná-los justos! "Meu servo justo justificará muitos".

É isso que o apóstolo Paulo vê realizado em Cristo e proclama triunfalmente na Carta aos Romanos: "Todos pecaram e estão privados da glória de Deus, mas são justificados gratuitamente pela sua graça, em virtude da redenção realizada por Jesus Cristo. Deus o designou para servir de meio de expiação do pecado" (Rm 3,23-25).

O "fato inaudito" aconteceu. As multidões que se maravilham e se convertem, os reis que fecham a boca: há vinte séculos, tudo isso está aos olhos de todos. Bilhões de seres humanos, sem hesitação, disseram de Cristo – e também eu o digo agora –: "É ele a minha salvação! Por suas chagas fui curado!".

De fato, continua a haver uma sombra escura sobre a ação de Deus na história do Servo: "O Senhor *se comprouve* em prostrá-lo com dores". Ficamos horrorizados ao imaginar um Deus que "se compraz" em fazer sofrer o próprio Filho e, em geral, qualquer criatura. Mas, perguntamo-nos, ele realmente "se comprouve"? O que, precisamente, lhe agradou? Ele não ficou satisfeito com o meio, mas com o fim! Não o sofrimento do Servo, mas a salvação de muitos. "*Non mors placuit sed voluntas sponte morientis*", explica São Bernardo de Claraval (*Contra os erros de Abelardo*, 8, 21); ele não gostou da morte do Filho, mas da sua vontade de morrer espontaneamente pela salvação do mundo.

O que verdadeiramente agradou a Deus e fez com imensa alegria é expresso no texto em seguida:

> Por isso, eu lhe darei em prêmio as multidões,
> com os poderosos participará dos despojos,

> porque entregou-se à morte
> e foi contado entre os ímpios,
> ao passo que carregava o pecado de muitos
> e intercedia pelos pecadores (Is 53,12).

***

A Paixão de Cristo, descrita profeticamente pelo Deutero-Isaías e historicamente pelos Evangelhos, contém uma mensagem especial para os tempos que vivemos. A mensagem é: "Não à violência!". O Servo "não cometeu violência" e, não obstante, concentrou-se sobre ele toda a violência do mundo: foi espancado, transpassado, maltratado, esmagado, condenado, privado de recursos e por fim lançado numa fossa comum ("foi-lhe dada sepultura entre os ímpios"). Em tudo isso não abriu a boca, comportou-se como cordeiro manso conduzido ao matadouro, não ameaçou vingança, ofereceu a si mesmo em expiação e "intercedeu" por aqueles que o matavam, dizendo: "Pai, perdoa-lhes, porque não sabem o que fazem" (Lc 23,34). (Assim, sabemos que os crucificadores de Jesus se salvaram e foram com ele para o paraíso, pelo menos aqueles que agiam realmente por ignorância, porque o Pai, que sempre o escutava, não pode ter deixado cair no vácuo esta sua última oração!)

Dessa forma, Cristo venceu a violência; venceu-a, não opondo a ela uma violência maior, mas suportando-a e mostrando toda a sua injustiça e inutilidade. Introduziu um novo tipo de vitória que Santo Agostinho resumiu em três palavras: "*Victor quia victima* – Vencedor porque vítima" (*Confissões*, X, 43).

O problema da violência nos atormenta, nos escandaliza, hoje que ela inventou novas e assustadoras formas de crueldade e de obtusidade e invadiu até mesmo os campos que deviam constituir um remédio contra a violência: o esporte, a arte, o amor. Nós, cristãos, reagimos horrorizados à ideia de que se possa fazer violência e matar em nome de Deus. Alguns, porém, objetam: mas a Bíblia não está, também ela, cheia de histórias de violência? Deus não é chamado "o Senhor dos exércitos"? Não se atribui a ele a ordem de exterminar cidades inteiras? Não é ele quem prescreve, na Lei mosaica, numerosos casos de pena de morte?

Se tivessem apresentado a Jesus, durante a sua vida, a mesma objeção, ele certamente teria respondido o que respondeu a propósito do divórcio: "Foi por causa da dureza do vosso coração que Moisés vos permitiu repudiar vossas mulheres; mas no princípio não era assim" (Mt 19,8). Também a propósito da violência, "no princípio não era assim". O primeiro capítulo do Gênesis nos apresenta um mundo em que não é sequer pensável a violência, nem dos seres humanos entre si, nem entre os homens e os animais. Nem mesmo para vingar a morte de Abel é lícito matar (cf. Gn 4,15).

O pensamento genuíno de Deus é expresso pelo mandamento "Não matar", mais que pelas exceções feitas a ele na Lei, que são concessões feitas à "dureza do coração" e dos costumes dos homens. A violência já faz parte da vida, e a Bíblia, que reflete a vida, procura pelo menos com sua legislação e a própria pena de morte canalizar e colocar diques contra a violência, para que não degenere em arbítrio pessoal e não nos dilaceremos reciprocamente (cf. GIRARD, R., *Das coisas ocultas desde a fundação do mundo*, 1978).

Paulo fala de um tempo caracterizado pela "tolerância" de Deus (Rm 3,25). Deus tolera a violência, como tolera a poligamia, o divórcio e outras coisas, mas vem educando o povo para um tempo em que o seu plano originário virá a ser "recapitulado" e restabelecido com honra, como por uma nova criação. Esse tempo chega com Jesus que, sobre o monte, proclama:

> Ouvistes que foi dito: *Olho por olho e dente por dente*. Eu, porém, vos digo: Não resistais ao mal. Pelo contrário, se alguém vos esbofeteia na face direita, oferecei-lhe também a outra... Ouvistes o que foi dito: *Amarás o teu próximo* e odiarás o teu inimigo. Eu, porém, vos digo: Amai vossos inimigos e orai pelos que vos perseguem (Mt 5,38-39; 43-44).

Cristo pronuncia um "Não" definitivo e peremptório à violência, opondo a ela não simplesmente a não violência, mas, além disso, o perdão, a mansidão, a doçura: "Aprendei de mim que sou manso e humilde de coração" (Mt 11,29). Todavia, o verdadeiro sermão da montanha não é aquele que ele pronunciou um dia sobre uma colina da Galileia; é aquele que pronuncia agora sobre o monte Calvário, silenciosamente, com os fatos.

Se ainda houver violência, esta já não poderá, nem sequer remotamente, ser reportada a Deus e acobertada com a sua autoridade. Proceder assim significa fazer regredir a ideia de Deus a estados primitivos e rudes, superados pela consciência religiosa e civil da humanidade. Não se poderá justificar a violência nem mesmo em nome do progresso. "A violência – disse alguém – é a parteira da história" (Marx e Engels). Em parte, isso é verdadeiro. É verdade que ordens sociais novas e mais justas às vezes são resultados de revoluções e guerras, como é verdade também o contrário: que delas resultam injustiças e males piores.

Mas isso revela precisamente o estado de desordem em que se encontra o mundo: o fato de ser necessário recorrer à violência para corrigir o mal, de não se poder obter o bem de outro modo a não ser fazendo o mal. Até aqueles que há algum tempo estavam convencidos de que a violência é a parteira da história mudaram de opinião e hoje fazem passeatas entoando hinos à paz. A violência só é parteira de outra violência.

Refletindo sobre os eventos que, em 1989, levaram à queda os regimes totalitários do Leste europeu, sem derramamento de sangue, na encíclica *Centesimus annus* (III, 23), João Paulo II via neles o resultado da ação de homens e mulheres que tinham sabido dar testemunho da verdade sem recorrer à violência. Ele concluía formulando um voto que, passados quinze anos, hoje se faz ouvir com mais urgência que nunca: "Que os homens aprendam a lutar pela justiça, sem violência". Queremos agora transformar esse voto em oração:

"Senhor Jesus Cristo, não te pedimos que aniquiles os violentos e aqueles que se exaltam incutindo terror, mas que mudes o coração deles e os convertas. Ajuda-nos a dizer contigo: 'Pai, perdoa-lhes, porque não sabem o que fazem'. Rompe este frenesi de morte e a cadeia de violência e de vingança que mantém o mundo com a respiração suspensa. Tu criaste a terra na harmonia e na paz; que ela cesse de ser 'o canteiro que nos torna tão ferozes' (DANTE ALIGHIERI, *Paraíso*, XXII, 151).

"Há no mundo inumeráveis seres humanos que, como tu na Paixão, 'não têm boa aparência nem beleza, desprezados e rejeitados, homens e mulheres que bem conhecem o sofrimento'; ensina-nos a não cobrir o rosto diante deles, a não fugir deles, mas a tomar sobre nós suas dores e sua solidão.

"Maria, 'sofrendo com teu Filho que morria na cruz, cooperaste de modo todo especial na obra do Salvador pela obediência, pela fé, pela esperança e pela ardente caridade' (*Lumen gentium*, n. 61): inspira nos homens e nas mulheres do nosso tempo pensamentos de paz, de doçura. E de perdão. Assim seja".

26

"SALVE, VERDADEIRO CORPO NASCIDO DE MARIA VIRGEM"

(Sexta-feira Santa de 2005)

Sexta-feira Santa de 2005, ano da Eucaristia! Quanta luz sobre um e outro mistério dessa aproximação! Mas se a Eucaristia é "o memorial da Paixão", como a Igreja se abstém de celebrá-la justamente na Sexta-feira Santa? (O que estamos assistindo não é, como sabemos, a uma Missa, mas a uma liturgia da Paixão, na qual se recebe o corpo de Cristo consagrado no dia anterior.)

Há uma profunda razão teológica nisso. Quem se faz presente sobre o altar em toda Eucaristia é um Cristo ressuscitado e vivo, não um morto. A Igreja se abstém, por essa razão, de celebrar a Eucaristia nos dois dias em que se recorda o Jesus que jaz morto no sepulcro e a sua alma está separada do corpo (ainda que não da divindade). O fato de hoje não se celebrar a Missa não atenua, portanto, mas reforça, a ligação entre a Sexta-feira Santa e a Eucaristia. A Eucaristia está para a morte de Cristo como o som e a voz estão para a palavra que fazemos ressoar no espaço e chegar aos ouvidos.

***

Há um hino latino, não menos caro que o *Adoro te devote* à piedade eucarística dos católicos, que ilumina a ligação entre a Eucaristia e a cruz, o *Ave verum*. Composto no século XIII para acompanhar a elevação da Hóstia na Missa, ele se presta também para saudar a elevação de Cristo na cruz. São apenas cinco versos, carregados, porém, de muito conteúdo:

> Salve, verdadeiro corpo nascido de Maria Virgem!
> Verdadeiramente sofrido e imolado pelo homem na cruz.

> De teu lado transpassado brotou água e sangue.
> Sede por nós o penhor no momento da morte.
> Ó Jesus doce, ó Jesus piedoso, ó Jesus, filho de Maria!

O primeiro verso fornece a chave para compreender todo o restante. Berengário de Tours negou a realidade da presença de Cristo no sinal do pão, reduzindo-o a uma presença simbólica. Para eliminar todo pretexto para essa heresia, começou-se a afirmar a identidade total entre o Jesus da Eucaristia e o histórico. O corpo de Cristo presente no altar é definido como "verdadeiro" (*verum corpus*), para distingui-lo de um corpo puramente "simbólico" e também do corpo "místico" que é a Igreja.

Todas as expressões que seguem se referem ao Jesus terreno: nascido de Maria, paixão, morte, peito transpassado. O autor se detém nesse ponto; abstém-se de mencionar a ressurreição, porque isso poderia fazer pensar, de novo, num corpo glorificado e espiritual, e, portanto, não suficientemente "real".

A teologia voltou hoje a uma visão mais equilibrada da identidade entre o corpo histórico e o corpo eucarístico de Cristo e insiste no caráter sacramental, não material (embora real e substancial) da presença de Cristo no sacramento do altar.

Mas, excetuando essa ênfase diferente, permanece intacta a verdade fundamental afirmada no hino. É o Jesus nascido de Maria em Belém, o mesmo que "passou fazendo o bem a todos" (At 10,38), que morreu na cruz e ressuscitou no terceiro dia, aquele que está presente hoje no mundo, não uma vaga presença espiritual dele, ou, como dizem alguns, a sua "causa". A Eucaristia é o modo criado por Deus para permanecer para sempre o Emmanuel, o Deus Conosco.

Tal presença não é uma garantia e uma proteção apenas para a Igreja, mas para todo o mundo. "Deus é conosco!". Essa frase agora nos causa medo e quase não ousamos pronunciá-la. Às vezes se atribuiu a ela um sentido exclusivo: Deus é "conosco", entende-se não com os outros, ou melhor, é "contra" os outros, contra os nossos inimigos. Mas com o advento de Cristo, tudo é transformado em universal. "Deus reconciliou o mundo consigo em Cristo, não imputando aos homens a sua culpa" (2Cor 5,19). O mundo inteiro, não uma parte; todos os homens, não um só povo.

"Deus é conosco", ou seja, do lado do homem, seu amigo e aliado contra as forças do mal. É o único que personaliza tudo e representa a face do bem contra a face do mal. Isso deu a Dietrich Bonhoeffer, prisioneiro e à espera da sentença de morte por parte do "poder mau" de Hitler, a força para afirmar a vitória do poder bom:

> Envoltos pela maravilha das forças amigas
> vamos com calma ao encontro do futuro.
> Deus está conosco de noite e de manhã,
> Estará conosco a cada novo dia.

"Não sabemos", escreveu o papa na *Novo millennio ineunte* (n. 35), "quais acontecimentos nos reservará o milênio que está começando, mas tenhamos a certeza de que ele estará firmemente nas mãos de Cristo, o 'Rei dos reis e Senhor dos senhores' (Ap 19,16)".

***

Depois da saudação vem, no hino, a invocação: "*Esto nobis praegustatum mortis in examine* – Sede para nós, ó Cristo, penhor e antecipação da vida eterna na hora da morte". O mártir Inácio de Antioquia já chamava a Eucaristia de "remédio de imortalidade", isto é, remédio para nossa mortalidade (*Carta aos Efésios*, 20, 2). Na Eucaristia temos "o penhor da glória futura – *et futurae gloriae nobis pignus datur*".

Algumas pesquisas revelaram um fato original: há, mesmo entre os crentes, pessoas que creem em Deus, mas não numa vida após a morte. Mas como se pode pensar uma coisa dessas? Cristo, diz a Carta aos Hebreus, morreu para obter "uma redenção eterna" (Hb 9,12). Não temporária, mas eterna!

Objeta-se que ninguém jamais voltou do além para nos garantir que ele realmente existe e não é apenas uma doce ilusão. Não é verdade! Há alguém que todos os dias volta do além para nos tranquilizar e renovar as suas promessas, se soubermos escutá-lo. Aquele a quem somos direcionados vem ao nosso encontro na Eucaristia para nos dar uma amostra (*praegustatum!*) do banquete final do reino.

Devemos gritar ao mundo esta esperança para ajudar a nós mesmos e os outros a vencer o horror que temos da morte e reagir ao sombrio pessimismo que paira sobre a nossa sociedade. Multiplicam-se os diagnósticos desesperados sobre o estado da Terra: "um formigueiro que se desmancha", "um planeta agonizante"... A ciência traça cada vez mais detalhadamente o possível cenário da dissolução final do cosmo. A Terra e os outros planetas se resfriarão, o Sol e as outras estrelas se resfriarão, todas as coisas congelarão... Diminuirá a luz e aumentarão no universo os buracos negros... A expansão um dia se esgotará e começará a contração e, no fim, se assistirá ao colapso de toda a matéria e de toda energia existente numa estrutura compacta de densidade infinita. Ocorrerá então o *Big Crunch*, ou grande implosão, e tudo voltará ao vazio e ao silêncio que precedeu a grande explosão, o *Big Bang*, de quinze bilhões de anos atrás...

Ninguém sabe se as coisas acontecerão realmente assim ou de outro modo. No entanto, a fé nos garante que, mesmo que fosse assim, não seria o fim total. Deus não reconciliou o mundo consigo mesmo para depois abandoná-lo ao nada; não prometeu permanecer conosco até o fim do mundo, para depois se retirar, sozinho, no seu céu, no momento que esse fim acontecer. "Com amor eterno eu te amei", disse Deus ao homem na Bíblia (Jr 31,3), e as promessas de "amor eterno" de Deus não são como as do homem.

Prosseguindo idealmente a meditação do *Ave verum*, o autor do *Dies irae* eleva a Cristo uma tocante oração que neste dia podemos fazer nossa: "*Recordare, Iesu pie, quod sum causa tuae viae: ne me perdas illa die* – Recordai, ó bom Jesus, que por mim subistes na cruz: não permitais que me perca nesse dia". "*Quaerens me sedisti lassus, redemisti crucem passus: tantus labor non sit cassus* – Procurando-me, sentastes um dia cansado e me remiste subindo à cruz: tanta dor não seja vã".

***

O *Ave verum* termina com uma exclamação dirigida à pessoa de Cristo: "*O Iesu dulcis, o Iesu pie*". Essa palavra nos revela uma imagem eminentemente evangélica de Cristo: o Jesus "doce e bom", isto é, clemente, piedoso, que não quebra a vara rachada e não apaga o pavio fumegante (cf. Mt 12,20). O Jesus que um dia disse: "Aprendei de mim que sou manso e humilde de coração" (Mt 11,29). A Eucaristia prolonga na história a presença desse Jesus. Ela é o sacramento da não violência!

No entanto, a mansidão de Cristo não justifica, mas, ao contrário, torna ainda mais estranha e odiosa a violência que hoje se verifica contra sua pessoa. Com seu sacrifício, Cristo pôs fim ao perverso mecanismo do bode expiatório, sofrendo ele mesmo as consequências (R. Girard). É preciso dizer com tristeza que esse perverso mecanismo está novamente em ação contra Cristo, numa forma até agora desconhecida. Contra ele se volta todo o rancor de certo pensamento leigo pelas recentes manifestações de aliança entre a violência e o sagrado. Como costuma acontecer no mecanismo do bode expiatório, seleciona-se o elemento mais fraco para se voltar contra ele. "Fraco", aqui, no sentido em que se pode zombar dele impunemente, sem correr nem risco de represália, uma vez que os cristãos há muito já desistiram de defender a própria fé com a força.

Não se trata apenas das pressões para retirar o crucifixo dos lugares públicos e o presépio do folclore natalino. Há uma sucessão de romances, filmes e espetáculos nos quais se manipula livremente a figura de Cristo com base em fantasiosos e inexistentes novos documentos e descobertas. O romance *O código Da Vinci*, de Dan Brown, é o mais recente episódio da série. Está virando uma moda, uma espécie de gênero literário.

Sempre existiu a tendência a revestir Cristo das roupas da própria época ou da própria ideologia. Mas, ao menos no passado, embora discutíveis, eram causas sérias e relevantes: o Cristo idealista, socialista, revolucionário... Nossa época, porém, obcecada pelo sexo, chega até a representar Jesus como um gay *ante litteram* ou alguém que prega que a salvação vem da união com o princípio feminino e nos dá o exemplo casando-se com Madalena.

Eles se apresentam como os paladinos da ciência contra a religião: uma reivindicação surpreendente, a julgar pela maneira como é tratada nesses casos a ciência histórica! As histórias mais fantasiosas e absurdas são vendidas e aceitas por muitos como se fossem história verdadeira, ou melhor, a única história finalmente livre da censura eclesiástica e de tabus. "O homem que já não crê em Deus está pronto a acreditar em tudo", disse Chesterton. Os fatos lhe estão dando razão.

Aproveita-se a ampla ressonância do nome de Jesus e seu significado para grande parte da humanidade, para garantir uma popularidade barata ou fazer sensacionalismo com mensagens publicitárias que abusam dos símbolos e imagens evangélicas. (Aconteceu recentemente com a imagem da última ceia.) Mas isso é parasitismo literário!

Jesus é vendido de novo por trinta moedas de prata, escarnecido e revestido de roupas de zombaria como no pretório. E, depois, ficam escandalizados e reclamam da intolerância e da censura se os crentes reagem enviando cartas e telefonemas de protesto aos responsáveis. Há muito tempo, a intolerância mudou de lado no Ocidente: da intolerância *religiosa* passou-se à intolerância *da religião*!

"Ninguém", argumenta-se, "tem o monopólio dos símbolos e das imagens de uma religião". Mas até os símbolos de uma nação – o hino, a bandeira – são de todos e de ninguém. Isso permite zombar deles e explorá-los à vontade?

O mistério que celebramos neste dia nos proíbe de nos abandonar a complexos de perseguição e de voltar a construir muros ou bastiões entre nós e a cultura (ou in-cultura) moderna. Talvez devamos imitar nosso Mestre e dizer simplesmente: "Pai, perdoa-lhes, porque não sabem o que fazem". Perdoa a eles e a nós, porque é certamente também por causa de nossos pecados, presentes e passados, que tudo isso está acontecendo e sabemos que, muitas vezes, é para atingir os cristãos e a Igreja que se atinge Cristo.

Permitamo-nos apenas dirigir a nossos contemporâneos, em nosso interesse e no deles, o chamado que Tertuliano fazia em sua época aos gnósticos inimigos da humanidade de Cristo: "*Parce unicae spei totius orbis* – não tirais do mundo sua única esperança" (*De carne Christi*, 5, 3).

***

A última invocação do *Ave verum* evoca a pessoa da mãe: "*O Iesu fili Mariae*". No breve hino, a Virgem é lembrada duas vezes: no início e no final. Aliás, todas as exclamações finais do hino são uma reminiscência das últimas palavras do Salve Rainha: "*O clemens, o pia, o dulcis virgo Maria* – ó clemente, ó piedosa, ó doce Virgem Maria".

A insistência na ligação entre Maria e a Eucaristia não atende apenas a uma necessidade devocional, mas também teológica. Na época dos Padres, o nascimento de Maria foi o principal argumento contra o docetismo, que negava a realidade do corpo de Cristo. Coerentemente, esse mesmo nascimento atesta agora a verdade e realidade do corpo de Cristo presente na Eucaristia.

João Paulo II concluiu sua carta apostólica *Mane nobiscum Domine*, de 7 de outubro de 2004, remetendo-se precisamente às palavras do hino: "O Pão eucarístico que recebemos" – escreve – "é a carne imaculada do Filho: '*Ave verum Corpus natum de Maria Virgine*'. Que neste Ano de graça, com a ajuda de Maria, a Igreja receba um novo impulso para sua missão e reconheça cada vez mais na Eucaristia a fonte e o ápice de toda sua vida".

Aproveitemos a oportunidade dessas suas palavras para fazer chegar ao Santo Padre ausente o agradecimento pelo dom do ano eucarístico e o desejo de que recupere logo sua saúde. Volta logo, Santo Padre, a Páscoa é muito menos "Páscoa" sem o senhor!

Para concluir, voltemos ao nosso hino. O sinal mais claro da unidade entre Eucaristia e mistério da cruz, entre o ano eucarístico e a Sexta-feira Santa, é que agora podemos empregar as palavras do *Ave verum*, sem alterar uma vírgula, para saudar a Cristo, que daqui a pouco será elevado na cruz diante de nós. Humildemente, portanto, convido todos os presentes a se unirem a mim e proclamar em voz alta, com comovida gratidão e em nome de todos os homens redimidos por Cristo:

Ave verum Corpus natum de Maria Virgine:
vere passum, immolatum in Cruce pro homine.
Cuius latus perforatum fluxit aqua et sanguine:
esto nobis praegustatum mortis in examine
O Iesu dulcis! O Iesu pie! O Iesu fili Mariae!

27
"DEUS DEMONSTRA O SEU AMOR POR NÓS"
(Sexta-feira Santa de 2006)

"Porque vai chegar um tempo em que não se suportará a sã doutrina, mas, sentindo o desejo de ouvir algo novo, os homens reunião em volta de si mestres conforme seus desejos, recusando-se a ouvir a verdade, eles se voltarão para as fábulas" (2Tm 4,3-4).

Esta palavra da Escritura – sobretudo a alusão às cócegas de ouvir coisas novas – se está realizando de modo novo e impressionante nos nossos dias. Enquanto celebramos aqui a lembrança da paixão e morte do Salvador, milhões de pessoas são induzidas por habilidosos manipuladores de lendas antigas a acreditar que Jesus de Nazaré na verdade nunca foi crucificado. Nos Estados Unidos, um *best-seller* atual é uma edição do *Evangelho de Tomé*, apresentado como o Evangelho que "nos poupa da crucifixão, torna a ressurreição desnecessária e não nos obriga a acreditar em nenhum Deus chamado Jesus" (BLOOM, H., in: MEYER, M., *The Gospel of Thomas*, San Francisco, Harper, 1988, 125).

"É uma constatação pouco lisonjeira para a natureza humana", escrevia há alguns anos o maior estudioso bíblico da história da Paixão, Raymond Brown,

> quanto mais fantástico é o cenário imaginado, tanto mais bombástica é a propaganda que recebe e maior o interesse que desperta. Pessoas que nunca se dariam o trabalho de ler uma análise séria das tradições históricas sobre a paixão, morte e ressurreição de Jesus, ficam fascinadas com qualquer teoria nova de acordo com a qual ele não foi crucificado e não morreu, especialmente se a continuação da história inclui a sua fuga com Maria Madalena para a Índia [ou para a França, segundo a versão mais atualizada]...

Essas teorias demonstram que, quando se trata da Paixão de Jesus, a despeito do ditado popular, a imaginação supera a realidade, e é, infelizmente, até mais rentável (*The Death of the Messiah*, II, New York, 1988, 1092-1096).

As pessoas falam muito da traição de Judas e não percebem que a estão repetindo. Cristo ainda é vendido, não mais para os chefes do sinédrio por trinta moedas, mas para editores e livreiros por bilhões... Ninguém conseguirá deter essa onda especulativa, mas, tendo-me dedicado por anos à história das origens cristãs, sinto-me na obrigação de chamar a atenção para um equívoco colossal que está na base de toda essa literatura pseudo-histórica.

Os Evangelhos apócrifos de Tomé, de Filipe, de Judas, nos quais se apoia, e que são apresentados como descobertas bombásticas dos nossos dias, são textos conhecidos desde sempre, no todo ou em parte. Foram escritos dos séculos II-III com os quais nem sequer os historiadores mais críticos e mais hostis ao cristianismo jamais pensaram, antes de hoje, que fosse possível fazer história. Seria como se daqui a alguns séculos se pretendesse reconstruir a história atual baseando-se nos romances escritos em nossa época.

O equívoco colossal consiste no fato de se utilizar esses escritos para fazê-los dizer exatamente o contrário do que pretendiam. Eles integram a literatura gnóstica. A gnose herética – um misto de dualismo platônico e de doutrinas orientais revestido de ideias bíblicas – afirma que o mundo material é uma ilusão, obra do Deus do Antigo Testamento, que é um deus mau, ou pelo menos inferior; Cristo não morreu na cruz, porque só aparentemente assumira um corpo humano, por ser este indigno de Deus (docetismo).

Se, de acordo com o *Evangelho de Judas*, do qual muito se falou recentemente, o próprio Jesus ordena ao apóstolo que o traia é porque – tema gnóstico típico –, morrendo, o espírito divino que está nele poderá finalmente se libertar do invólucro da carne e subir de volta ao céu. O casamento que preside os nascimentos deve ser evitado (encratismo); a mulher só se salvará se o "princípio feminino" (*thelus*) personificado por ela se transformar no princípio masculino, ou seja, se ela deixar de ser mulher (cf. *Evangelho de Tomé*, 114).

O engraçado é que hoje há quem acredite ver nesses escritos a exaltação do princípio feminino, da corporeidade, da sexualidade, do pleno e desinibido gozo deste mundo material, em polêmica com a Igreja oficial, que, com seu maniqueísmo, sempre reprimira tudo isso! O mesmo equívoco que se nota em relação à doutrina da reencarnação. Presente nas religiões orientais como uma punição devida a culpas anteriores e como algo a que se anseia a pôr fim com todas as forças, ela é aceita no Ocidente como uma maravilhosa possibilidade de voltar a viver e a usufruir indefinidamente deste mundo.

São coisas que não mereceriam ser tratadas neste lugar e neste dia, mas não podemos permitir que o silêncio dos crentes seja confundido com constrangimento, e que a boa fé (ou a ingenuidade?) de milhões de pessoas seja grosseiramente manipulada pela mídia, sem elevar um grito de protesto em nome não apenas da fé, mas também do bom senso e da razão saudável. Creio que é o momento de ouvir de novo a advertência de Dante Alighieri:

> Movei-vos, cristãos, com mais gravidade:
> não sejais como plumas ao vento,
> e não acrediteis que toda água vos lave.
> Tendes o Novo e o Antigo Testamento,
> e o pastor da Igreja que vos guia;
> Que isto vos baste para vossa salvação.
> Sede homens, e não ovelhas enlouquecidas (*Paraíso*, V, 73-80).

***

Mas deixemos de lado essas fantasias que têm todas uma explicação comum: estamos na era da mídia e a mídia está mais interessada na *novidade* que na *verdade*. Concentremo-nos no mistério que estamos celebrando. A melhor maneira de refletir, neste ano, sobre o mistério da Sexta-feira Santa seria reler inteiramente a primeira parte da encíclica do papa Bento XVI *Deus caritas est*. Não podendo fazê-lo aqui, gostaria ao menos de comentar algumas de suas passagens que se referem mais diretamente ao mistério deste dia. Lemos na encíclica:

> O olhar voltado para o lado transpassado de Cristo, de que fala João, foi o ponto de partida desta Carta encíclica: "Deus é amor". É ali que tal verdade pode ser contemplada. E partindo dali é preciso agora definir o que é o amor. A partir desse olhar, o cristão encontra o caminho do seu viver e do seu amar (n. 12).

***

A encíclica *Deus caritas est* nos indica uma nova maneira de fazer apologia da fé cristã, talvez a única possível hoje e certamente a mais eficaz. Não contrapõe os valores sobrenaturais aos naturais, o amor divino ao amor humano, o *eros* ao *agape*, mas mostra sua harmonia originária, sempre a ser redescoberta e restaurada por causa do pecado e da fragilidade humana: "O *eros* quer elevar-nos 'em êxtase' para o Divino, conduzir-nos para além de nós mesmos, mas precisamente por isso exige um caminho de ascensão, de renúncias, de purificações e de curas" (n. 5).

O Evangelho está, sim, em *concorrência* com os ideais humanos, mas no sentido literal de que *com-corre* para sua realização: restaura-os, eleva-os, protege-os. Não exclui o *eros* da vida, mas o veneno do egoísmo do *eros*.

Há três ordens de grandeza, disse Pascal num célebre pensamento (*Pensamentos*, 793, Br). A primeira é a ordem material ou dos corpos: nela sobressai quem tem muitos bens, quem é dotado de força atlética ou de beleza física. É um valor que não deve ser desprezado, mas é o mais baixo. Acima dele há a ordem do gênio e da inteligência em que se distinguem os pensadores, os inventores, os cientistas, os artistas, os poetas. Essa é uma ordem de qualidade diferente. Ser rico ou pobre, bonito ou feio não acrescenta nem tira nada do gênio. A deformidade física atribuída a sua pessoa não tira nada da beleza do pensamento de Sócrates e da poesia de Leopardi.

O valor do gênio certamente é mais elevado que o precedente, mas ainda não é o supremo. Acima dele há outra ordem de grandeza, e é a ordem do amor, da bondade (Pascal a denomina ordem da santidade e da graça). Ser bonito ou feio, erudito ou iletrado não acrescenta e não tira nada do santo. Sua grandeza é de uma ordem diferente.

O cristianismo pertence a esse terceiro nível. No romance *Quo vadis?*, de H. Sienkiewicz (capítulo 33), um pagão pergunta ao apóstolo Pedro que acabara de chegar a Roma: "Atenas nos deu a sabedoria, Roma o poder; o que a vossa religião nos oferece? E Pedro responde: o amor!".

***

Há outro ensinamento que nos vem do amor de Deus manifestado na cruz de Cristo. O amor de Deus pelo homem é fiel e eterno: "Com amor eterno eu te amei", diz Deus ao homem nos profetas (Jr 31,3), e ainda: "Não faltarei à minha fidelidade" (Sl 88,34). Deus se comprometeu a amar para sempre, se privou da liberdade de voltar atrás. Esse é o sentido profundo da aliança que em Cristo se tornou "nova e eterna".

Na encíclica papal lemos:

> Faz parte da evolução do amor para níveis mais elevados, para suas íntimas purificações, que ele busque agora o caráter definitivo, e isso num duplo sentido: no sentido da exclusividade – "apenas esta única pessoa" – e no sentido de ser "para sempre". O amor compreende a totalidade da existência em todas as suas dimensões, inclusive a do tempo. Nem poderia ser de outro modo, porque a sua promessa visa ao definitivo: o amor visa à eternidade (n. 6).

Em nossa sociedade perguntam-nos cada vez com mais frequência que relação pode haver entre o amor de dois jovens e a lei do matrimônio; que necessidade tem de "prender-se" o amor que é todo impulso e espontaneidade. Assim, são cada vez mais numerosos os que rejeitam a instituição do casamento e escolhem o chamado amor livre ou a simples convivência de fato. Apenas se descobrirmos a relação profunda e vital que existe entre lei e amor, entre decisão e instituição, é que poderemos responder corretamente àquelas perguntas e dar aos jovens um motivo convincente para "comprometer-se" a amar para sempre e a não ter medo de fazer do amor um "dever".

"Apenas quando existe o *dever* de amar", disse o filósofo que, depois de Platão, escreveu as coisas mais bonitas sobre o amor, Kierkegaard, "só então o amor está garantido para sempre contra qualquer alteração; eternamente livre em bem-aventurada independência; garantido em eterna bem-aventurança contra todo desespero" (*As obras do amor*, I, 2, 40). O sentido dessas palavras é que a pessoa que ama, quanto mais intensamente ama, mais percebe com angústia o perigo que seu amor corre. Perigo que não vem dos outros, mas dela mesma. De fato, ela sabe bem que é volúvel e que amanhã, infelizmente, poderia cansar-se e não amar mais ou mudar o objeto do seu amor. E como, agora que está na luz do amor, vê com clareza que perda irreparável isso comportaria, eis toma precauções "comprometendo-se" a amar com a obrigação do dever, ancorando assim à eternidade o seu ato de amor colocado no tempo.

Ulisses queria chegar a rever sua pátria e sua esposa, mas tinha de atravessar o lugar das Sereias que enfeitiçavam os navegantes com seu canto, levando-os a se chocar contra os rochedos. O que ele fez? Fez com que o prendessem ao mastro do navio, depois de tapar os ouvidos dos companheiros com cera. Chegando ao lugar, enfeitiçado, gritava para ser solto e ir até as Sereias, mas os companheiros não podiam ouvi-lo e assim ele pôde rever sua pátria e abraçar novamente sua esposa e seu filho (*Odisseia*, XII). É um mito, mas ajuda a compreender o porquê, também humano e existencial, do casamento "indissolúvel" e, num plano diferente, dos votos religiosos.

O dever de amar protege o amor do "desespero" e o torna "bem-aventurado e independente", no sentido de que protege do desespero de não poder amar para sempre. Deem-me um verdadeiro enamorado – dizia o mesmo pensador – e ele lhes dirá se, em amor, existe oposição entre prazer e dever; se o pensamento do "dever" amar por toda a vida causa ao amante medo e angústia, ou se, ao contrário, provoca amor e suprema felicidade.

Estas considerações não serão suficientes para transformar a cultura atual, que exalta a liberdade de mudar e a espontaneidade do momento, a prática do "usar e jogar fora" aplicada também ao amor. Mas que elas ao menos sirvam para confirmar a bondade e a beleza da própria escolha dos que decidiram viver o amor entre o homem e a mulher segundo o projeto de Deus, e sirvam para motivar muitos jovens a fazer a mesma escolha.

Só nos falta agora entoar com Paulo o hino ao amor vitorioso de Deus. Ele nos convida a fazer com ele uma maravilhosa experiência de cura interior. Relembra todas as coisas negativas e os momentos críticos de sua vida: a tribulação, a angústia, a perseguição, a fome, a nudez, o perigo, a espada. Olha para eles à luz da certeza do amor de Deus e grita: "Em todas essas coisas nós somos mais que vencedores em virtude daquele que nos amou!". Em seguida eleva o olhar; de sua vida pessoal, passa a considerar o mundo que o cerca e o destino humano universal, e novamente a mesma jubilosa certeza:

> Estou convencido de que nem a morte, nem a vida, nem os anjos, nem os principados, nem as coisas presentes ou as futuras, nem as potências, nem a altitude, nem a profundeza, nem outra criatura qualquer poderá nos separar do amor que Deus nos manifesta em Cristo Jesus, Senhor nosso (Rm 8,37-39).

28
"HAVIA TAMBÉM ALGUMAS MULHERES"
(Sexta-feira Santa de 2007)

"Junto à cruz de Jesus estavam sua mãe, a irmã de sua mãe, Maria, mulher de Cléofas, e Maria Madalena" (Jo 19,25). Desta vez não vamos falar de Maria, a Mãe. Sua presença no Calvário não precisa de explicações. Era "sua mãe" e isso explica tudo; as mães não abandonam um filho, nem mesmo se condenado à morte. Mas por que estavam ali as outras mulheres? Quem e quantas eram?

Os Evangelhos informam o nome de algumas delas: Maria Madalena, Maria, mãe de Tiago, o menor, e de José, Salomé, mãe dos filhos de Zebedeu, uma certa Joana e uma certa Susana (Lc 8,3). Elas tinham seguido Jesus desde a Galileia; ficaram ao lado dele, chorando, na viagem ao Calvário (Lc 23,27-28), no Gólgota ficaram observando "de longe" (ou seja, da distância mínima permitida a elas) e dali a pouco o acompanhariam, tristemente, ao sepulcro, com José de Arimateia (Lc 23,55).

Esse fato é notório demais e extraordinário demais para passar apressadamente por ele. Nós as chamamos, com certa condescendência masculina, "as piedosas mulheres", mas elas são bem mais que "piedosas mulheres", são outras "Mães-Coragem"! Desafiaram o perigo de se mostrar tão abertamente em favor de alguém condenado à morte. Jesus dissera: "Bem-aventurado aquele que não se escandalizar por causa de mim" (Lc 7,23). Essas mulheres são as únicas que não se escandalizaram por ele.

Há algum tempo discute-se acirradamente sobre quem quis a morte de Jesus: os chefes judeus, Pilatos ou ambos. Seja como for, uma coisa é certa: foram homens, não mulheres. Nenhuma mulher está envolvida, nem sequer indiretamente, em sua condenação. Até a única mulher pagã mencionada nos relatos da Paixão, a mulher de Pilatos, não concordou com sua condenação (Mt 27,19). É claro que Jesus morreu também pelos pecados das mulheres, mas historicamente só elas podem dizer em verdade: "Nós somos inocentes do sangue deste justo!" (cf. Mt 27,24).

Este é um dos sinais mais certos da honestidade e da confiabilidade histórica dos Evangelhos: a representação mesquinha que neles fazem os autores e os inspiradores dos Evangelhos e a representação maravilhosa que eles mesmos atribuem às mulheres. Quem teria permitido que se conservasse eternamente na memória a história ignominiosa do próprio medo, fuga, negação, agravada ainda mais em comparação com a conduta tão diferente de algumas pobres mulheres; quem, repito, teria permitido isso, se não fosse obrigado pela fidelidade a uma história que agora se mostrava infinitamente maior que a própria miséria?

***

Sempre se perguntou como as "mulheres piedosas" foram as primeiras a ver o Ressuscitado e receberam o encargo de anunciá-lo aos apóstolos. Essa era a forma mais garantida de tornar a ressurreição pouco crível. O testemunho de uma mulher não tinha nenhum peso para a justiça. Talvez precisamente por esse motivo nenhuma mulher figura na longa lista redigida por Paulo (cf. 1Cor 15,5-8) dos que viram o Ressuscitado. Inicialmente os próprios apóstolos tomaram as palavras das mulheres como "um delírio" feminino e não acreditaram nelas (Lc 24,11).

Os autores antigos pensaram conhecer a resposta para essa pergunta. As mulheres, dizia Romano, o Melodista (*Hinos*, 45, 6), são as primeiras a ver o Ressuscitado porque uma mulher, Eva, tinha sido a primeira a pecar! Mas a verdadeira resposta é outra: as mulheres foram as primeiras a vê-lo ressuscitado porque tinham sido as últimas a abandoná-lo quando morto, e mesmo depois da morte iam levar perfumes ao seu sepulcro (Mc 16,1).

Devemos nos perguntar o porquê desse fato: por que as mulheres resistiram ao escândalo da cruz? Por que ficaram perto dele quando tudo parecia ter terminado, e até seus discípulos mais íntimos o haviam abandonado e estavam organizando a volta para casa?

A resposta foi dada antecipadamente por Jesus, quando, respondendo a Simão, disse da pecadora que lavara e beijara os seus pés: "Muito amou!" (Lc 7,47). As mulheres tinham seguido Jesus por ele mesmo, por gratidão pelo bem que dele receberam, não pela esperança de fazer carreira por segui-lo. A elas não tinham sido prometidos "doze tronos", nem tinham pedido para se sentar à sua direita ou à sua esquerda no seu reino. Elas o seguiam, está escrito, "para servi-lo" (Lc 8,3; Mt 27,55); eram as únicas, depois de Maria, a Mãe, a ter assimilado o espírito do Evangelho. Tinham seguido as razões do coração e estas não as enganaram.

***

Nesse aspecto sua presença ao lado do Crucificado e do Ressuscitado contém um ensinamento vital para nós hoje. Nossa civilização, dominada pela técnica, precisa de um coração para que o homem possa sobreviver nela sem se desumanizar de todo. Temos de dar mais espaço para as "razões do coração", se quisermos evitar que, enquanto se superaquece fisicamente, nosso planeta caia espiritualmente numa era glacial. A grande crise de fé no mundo de hoje é que não se ouvem as razões do coração, mas apenas as deturpadas da mente.

Nesse ponto, ao contrário do que ocorre em vários outros campos, a técnica nos ajuda muito pouco. Há algum tempo estão trabalhando num tipo de computador que "pensa" e muitos estão convencidos de que se concretizará. Mas ninguém até agora imaginou a possibilidade de um computador que "ama", que se comove, que vem ao encontro do homem no plano afetivo, tornando-o mais capaz de amar, assim como torna mais fácil calcular as distâncias entre as estrelas, o movimento dos átomos e a memorização dos dados...

O aumento da inteligência e das possibilidades cognoscitivas do homem, infelizmente, não acompanha o aumento da sua capacidade de amar. Esta última, aliás, parece não importar nada, enquanto sabemos que a felicidade, ou a infelicidade, não depende tanto de conhecer ou de não conhecer, quanto depende de amar ou não amar, de ser ou não ser amado. O motivo disso é simples: nós somos criados "à imagem de Deus", e Deus é amor, *Deus caritas est*!

Não é difícil entender por que somos tão ansiosos de aumentar os nossos conhecimentos e tão pouco ansiosos de aumentar a nossa capacidade de amar: o conhecimento se traduz automaticamente em poder, o amor em serviço.

Uma das idolatrias modernas é a do QI, o "quociente de inteligência". Criaram-se numerosos métodos para medi-lo. Mas quem se preocupa em levar em conta também o "quociente de coração"? E, no entanto, só o amor redime e salva, enquanto a ciência e a sede de conhecimento, por si sós, podem levar à perdição.

É a conclusão do *Fausto* de Goethe. Antes dele São Paulo escrevera: "A ciência envaidece, o amor constrói" (1Cor 8,2). "Sem o amor", lembrava ontem o Papa na Missa crismal, "a pessoa é sombria por dentro".

Após tantas eras que tomaram o nome do homem – *Homo erectus*, *Homo faber*, até o *Homo sapiens-sapiens*, ou seja, sapientíssimo, de hoje –, esperamos que comece finalmente, para a humanidade, uma era da mulher: uma era do coração, da compaixão.

***

A exigência de dar mais espaço para a mulher vem de todas as partes. Não acreditamos que "o eterno feminino nos salvará" (GOETHE, *Fausto*, final da parte II). A experiência cotidiana demonstra que a mulher pode "nos elevar", mas também pode nos fazer cair. Ela também precisa ser salva por Cristo. Mas é certo que, uma vez redimida por ele e "libertada", no plano humano, de antigas sujeições, ela pode contribuir para salvar a nossa sociedade de alguns males inveterados que a ameaçam: violência, vontade de poder, aridez espiritual, desprezo pela vida...

É preciso apenas evitar repetir o antigo erro gnóstico, de acordo com o qual a mulher, para se salvar, deve deixar de ser mulher e se transformar em homem (cf. *Evangelho de Tomé*, 114; *Extratos de Teódoto*, 21, 3). O preconceito está tão arraigado na cultura que as próprias mulheres acabaram sucumbindo a ele. Para afirmar sua dignidade, julgaram necessário assumir às vezes atitudes masculinas, ou então minimizar a diferença entre os sexos, reduzindo-a a um produto da cultura. "Não se nasce mulher; torna-se mulher", disse uma de suas ilustres representantes (BEAUVOIR, S., *O segundo sexo*, 1949).

Como devemos ser gratos às "mulheres piedosas"! Ao longo da viagem para o Calvário, os soluços delas foram o único som amigo que chegou aos ouvidos do Salvador; enquanto pendia da cruz, os "olhares" delas foram os únicos a pousar sobre ele com amor e compaixão.

A liturgia bizantina homenageou as mulheres piedosas dedicando-lhes um domingo do ano liturgia, o segundo depois da Páscoa, que foi denominado "Domingo das Miróforas", ou seja, das portadoras de aromas. Jesus alegra-se que as mulheres que o amaram e acreditaram nele quando estava vivo sejam homenageadas na Igreja. Sobre uma delas – a mulher que verteu em sua cabeça um vidro de óleo perfumado – fez esta extraordinária profecia, que se concretizou no decorrer dos séculos: "Onde quer que este evangelho for anunciado, em todo o mundo, também se contará o que ela fez, em sua memória" (Mt 26,13).

***

No entanto, as mulheres piedosas não devem apenas ser admiradas e homenageadas, mas também devem ser imitadas. São Leão Magno diz que "a Paixão de Cristo se prolonga até o final dos séculos" (*Sermão*, 70,5) e Pascal escreveu que "Cristo está em agonia até o fim do mundo" (*Pensamentos*, 553, Br.). A Paixão se prolonga nos membros do corpo de Cristo. São herdeiros das "mulheres piedosas" as inúmeras mulheres, religiosas e leigas, que hoje estão ao lado dos pobres, dos doentes de aids, dos presos, dos rejeitados de todos os tipos da sociedade. A eles – crentes e não crentes – Cristo repete: "A mim o fizestes" (Mt 25,40).

Não apenas por seu papel na Paixão, mas também pelo desempenhado na ressurreição, as mulheres piedosas servem de exemplo para as mulheres cristãs de hoje. Na Bíblia encontramos de uma ponta a outra o imperativo "vai!" ou "ide!", ou seja, envios por parte de Deus. É a palavra dirigida a Abraão, a Moisés ("Vai, Moisés, para a terra do Egito"), aos profetas, aos apóstolos: "Ide por todo o mundo e pregai o Evangelho a toda criatura".

Infelizmente, todos eles são convites dirigidos aos homens. Há apenas um "ide!" dirigido às mulheres, aquele destinado às miróforas na manhã de Páscoa: "Então Jesus lhes disse: 'Ide e anunciai aos meus irmãos que vão à Galileia e lá me verão'" (Mt 28,10). Com essas palavras as constituía as primeiras testemunhas da ressurreição, "mestras dos mestres" como as chama um autor antigo (GREGÓRIO DE ANTIOQUIA, *Homilia sobre as miróforas*, 11).

É uma pena que, em virtude da identificação equivocada com a mulher pecadora que lava os pés de Jesus (Lc 7,37), Maria Madalena tenha alimentado infinitas lendas antigas e modernas, e tenha entrado no culto e na arte quase apenas nas vestes de "penitente", e não nas de primeira testemunha da ressurreição, "apóstola dos apóstolos", como a define Santo Tomás de Aquino (*Comentários ao Evangelho de João*, XX, 2519).

***

"E saindo apressadamente do sepulcro, com temor e grande alegria, as mulheres correram a anunciá-lo aos seus discípulos" (Mt 28,8). Mulheres cristãs, continuem a levar aos sucessores dos apóstolos, a nós sacerdotes, seus colaboradores, o feliz anúncio: "O Mestre está vivo! Ele ressuscitou! Precede-os na Galileia, ou seja, onde quer que andem! Não tenham medo".

Continuem o sublime diálogo que a Igreja mantém com Maria Madalena na sequência da Páscoa: "*Mors et vita duello conflixere mirando: dux vitae mortuus regnat vivus* – Morte e vida se enfrentaram num prodigioso duelo: o Senhor da vida estava morto, mas agora está vivo e reina". A vida venceu a morte: aconteceu para Cristo, acontecerá um dia também para nós. Junto com todas as mulheres de boa vontade, vocês são a esperança de um mundo mais humano.

À primeira das "mulheres piedosas" e seu incomparável modelo, a Mãe de Jesus, repitamos com uma antiga oração da Igreja: "Santa Maria, socorre os indignos, alenta os medrosos, reanima os fracos; reza pelo povo, assiste o clero, intercede pelo devoto sexo feminino – *Sancta Maria, succurre miseris, iuva pusillanimes, refove flebiles: ora pro populo, interveni pro clero, intercede pro devoto femineo sexu*" (Antífona do *Magnificat*, Comum da Bem-aventurada Virgem Maria).

29

"A TÚNICA ERA SEM COSTURAS"

(Sexta-feira Santa de 2008)

Depois de terem crucificado Jesus, os soldados pegaram suas roupas e as dividiram em quatro partes, uma para cada soldado, e a túnica. Aquela túnica era sem costuras, de uma só peça tecida de cima a baixo. Eles decidiram entre si: "Não a rasguemos; tiremos a sorte para ver a quem caberá". Cumpria-se assim a profecia: "Repartiram entre si minhas roupas e da minha túnica tiraram a sorte" (Jo 19,23-24).

Sempre se perguntou sobre o que o evangelista quis dizer ao dar tanta importância a esse detalhe da Paixão. De acordo com a explicação tradicional, a túnica sem costuras simboliza a unidade da Igreja. Uma coisa é certa: a unidade dos discípulos e, através deles, de todo o gênero humano, é, para João, o propósito da morte de Cristo: "Jesus tinha de morrer [...] para reunir os filhos de Deus que estavam dispersos" (Jo 11,51-52). Na última ceia ele mesmo dissera: "Não rogo somente por eles, mas também por aqueles que, por sua palavra, hão de crer em mim; para que todos sejam um! Como tu, Pai, estás em mim e eu em ti, que também eles estejam em nós, para que o mundo creia que tu me enviaste" (Jo 17,20-21).

A boa notícia a ser proclamada na Sexta-feira Santa é que a unidade, antes que uma meta a ser alcançada, é um dom a ser recebido. O fato de a túnica ser tecida "de cima a baixo", escreve São Cipriano, significa que "a unidade trazida por Cristo provém do alto, do Pai celeste, e por isso não pode ser dividida por quem a recebe, mas deve ser recebida integralmente" (*A unidade da Igreja*, 7).

Os soldados dividiram em quatro partes "as roupas", ou "o manto" (*ta imatia*), ou seja, a veste exterior de Jesus, não a túnica, o *chiton*, que era a veste íntima, usada em contato direto com o corpo. Esse também é um símbolo. Nós, homens, podemos dividir a Igreja no seu elemento humano e visível, mas não na sua unidade profunda que se identifica com o Espírito Santo. A túnica de Cristo não foi e não poderá jamais ser dividida. É a fé que professamos com as palavras: "Creio na Igreja, *una*, santa, católica e apostólica".

***

Mas se a unidade deve servir de sinal "para que o mundo creia", ela deve ser uma unidade também visível, comunitária. Foi essa unidade que se perdeu e que temos de reencontrar. Ela é bem mais que relações de boa vizinhança; é a própria unidade mística interior, enquanto acolhida, vivida e manifestada, de fato, pelos crentes: "Um só corpo, um só Espírito, uma só esperança, um só Senhor, uma só fé, um só batismo, um só Deus Pai de todos" (Ef 4,4-6). Uma unidade que não é comprometida pela multiformidade, mas, ao contrário, se expressa nela.

Depois da Páscoa, os apóstolos perguntaram a Jesus: "Senhor, é agora que pretendes restabelecer o reino em favor de Israel?". Hoje muitas vezes fazemos a Deus a mesma pergunta. É agora que pretendes restabelecer a unidade visível da tua Igreja? Também a resposta é a mesma de então: "Não compete a vós conhecer os tempos e os momentos que o Pai fixou para a vossa eleição; mas recebereis a força do Espírito Santo que descerá sobre vós e sereis minhas testemunhas" (At 1,6-8).

Era o que lembrava o Santo Padre na homilia proferida em 25 de janeiro de 2008 na Basílica de São Paulo Extramuros, concluindo a semana pela unidade dos cristãos:

> A unidade com Deus e com nossos irmãos e irmãs – dizia ele – é um dom que vem do Alto, que brota da comunhão de amor entre Pai, Filho e Espírito Santo e que nela aumenta e se aperfeiçoa. Não compete a nós decidir quando ou como essa unidade se realizará plenamente. Só Deus poderá fazê-lo! Como São Paulo, também devemos colocar nossa esperança e confiança na graça de Deus que está conosco.

Também hoje, será o Espírito Santo, se nos deixarmos guiar, que nos conduzirá à unidade. Como o Espírito Santo fez para realizar a primeira unidade fundamental da Igreja: aquela entre judeus e pagãos? Desceu sobre Cornélio e sobre sua casa do mesmo modo que em Pentecostes descera sobre os apóstolos. Por isso Pedro viu-se obrigado a concluir: "Portanto, se Deus deu a eles o mesmo dom que a nós, por termos abraçado a fé no Senhor Jesus Cristo, quem era eu para impedir a ação de Deus?" (At 11,17).

Agora, de um século para cá, vimos repetir-se sob nossos olhos esse mesmo prodígio, em escala mundial. Deus infundiu seu Espírito Santo, de uma forma nova e incomum, sobre milhões de crentes, pertencentes a quase todas as denominações cristãs e, para que não pairassem dúvidas sobre suas intenções, o infundiu com as mesmas manifestações. Não é esse um sinal de que o Espírito nos impele a nos reconhecermos mutuamente como discípulos de Cristo e a tendermos juntos para a unidade?

É verdade que, por si só, essa unidade espiritual e carismática não é suficiente. Podemos ver isso desde o início da Igreja. A unidade entre judeus e gentios acabou de ser concluída e já estava ameaçada pelo cisma. No chamado Concílio de Jerusalém houve uma "longa discussão" e no final chegou-se ao acordo anunciado à Igreja com a fórmula: "Decidimos, o Espírito Santo e nós..." (At 15,28).

O Espírito Santo atua, portanto, também por outro caminho, que é a comparação paciente, o diálogo e até o acordo entre as partes, quando não está em jogo o essencial da fé. Atua também através das "estruturas" humanas e dos "ministérios" criados por Jesus, sobretudo o ministério apostólico e petrino. É o que chamamos hoje ecumenismo doutrinal e institucional.

***

No entanto, mesmo esse ecumenismo doutrinal, ou de vértice, não é suficiente e não avança se não for acompanhado por um ecumenismo espiritual, de base. É o que repetem com insistência cada vez maior precisamente os maiores defensores do ecumenismo institucional. No centenário da instituição da semana de oração pela unidade dos cristãos (1908-2008), aos pés da cruz, queremos meditar sobre esse ecumenismo espiritual: em que consiste e como podemos progredir nele.

O ecumenismo espiritual nasce do arrependimento e do perdão e se alimenta de oração. Em 1977 participei de um congresso ecumênico carismático em Kansas City, no Missouri. Havia 40 mil pessoas presentes, metade católicas (entre as quais o cardeal Suenens) e metade de outras denominações cristãs. Uma noite, ao microfone, um dos animadores começou a falar de uma maneira estranha para mim naquela época: "Vocês, sacerdotes e pastores, chorem e se arrependam, porque o corpo do meu Filho foi despedaçado... Vocês leigos, homens e mulheres, chorem e se arrependam, porque o corpo do meu Filho foi despedaçado".

Comecei a ver as pessoas caírem de joelhos uma depois da outra ao meu redor, muitas delas soluçando de arrependimento pelas divisões no corpo de Cristo. E tudo isso enquanto uma inscrição se destacava de um lado a outro do estádio: "*Jesus is Lord* – Jesus é o Senhor". Eu estava ali como um observador ainda bastante crítico e distanciado, mas lembro-me que pensei comigo mesmo: "Se um dia todos os crentes se reunirem para formar uma só Igreja, será assim: enquanto estivermos todos de joelhos, com o coração contrito e humilhado, sob o grande domínio de Cristo".

Se a unidade dos discípulos deve ser um reflexo da unidade entre o Pai e o Filho, ela deve ser antes de tudo uma unidade de amor, porque essa é a unidade que reina na Trindade. A Escritura nos exorta a "fazer a verdade na caridade – *veritatem facientes in caritate*" (Ef 4,15). E Santo Agostinho afirma que "só se entra na verdade através da caridade – *non intratur in veritatem nisi per caritatem*" (*Contra Fausto*, 32, 18).

O extraordinário desse caminho para a unidade baseada no amor é que ele já está aberto diante de nós. Não podemos "queimar as etapas" sobre a doutrina, porque existem diferenças e elas devem ser resolvidas com paciência nos lugares apropriados. No entanto, podemos queimar as etapas na caridade, e ser unidos, desde agora. O verdadeiro e irrefutável sinal da vinda do Espírito não é, escreve Santo Agostinho, o falar em línguas, mas é o amor pela unidade: "Vocês saberão que têm o Espírito Santo quando permitirem que seu coração aceite a unidade através de uma sincera caridade" (*Sermões*, 269, 3-4).

Pensemos no hino à caridade de São Paulo. Cada uma de suas frases adquire um significado atual e novo, se aplicado ao amor entre os membros das diversas Igrejas cristãs, nas relações ecumênicas:

> *A caridade é paciente...*
> *A caridade não é invejosa...*
> *Não busca apenas o seu interesse* (ou apenas o interesse da própria Igreja).
> *Não tem em conta o mal recebido* (quando muito, das ofensas que fez aos outros!).
> *Não se alegra com a injustiça, mas se compraz na verdade* (não se alegra com as dificuldades das outras Igrejas, mas se alegra com os sucessos espirituais por elas alcançados).
> *Tudo crê, tudo espera, tudo suporta* (1Cor 13,4 ss.).

Há não muito tempo acompanhamos a sua casa eterna Chiara Lubich, fundadora do Movimento dos Focolares. Ela foi uma pioneira e um modelo desse ecumenismo espiritual do amor. Demonstrou que a busca da unidade entre os cristãos não leva ao fechamento para com o resto do mundo, mas, ao contrário, é o primeiro passo e a condição para um diálogo mais amplo com os crentes de outras religiões, e com todos os homens que se preocupam com os destinos da humanidade e da paz.

***

"Amar-se", afirmou-se, "não significa olhar um para o outro, mas olhar juntos para a mesma direção". Também entre cristãos, amar-se significa olhar juntos para a mesma direção, que é Cristo. "Ele é a nossa paz" (Ef 2,14). Se nos convertermos a Cristos e andarmos juntos para ele, nós cristãos nos aproximaremos também entre nós, até sermos, como ele pediu, "uma só coisa com ele e com o Pai". É como acontece com os raios de uma roda. Elas partem de pontos distantes da circunferência, mas, à medida que se aproximam do centro, se aproximam também entre si, até formar um único ponto.

O que poderá reunir os cristãos divididos será apenas a difusão entre eles, por obra do Espírito Santo, de uma nova onda de amor por Cristo. É o que está acontecendo na cristandade e que nos enche de assombro e de esperança. "Porque o amor de Cristo nos impele a pensarmos que um morreu por todos" (2Cor 5,14). O irmão de outra Igreja – ou melhor, cada ser humano – é "alguém por quem Cristo morreu" (Rm 14,15), como morreu por mim.

***

Um motivo em especial deve nos incentivar a seguir adiante nesse caminho. A aposta no início no terceiro milênio não é mais a mesma que no início do segundo milênio, quando se produziu a separação entre Oriente e Ocidente; nem sequer é a mesma da metade do mesmo milênio, quando ocorreu a separação entre católicos e protestantes. Podemos dizer que a maneira exata como o Espírito Santo provém do Pai ou a forma como acontece a justificação do ímpio são os problemas que apaixonam os homens de hoje e com os quais se mantém ou morre a fé cristã? O mundo avançou e nós ficamos presos a problemas e fórmulas dos quais o mundo não conhece nem sequer o significado.

Em 1974, uma notícia espantou e divertiu o mundo inteiro. Durante a última guerra mundial, um soldado japonês tinha sido enviado a uma ilha das Filipinas para se infiltrar entre o inimigo e coletar informações. Ele viveu por trinta anos, escondendo-se em vários pontos da selva e alimentando-se de raízes, frutos e alguma caça, convencido de que a guerra ainda estava acontecendo e ele ainda estava em missão. Quando o encontraram, foi difícil convencê-lo de que a guerra terminara havia vários anos e de que podia voltar para casa. Creio que acontece algo parecido entre os cristãos. Há cristãos que ainda precisam ser convencidos, em ambas as fileiras, de que "a guerra acabou", de que as guerras de religião entre católicos, protestantes e ortodoxos terminaram. Temos muito mais a fazer do que guerrear uns contra os outros! O mundo esqueceu, ou nunca conheceu, o seu Salvador, aquele que é a luz do mundo, o caminho, a verdade e a vida, e nós perdemos tempo polemizando entre nós?

Nas batalhas medievais havia um momento em que, superados a infantaria, os arqueiros e a cavalaria, o corpo a corpo se concentrava em torno do rei. Ali se decidia o resultado final do confronto. Também para nós a batalha hoje é em torno do rei. Existem edifícios ou estruturas metálicas construídos de tal modo que se se toca num certo ponto nevrálgico, ou se se tira certa pedra, tudo desmorona. No edifício da fé cristã, essa pedra angular é a divindade de Cristo. Se esta é removida, tudo se desfaz, a começar pela fé na Trindade.

Isso nos leva a perceber que existem hoje apenas dois ecumenismos possíveis: um ecumenismo da fé e um ecumenismo da incredulidade; um que reúne todos os que acreditam que Jesus é o Filho de Deus, que Deus é Pai, Filho e Espírito Santo, e que Cristo morreu para salvar todos os homens, e um que reúne todos aqueles que, obedecendo ao símbolo de Niceia, continuam a proclamar essas fórmulas, esvaziando-as, porém, de seu verdadeiro conteúdo. Um ecumenismo em que, em última instância, todos acreditam nas mesmas coisas, porque ninguém acredita mais em nada, no sentido que a palavra "acreditar" tem no Novo Testamento.

"Quem vence o mundo", escreve João na Primeira Carta, "senão quem acredita que Jesus é o Filho de Deus?" (1Jo 5,5). Segundo esse critério, a distinção fundamental entre os cristãos não é entre católicos, ortodoxos e protestantes, mas entre os que acreditam que Cristo é o Filho de Deus e os que não acreditam nisso.

***

No segundo ano do rei Dario, no primeiro dia do sexto mês, a palavra do Senhor foi dirigida, por intermédio do profeta Ageu, a Zorobabel, filho de Salatiel, governador da Judeia, e a Josué, filho de Josedec, o sumo sacerdote... "Acaso para vós é tempo de habitar tranquilamente em vossas casas lambrisadas, enquanto a minha casa ainda está em ruínas?" (Ag 1,1-4).

Essa palavra do profeta Ageu é dirigida a nós hoje. É tempo de continuar a nos preocupar apenas com o que diz respeito à nossa ordem religiosa, ao nosso movimento ou à nossa Igreja? Não será precisamente esse o motivo pelo qual também nós "semeamos muito e pouco colhemos" (Ag 1,6)? Pregamos e fazemos de tudo, mas o mundo se afasta, ao invés de se converter a Cristo.

O povo de Israel ouviu o apelo do profeta; cada um deixou de embelezar a própria casa para reconstruírem juntos o templo de Deus. Então Deus enviou novamente o seu profeta com uma mensagem de consolação e de encorajamento que também serve para nós: "Agora, coragem, Zorobabel, oráculo do Senhor, coragem, Josué, filho de Josedec, sumo sacerdote! Coragem, povo de todo o país, diz o Senhor, e mãos à obra, pois eu estou convosco" (Ag 2,4).

Coragem, todos vocês que estão empenhados na causa da unidade dos cristãos, e mãos à obra, pois eu estou convosco, diz o Senhor!

30

"ATÉ A MORTE, E MORTE DE CRUZ"

(Sexta-feira Santa de 2009)

"Christus factus est pro nobis oboediens usque ad mortem, mortem autem crucis – Por nós Cristo se fez obediente até a morte, e morte de cruz". No segundo milênio do nascimento do apóstolo Paulo, ouçamos novamente algumas de suas inflamadas palavras sobre o mistério da morte de Cristo que estamos celebrando. Ninguém melhor que ele pode nos ajudar a compreender seu significado e seu alcance.

Aos coríntios escreve à maneira de manifesto:

> Os judeus exigem milagres e os gregos buscam a sabedoria, nós pregamos Cristo crucificado, escândalo para os judeus e loucura para os pagãos; mas para aqueles que são chamados, sejam judeus ou gregos, pregamos Cristo, poder de Deus e sabedoria de Deus (1Cor 1,22-24).

A morte de Cristo tem um alcance universal: "Um morreu por todos, logo todos morreram" (2Cor 5,14). Sua morte deu um novo sentido à morte de cada homem e de cada mulher.

Aos olhos de Paulo a cruz assume uma dimensão cósmica. Sobre ela Cristo derrubou o muro de separação, reconciliou os homens com Deus e entre si, destruindo a inimizade (cf. Ef 2,14-16). A partir daí a primitiva tradição desenvolverá o tema da cruz como árvore cósmica que, com o braço vertical, une céu e terra e, com o braço horizontal, reconcilia entre si os diversos povos do mundo. Evento cósmico e ao mesmo tempo personalíssimo: "Amou-me e por isso entregou-se por mim" (Gl 2,20). Cada homem, escreve o Apóstolo, é "alguém por quem Cristo morreu" (Rm 14,15).

De tudo isso nasce o sentimento da cruz, não mais como castigo, recriminação ou argumento de aflição, mas como glória e orgulho do cristão, ou seja, como uma jubilosa segurança, acompanhada de comovida gratidão, à qual o homem se eleva na fé: "Quanto a mim, não haja outro orgulho e glória a não ser na cruz de Nosso Senhor Jesus Cristo" (Gl 6,14).

Paulo plantou a cruz no centro da Igreja como mastro principal no centro do navio; fez dela o fundamento e o centro de gravidade de tudo. Fixou para sempre o quadro do anúncio cristão. Os Evangelhos, escritos depois dele, seguirão seu esquema, fazendo do relato da paixão e morte de Cristo o eixo para o qual tudo está orientado.

Ficamos impressionados diante da tarefa levada a termo pelo Apóstolo. Para nós hoje é relativamente fácil ver as coisas sob essa perspectiva, depois que a cruz de Cristo, como dizia Agostinho, preencheu a terra e agora brilha sobre a coroa dos reis (*Comentários sobre os Salmos*, 54, 12). Quando Paulo escrevia, ela ainda era sinônimo da maior ignomínia, algo que não se devia nem sequer nomear entre pessoas educadas.

***

O objetivo do ano paulino não é tanto o de conhecer melhor o pensamento do Apóstolo (os estudiosos fazem isso desde sempre, sem contar que a pesquisa científica requer tempos mais longos que um ano); é mais, como lembrou em várias ocasiões o Santo Padre, o de aprender de Paulo como responder aos desafios atuais da fé.

Um desses desafios, talvez o mais conhecido desafio jamais visto até hoje, traduziu-se num *slogan* publicitário escrito nos meios de transporte público de Londres e de outras cidades europeias: "Deus provavelmente não existe. Portanto, deixe de se preocupar e aproveite a vida – *There's probably no God. Now stop worrying and enjoy your life*".

O elemento mais preocupante nesse *slogan* não é a premissa "Deus não existe", e sim a conclusão: "Aproveite a vida!". A mensagem subliminar é que a fé em Deus impede de desfrutar a vida, é inimiga da alegria. Sem ela haveria mais felicidade no mundo! Paulo nos ajuda a dar uma resposta a esse desafio, explicando a origem e o sentido de todo sofrimento, a partir daquele de Cristo.

Por que "era necessário que Cristo padecesse para entrar na sua glória"? (Lc 24,26). Essa pergunta às vezes recebe uma resposta "fraca" e, em certo sentido, reconfortante. Cristo, revelando a verdade de Deus, provoca necessariamente a oposição das forças do mal e das trevas e estas, como acontecera nos profetas, levam à sua rejeição e à sua eliminação. "Era necessário que Cristo padecesse" seria entendido, portanto, no sentido de "era inevitável que Cristo padecesse".

Paulo dá uma resposta "forte" àquela pergunta. A necessidade não é de ordem natural, mas sobrenatural. Nos países de antiga fé cristã quase sempre se associa a ideia de sofrimento e de cruz à de sacrifício e de expiação: o sofrimento, pensa-se, é necessário para expiar o pecado e aplacar a justiça de Deus. É isso que, na época moderna, provocou a rejeição de todas as ideias de sacrifício oferecido a Deus e, por fim, da própria ideia de Deus.

Não se pode negar que às vezes nós, cristãos, demos o flanco a essa acusação. Mas trata-se de um equívoco que um melhor conhecimento do pensamento de São Paulo esclareceu definitivamente. Ele escreve que Deus predeterminou Cristo "a servir de meio de expiação" (Rm 3,25), mas tal expiação não atua sobre Deus para aplacá-lo, mas sobre o pecado para eliminá-lo. "Pode-se dizer que é o próprio Deus, não o homem, que expia o pecado... A imagem é mais a da remoção de uma mancha corrosiva ou a neutralização de um vírus letal que a de uma ira aplacada pela punição" (DUNN, J., *A teologia do apóstolo Paulo*, 1998).

Cristo deu um conteúdo radicalmente novo à ideia de sacrifício. Nele

> não é mais o homem que exerce uma influência sobre Deus para que este se aplaque. Ao contrário, é Deus que age para que o homem desista da própria inimizade contra ele e para com o próximo. A salvação não começa com o pedido de reconciliação por parte do homem, mas com o pedido de Deus: "Deixai-vos reconciliar com ele" (1Cor 2,6 ss.) (THEISSEN, G.; MERZ, A., *O Jesus histórico*, 2001).

O fato é que Paulo leva o pecado a sério, não o banaliza. Para ele, o pecado é a causa principal da infelicidade dos homens, ou seja, a rejeição de Deus, não Deus! Ele encerra a criatura humana na "mentira" e na "injustiça" (Rm 1,18 ss.; 3,23); condena o próprio cosmos material à "vaidade" e à "corrupção" (Rm 8,19 ss.) e é a causa última também dos males sociais que afligem a humanidade.

Realizam-se análises sem fim da crise econômica em ação no mundo e das suas causas, mas quem ousa brandir o machado contra a raiz e falar de pecado? A elite financeira e econômica mundial se tornara uma locomotiva enlouquecida que avançava desenfreadamente, sem se preocupar com o resto do trem que ficara parado à distância sobre os trilhos. Estávamos todos andando na "contramão".

O Apóstolo define a avareza insaciável como uma "idolatria" (Cl 3,5) e aponta a desenfreada ganância de dinheiro como "a raiz de todos os males" (1Tm 6,10). Podemos dizer que ele está errado? Por que tantas famílias reduzidas à miséria, massas de operários que ficam sem trabalho, a não ser pela insaciável sede de lucro por parte de alguns? E por que, no terremoto da região de Abruzzo destes dias, desmoronavam tantos prédios construídos recentemente? O que levou a colocar areia do mar no lugar de cimento?

***

Com sua morte, Cristo não apenas denunciou e venceu o pecado, mas deu um novo sentido ao sofrimento, até mesmo ao que não depende do pecado de ninguém, como, precisamente, a dor de tantas vítimas do terremoto que abalou a vizinha região de Abruzzo. Fez dele um caminho para a ressurreição e a vida. O novo sentido dado por Cristo ao sofrimento não se manifesta tanto na sua morte, quanto na superação da morte, ou seja, na ressurreição. "Morreu por nossos pecados e ressuscitou para nossa justificação" (Rm 4,25): os dois eventos são inseparáveis no pensamento de Paulo e da Igreja.

É uma experiência humana universal: nesta vida, prazer e dor se sucedem com a mesma regularidade com que, ao elevar-se uma onda no mar, segue-se uma depressão e um vazio que traga o náufrago. "Um quê de amargo – escreveu o poeta pagão Lucrécio – surge do próprio íntimo de todo prazer e nos angustia em meio às delícias" (*De rerum natura*, IV, 1129 s.). O uso da droga, o abuso do sexo, a violência homicida, provocam a momentânea embriaguez do prazer, mas conduzem à dissolução moral, e muitas vezes também física, da pessoa.

Cristo, com sua paixão e morte, subverteu a relação entre prazer e dor. Não mais um prazer que termina em sofrimento, mas um sofrimento que leva à vida e à alegria. Não se trata apenas de uma sucessão diversa das duas coisas; desse modo, é a alegria que tem a última palavra, não o sofrimento, e uma alegria que durará eternamente. "Cristo ressuscitado dos mortos não morre mais; a morte já não tem poder sobre ele" (Rm 6,9). E não o terá nem sequer sobre nós.

Essa nova relação entre sofrimento e prazer se reflete na maneira de dividir o tempo na Bíblia. No cálculo humano, o dia começa com a manhã e termina com a noite; para a Bíblia, começa com a noite e termina com o dia: "E foi noite e foi manhã: primeiro dia", recita o relato da criação (Gn 1,5). Não é sem significado que Jesus morreu à noite e ressuscitou pela manhã. Sem Deus, a vida é um dia que termina na noite; com Deus, é uma noite que termina no dia, e um dia sem ocaso.

Cristo não veio, portanto, para aumentar o sofrimento humano ou para pregar a resignação a ele; veio para lhe dar um sentido e para anunciar seu fim e sua superação. Aquele *slogan* nos ônibus de Londres e de outras cidades é lido também por pais que têm um filho doente, por pessoas sozinhas, ou desempregadas, por exilados fugitivos dos horrores da guerra, por pessoas que sofreram graves injustiças na vida... Eu tento imaginar a reação delas ao ler as palavras: "Deus provavelmente não existe: aproveite, portanto, a vida!". E com quê?

O sofrimento continua certamente a ser um mistério para todos, sobretudo o sofrimento dos inocentes, mas sem a fé em Deus ele se torna imensamente mais absurdo. Tira-se dos que sofrem até a última esperança de resgate. O ateísmo é um luxo a que se podem dar só os privilegiados pela vida, os que tiveram tudo, inclusive a possibilidade de se dedicar aos estudos e à pesquisa.

***

Não é a única incongruência daquele achado publicitário. "Deus *provavelmente* não existe": portanto, poderia até existir, não é possível excluir totalmente sua existência. Mas, caro irmão sem fé, se Deus não existe, eu não perdi nada; mas se ele existir, você perdeu tudo! Deveríamos quase agradecer aos que promoveram aquela campanha publicitária; ela serviu à causa de Deus mais do que muitos de nossos argumentos apologéticos. Mostrou a pobreza de suas razões e contribuiu para despertar tantas consciências adormecidas.

No entanto, Deus tem uma medida de juízo diferente da nossa e, se vê a boa-fé, ou uma ignorância inocente, salva mesmo quem em vida se empenhou em combatê-lo. Nós, crentes, temos de nos preparar para surpresas a esse respeito.

Deus é capaz de transformar seus negadores mais obstinados em seus apóstolos mais apaixonados. Paulo é a demonstração disso. O que fizera Saulo de Tarso, cujos dois mil anos de nascimento celebramos este ano, para merecer aquele encontro extraordinário com Cristo? Em que tinha acreditado, esperado, sofrido? A ele se aplica o que Agostinho dizia de toda eleição divina: "Busque o mérito, busque a justiça, reflita e veja se encontra outra coisa além de graça" (*De praed. Sanctorum*, 15, 30). É assim que ele explica o próprio chamado: "Eu não sou digno nem sequer de ser chamado apóstolo, porque persegui a Igreja de Deus. Mas pela graça de Deus sou o que sou" (1Cor 15,9-10).

A cruz de Cristo é motivo de esperança para todos e o ano paulino é uma ocasião de graça também para quem não crê e está em busca. Uma coisa fala a favor deles diante de Deus: o sofrimento! Como o restante da humanidade, também os ateus sofrem na vida, e o sofrimento, desde que o Filho de Deus o tomou sobre si, tem um poder redentor quase sacramental. É um canal através do qual as energias salvíficas da cruz de Cristo são oferecidas à humanidade.

Ao convite a rezar "por aqueles que não acreditam em Deus", se seguirá, daqui a pouco, esta tocante oração do Santo Padre: "Deus onipotente e eterno, tu colocaste no coração dos homens uma nostalgia tão profunda de ti que só quando te encontram temos paz: faz com que, para além de cada obstáculo, todos reconheçam os sinais da tua bondade e, estimulados pelo testemunho da nossa vida, tenham a alegria de acreditar em ti, único Deus verdadeiro e Pai de todos os homens. Por Cristo, nosso Senhor".

31

"TEMOS UM GRANDE SUMO SACERDOTE"

(Sexta-feira Santa de 2010)

"Temos um grande Sumo Sacerdote que atravessou os céus, Jesus, o Filho de Deus": assim começa o trecho da Carta aos Hebreus que ouvimos na segunda leitura. No Ano Sacerdotal, celebrado por ocasião do 150º aniversário da morte do Santo Cura d'Ars, São João Maria Vianney, a liturgia da Sexta-feira Santa nos permite remontar à fonte histórica do sacerdócio cristão.

Ela é a fonte de ambas as realizações do sacerdócio: a ministerial, dos bispos e dos presbíteros, e a universal, de todos os fiéis. De fato, também ela se fundamenta no sacrifício de Cristo. Ele, diz o Apocalipse, "nos ama e nos libertou dos nossos pecados com seu sangue, fazendo de nós um reino e sacerdotes de Deus, seu Pai" (Ap 1,5-6). Por isso, é de vital importância entender a natureza do sacrifício e do sacerdócio de Cristo porque é deles que, sacerdotes e leigos, de maneiras diferentes, devemos extrair a base e procurar viver as exigências.

A Carta aos Hebreus explica em que consiste a novidade e a unicidade do sacerdócio de Cristo, não apenas em relação ao sacerdócio da antiga aliança, mas em relação a toda instituição sacerdotal mesmo fora da Bíblia.

> Cristo, sumo sacerdote dos bens vindouros [...], entrou de uma vez para sempre no santuário, não com sangue de bodes ou de novilhos, mas com o próprio sangue. Com o qual conquistou para nós uma redenção eterna. Pois se o sangue de bodes e de touros e a cinza da novilha, que é aspergida sobre os que estão contaminados, os santificam, dando-lhes a pureza da carne, quanto mais o sangue de Cristo, que mediante o Espírito eterno se ofereceu a si próprio sem mancha a Deus, purificará a nossa consciência das obras mortas, para servirmos ao Deus vivo! (Hb 9,11-14).

Essa é a novidade. Todos os outros sacerdotes oferecem algo fora de si, Cristo ofereceu a si mesmo; todos os outros sacerdotes oferecem vítimas, Cristo se ofereceu como vítima! Santo Agostinho resumiu numa fórmula célebre este novo tipo de sacrifício em que sacerdote e vítima são a mesma coisa: "Ideo sacerdos, quia sacrificium – sacerdote porque vítima" (*Confissões*, 10, 43).

***

Em 1972, um famoso pensador francês lançava a tese segundo a qual "a violência é o coração e a alma secreta do sagrado" (GIRARD, R., *A violência e o sagrado*, 1972). De fato, na origem e no centro de toda religião existe o sacrifício, o rito do bode expiatório que sempre comporta destruição e morte. O jornal *Le Monde* corroborava essa afirmação, dizendo que ela fazia daquele ano "um ano de destaque nos anais da humanidade". No entanto, já antes dessa data, aquele estudioso se aproximara do cristianismo e, na Páscoa de 1959, tornara pública a sua "conversão", declarando-se crente e retornando à Igreja.

Isso lhe permitiu, nos estudos subsequentes, não se deter na análise do mecanismo da violência, mas indicar também como sair dele. Infelizmente, muitos continuaram a citar René Girard como aquele que denunciou a aliança entre o sagrado e a violência, mas não mencionam o Girard que apontou no mistério pascal de Cristo a ruptura total e definitiva dessa aliança.

Para ele, Jesus desmascara e rompe o mecanismo que sacraliza a violência, fazendo de si mesmo o voluntário "bode expiatório" da humanidade, a vítima inocente de toda a violência. Cristo não veio com o sangue de outros, mas com o próprio. Não colocou os próprios pecados nos ombros dos outros – homens ou animais –; colocou os pecados dos outros nos próprios ombros: "Ele carregou os nossos pecados no seu corpo sobre o madeiro da Cruz" (1Pd 2,24).

O processo que leva ao nascimento da religião é invertido, em relação à explicação que Freud lhe dera. Em Cristo, é Deus que se faz vítima, não a vítima (em Freud, o pai primordial), que, uma vez sacrificada, é sucessivamente elevada à dignidade divina (o Pai dos céus). Não é mais o homem que oferece sacrifícios a Deus, mas é Deus que se "sacrifica" pelo homem, entregando à morte por ele o seu Filho unigênito (cf. Jo 3,16). O sacrifício não serve mais para "aplacar" a divindade, mas sim para aplacar o homem e fazê-lo desistir da sua hostilidade em relação a Deus e ao próximo.

Pode-se, então, continuar a falar de sacrifício, a propósito da morte de Cristo e, portanto, da Missa? Por muito tempo, o estudioso citado rejeitou esse conceito, considerando-o demasiado marcado pela ideia de violência, mas depois acabou admitindo sua possibilidade com toda a tradição cristã, com a condição de ver, no sacrifício de Cristo, um novo tipo de sacrifício, e de ver nessa mudança de significado "o fato central na história religiosa da humanidade".

***

Visto nessa perspectiva, o sacrifício de Cristo contém uma mensagem formidável para o mundo de hoje. Grita ao mundo que a violência é um resíduo arcaico, uma regressão a fases primitivas e superadas da história humana e – quando se trata de crentes – é um atraso criminoso e escandaloso na tomada de consciência do salto de qualidade realizado por Cristo.

Lembra também que a violência foi derrotada. Em quase todos os mitos antigos, a vítima é o vencido e o carrasco é o vencedor (cf. GIRARD, R., *O bode expiatório*, 1986). Jesus mudou o sinal da vitória. Inaugurou um novo tipo de vitória que não consiste em fazer vítimas, mas em se fazer vítima.

O valor moderno da defesa das vítimas, dos fracos e da vida ameaçada nasceu no solo do cristianismo, é um fruto tardio da revolução realizada por Cristo. Temos a sua contraprova. Assim que se abandona (como fez Nietzsche) a visão cristã para trazer de novo à vida a visão pagã, perde-se essa conquista e se volta a exaltar "o forte, o poderoso, até o seu ponto mais sublime, o super-homem", e se define a moral cristã como "uma moral de escravos", fruto do ressentimento impotente dos fracos contra os fortes.

Infelizmente, porém, a mesma cultura hodierna que condena a violência, por outro lado, a favorece e a exalta. Rasgamos as vestes diante de certos crimes de sangue, mas não nos damos conta de que se prepara o terreno para eles com aquilo de que se faz propaganda na página ao lado do jornal ou na programação sucessiva da televisão. O gosto com que se persiste na descrição da violência e a competição para ver quem é o primeiro e o mais frio em descrevê-la só a favorecem. O resultado não é uma catarse do mal, mas uma incitação a ele. É perturbador que a violência e o sangue tenham se tornado um dos ingredientes mais atraentes nos filmes e nos *videogames*, que sejamos atraídos por eles e nos divirtamos com eles.

O mesmo estudioso acima citado evidenciou a matriz que desencadeia o mecanismo da violência: o mimetismo, aquela inata tendência humana a considerar desejáveis as coisas que os outros desejam e, portanto, a repetir as coisas que veem os outros fazer. A psicologia do "grupo" é aquela que leva à escolha do "bode expiatório" para encontrar, na luta contra um inimigo comum – em geral, o elemento mais fraco, o diferente –, uma coesão artificial e momentânea.

Temos um exemplo disso na recorrente violência dos jovens no estádio, no *bullying* das escolas e em certas manifestações nas praças que deixam atrás de si destruição e ruínas. Uma geração de jovens que tiveram o raríssimo privilégio de não conhecer uma verdadeira guerra e de nunca terem sido chamados às armas se diverte (porque se trata de um jogo, ainda que estúpido e às vezes trágico) inventando pequenas guerras, impelida pelo mesmo instinto que movia a horda primordial.

***

Mas existe uma violência ainda mais grave e difusa que a dos jovens nos estádios e nas praças. Falo da violência contra as mulheres. Esta é uma oportunidade para levar as pessoas e as instituições que lutam contra ela a compreender que Cristo é seu melhor aliado.

Trata-se de uma violência muito mais grave, na medida em que acontece frequentemente abrigada pelas paredes domésticas, às escondidas de todos, quando não é até mesmo justificada com preconceitos pseudorreligiosos e culturais. As vítimas encontram-se desesperadamente sós e indefesas. Só hoje, graças ao apoio e ao encorajamento de várias associações e instituições, algumas encontram a força para vir a público e denunciar os culpados.

Muita dessa violência tem fundo sexual. É o homem que pensa demonstrar sua virilidade enfurecendo-se contra a mulher, sem se dar conta de que está demonstrando apenas a sua insegurança e covardia. Até em relação à mulher que errou, que contraste entre o modo de agir de Cristo e o ainda presente em certos ambientes! O fanatismo invoca a lapidação; aos homens que lhe apresentaram uma adúltera, Cristo responde: "Quem de vós estiver sem pecado, que seja o primeiro a atirar a pedra" (Jo 8,7). O adultério é um pecado que se comete sempre em dois, mas pelo qual um só sempre foi (e, em algumas partes do mundo, ainda é) punido.

A violência contra a mulher nunca é tão odiosa como quando se esconde lá onde deveriam reinar o respeito e o amor recíproco, na relação entre marido e mulher. É verdade que a violência não é sempre e toda de uma só parte, que é possível ser violentos até com as palavras, não apenas com as mãos, mas ninguém pode negar que na grande maioria dos casos a vítima é a mulher.

Há famílias em que o homem ainda se sente autorizado a levantar a voz e as mãos sobre as mulheres da casa. Mulher e filhos às vezes vivem sob a constante ameaça da "ira do pai". A estes seria necessário dizer amavelmente: "Caros colegas homens, criando-nos do sexo masculino, Deus não pretendeu nos dar o direito de nos enraivecer e bater os punhos na mesa pelas mínimas coisas. A palavra dirigida a Eva depois do pecado: 'Ele (o homem) te dominará' (Gn 3,16), era uma amarga previsão, não uma autorização".

João Paulo II inaugurou a prática dos pedidos de perdão por erros coletivos. Um deles, entre os mais justos e necessários, é o perdão que metade da humanidade deve pedir à outra metade, os homens às mulheres. Ele não deve permanecer genérico e abstrato. Deve levar, especialmente em quem se professa cristão, a gestos concretos de conversão, a pedidos de desculpa e de reconciliação no interior das famílias e da sociedade.

***

O trecho da Carta aos Hebreus que ouvimos continua dizendo: "Nos dias de sua vida na carne, com altos brados e lágrimas, ele ofereceu orações e súplicas àquele que podia salvá-lo da morte". Jesus conheceu em toda a sua crueza a situação das vítimas, os gritos sufocados e as lágrimas silenciosas. Realmente, "não temos um sumo sacerdote que não possa sofrer conosco nas nossas fraquezas". Em cada vítima da violência Cristo revive misteriosamente a sua experiência terrena. Também a propósito de cada uma delas ele diz: "a mim o fizestes" (Mt 25,40).

Por uma rara coincidência, este ano a nossa Páscoa cai na mesma semana da Páscoa judaica, que é sua antecessora e a matriz dentro da qual se formou. Isso nos impele a dirigir um pensamento aos irmãos judeus. Eles sabem por experiência o que significa ser vítimas da violência coletiva e também por isso estão prontos a reconhecer seus sintomas recorrentes. Nestes dias recebi a carta de um amigo judeu e, com a permissão dele, compartilho aqui uma parte. Diz:

> Estou acompanhando com tristeza o ataque violento e concêntrico contra a Igreja, o Papa e todos os fiéis por parte do mundo inteiro. O uso do estereótipo, a passagem da responsabilidade e culpa pessoal para a coletiva me recordam os aspectos mais vergonhosos do antissemitismo. Desejo,

portanto, expressar aqui pessoalmente, ao Papa e a toda a Igreja, a minha solidariedade de judeu do diálogo e de todos aqueles que no mundo judaico (e são muitos) compartilham esses sentimentos de fraternidade. A nossa Páscoa e a de vocês têm indubitáveis elementos de alteridade, mas ambas vivem na esperança messiânica que seguramente nos reunirá no amor do Pai comum. Por isso, desejo-lhe e a todos os católicos Boa Páscoa.

E também nós, católicos, desejamos aos irmãos judeus Boa Páscoa. E o fazemos com as palavras de seu antigo mestre Gamaliel, que entraram no *Seder* pascal judaico e daqui passaram à mais antiga liturgia cristã (nós as recitamos no Ofício das leituras de ontem, da homilia pascal de Melitão de Sardes):

> Ele nos fez passar
> da escravidão à liberdade,
> da tristeza à alegria,
> do luto à festa,
> das trevas à luz,
> da servidão à redenção.
> Por isso, diante dele, dizemos: Aleluia (*Pesachim*, X, 5; MELITÃO DE SARDES, *Sobre a Páscoa*, 68).

32

"JESUS CRISTO, O TESTEMUNHO FIEL"

(Sexta-feira Santa de 2011)

Na sua Paixão – escreve São Paulo a Timóteo – Jesus Cristo "deu seu belo testemunho" (1Tm 6,13). João, no Apocalipse, define-o "testemunho fiel" (Ap 1,5). Nós nos perguntamos: testemunho de quê? Não da verdade da sua vida e da sua causa. Muitos morreram, e morrem ainda hoje, por uma causa equivocada, acreditando que seja justa. A ressurreição, esta sim testemunha a verdade de Cristo: "Deus deu a todos a prova segura sobre Jesus, ressuscitando-o dos mortos", dirá o Apóstolo no Areópago de Atenas (At 17,31).

A morte não testemunha a verdade, mas o amor de Cristo. Aliás, ela constitui a prova suprema desse amor: "Ninguém tem maior amor do que aquele que dá a vida por seus amigos" (Jo 15,13). Poderíamos objetar que há um amor maior do que dar a vida por seus amigos, e é dar a vida por seus próprios inimigos. Mas foi precisamente isso que Jesus fez. "Dificilmente se encontra alguém disposto a morrer por uma pessoa justa; talvez possa haver quem se atreva a morrer por uma pessoa de bem. Mas Deus demonstra o seu amor por nós, porque, enquanto ainda éramos pecadores, Cristo morreu por nós" (Rm 5,6-8). "Amou-nos quando éramos inimigos, para poder nos tornar amigos" (AGOSTINHO, *In 1 Joh.*, 9, 9).

Uma certa "teologia da cruz" unilateral pode nos levar a esquecer o essencial. A cruz não é apenas juízo de Deus sobre o mundo, refutação da sua sabedoria e revelação do seu pecado. Não é o NÃO de Deus ao mundo, mas o seu SIM de amor:

> A injustiça, o mal como realidade – escreve o Santo Padre no seu último livro sobre Jesus – não pode simplesmente ser ignorada, deixada como está.

Deve ser eliminada, vencida. Esta é a verdadeira misericórdia. E que agora, como os homens não são capazes de fazê-lo, o próprio Deus o faça – esta é a bondade incondicional de Deus (RATZINGER, J. – BENTO XVI, *Jesus de Nazaré*, segunda parte).

***

Mas como ter coragem de falar do amor de Deus, enquanto temos diante dos olhos tantas desventuras humanas, como a catástrofe que se abateu sobre o Japão, ou as tragédias dos imigrantes ocorridas no mar nas últimas semanas? Deixar de falar dele? Mas silenciar seria trair a fé e ignorar o sentido do mistério que estamos celebrando.

Há uma verdade a ser proclamada com força na Sexta-feira Santa. Aquele que contemplamos na cruz é Deus "em pessoa". Sim, é também o homem Jesus de Nazaré, mas ele é uma só pessoa com o Filho do eterno Pai. Enquanto não se reconhecer e não se levar a sério o dogma de fé fundamental dos cristãos – o primeiro definido dogmaticamente em Niceia – de que Jesus Cristo é o Filho de Deus, o próprio Deus, da mesma substância do Pai, o sofrimento humano ficará sem resposta.

Não se pode dizer que "a pergunta de Jó permaneceu pendente", que nem sequer a fé cristã tem uma resposta para o sofrimento humano, se desde o início se rejeita a resposta que ela afirma ter. O que se faz para assegurar alguém de que certa bebida não contém veneno? Bebe-se antes dele, na frente dele! Assim fez Deus com os homens. Ele bebeu o cálice amargo da Paixão. Desse modo, o sofrimento humano não pode ser envenenado, não pode ser apenas negatividade, perda, absurdo, se o próprio Deus escolheu prová-lo. No fundo do cálice deve haver uma pérola.

Nós sabemos o nome da pérola: ressurreição! "Tenho certeza de que os sofrimentos do tempo presente não têm proporção com a glória futura que vai se revelar em nós" (Rm 8,18), e ainda "ele enxugará toda lágrima de seus olhos, e não haverá mais morte, nem luto, nem grito, nem dor, porque as primeiras coisas terão passado" (Ap 21,4).

Se a corrida da vida terminasse aqui na terra, seria realmente desesperador pensar nos milhões e talvez bilhões de seres humanos que começam em desvantagem, aprisionados pela pobreza e pelo desenvolvimento no ponto de partida, e isso enquanto alguns poucos se concedem todos os tipos de luxo e não sabem como gastar as somas absurdas que ganham.

Mas não é assim. A morte não apenas elimina as diferenças, mas as inverte. "Morreu o pobre e foi levado pelos anjos ao seio de Abraão. Morreu também o rico (epulão) e foi sepultado no inferno" (cf. Lc 16,22-23). Não podemos aplicar de maneira simplista esse esquema à realidade social, mas ele está ali para nos alertar de que a fé na ressurreição não deixa ninguém na sua vida tranquila. Ele nos lembra que a máxima "viver e deixar viver" nunca deve ser transformada na máxima "viver e deixar morrer".

A resposta da cruz não é apenas para nós cristãos, é para todos, porque o Filho de Deus morreu por todos. Há no mistério da redenção um aspecto objetivo e um aspecto subjetivo; há o fato em si mesmo e a tomada de consciência e a resposta de fé a ele. O primeiro se estende para além do segundo. "O Espírito Santo – diz um texto do Vaticano II –, dá a cada homem a possibilidade de entrar em contato, do modo que Deus conhece, com o mistério pascal" (GS, n. 22).

Uma das maneiras de ser associados ao mistério pascal é precisamente o sofrimento: "Sofrer – escrevia João Paulo II logo após o atentado que sofreu e da longa convalescença que se seguiu a ele – significa tornar-se particularmente suscetíveis, particularmente sensíveis à obra das forças salvíficas de Deus oferecidas à humanidade em Cristo" (*Salvifici doloris*, n. 23). O sofrimento, todo sofrimento, mas especialmente o dos inocentes, põe em contato de modo misterioso, "conhecido só a Deus", com a cruz de Cristo.

***

Depois de Jesus, aqueles que "deram o seu belo testemunho" e "beberam o cálice" são os mártires! No início os relatos de sua morte eram intitulados *passio*, paixão, como o dos sofrimentos de Jesus que acabamos de ouvir. O mundo cristão voltou a ser visitado pela prova do martírio, que se acreditava finda com a queda dos regimes totalitários ateus. Não podemos silenciar sobre seu testemunho. Os primeiros cristãos honravam seus mártires; os atos de seu martírio eram lidos e divulgados entre as Igrejas com imenso respeito. Precisamente hoje, Sexta-feira Santa de 2011, num grande país da Ásia, os cristãos rezaram e marcharam em silêncio pelas ruas das cidades para esconjurar a ameaça que paira sobre eles.

Há uma coisa que distingue os atos autênticos dos mártires dos legendários, construídos deliberadamente após o fim das perseguições. Nos primeiros, quase não há vestígio de polêmica contra os perseguidores; toda a atenção está concentrada no heroísmo dos mártires, não na perversidade dos juízes e dos carrascos.

São Cipriano chegaria a ordenar aos seus que dessem 25 moedas de ouro ao carrasco que lhes cortaria a cabeça. São discípulos daquele que morreu dizendo: "Pai, perdoa-lhes, porque não sabem o que fazem". "O sangue de Jesus – lembrou-nos o Santo Padre em seu último livro – fala uma língua diferente que a de Abel (cf. Hb 12,24): não pede vingança e punição, mas é reconciliação" (RATZINGER, J. – BENTO XVI, op. cit.).

Também o mundo se inclina diante dos testemunhos modernos da fé. Isso explica o inesperado sucesso na França do filme *Homens de Deus* que narra a história de sete monges trapistas trucidados em Tibhirine em março de 1996. E como não ficar admirados com as palavras escritas no seu testamento pelo político católico, Shahbaz Bhatti, assassinado por causa de sua fé, no mês passado? O seu testamento é deixado também para nós, seus irmãos de fé, e seria ingratidão deixá-lo cair no esquecimento.

> Propuseram-me – escrevia – altos cargos no governo e me pediram para abandonar a minha batalha, mas eu sempre recusei, até mesmo arriscando minha própria vida. Não quero popularidade, não quero posições de poder. Quero apenas um lugar aos pés de Jesus. Quero que a minha vida, o meu caráter, as minhas ações falem por mim e digam que estou seguindo Jesus Cristo. Esse desejo é tão forte em mim que me considerarei privilegiado sempre que, neste meu esforço e nesta minha batalha para ajudar os necessitados, os pobres, os cristãos perseguidos de meu país, Jesus quisesse aceitar o sacrifício da minha vida. Quero viver para Cristo e por ele quero morrer.

Parece evocar o mártir Inácio de Antioquia, quando se dirigia a Roma para sofrer o martírio. No entanto, o silêncio das vítimas não justifica a culpável indiferença do mundo diante da sorte delas. "Perece o justo – lamentava o profeta Isaías – e ninguém se incomoda. Os piedosos desaparecem e ninguém percebe" (Is 57,1)!

***

Os mártires cristãos não são os únicos a sofrer e a morrer ao nosso redor. O que podemos oferecer a quem não crê, além da nossa certeza de fé de que há um resgate para a dor? Podemos sofrer com quem sofre, chorar com quem chora (Rm 12,15). Antes de anunciar a ressurreição e a vida, diante do luto das irmãs de Lázaro, Jesus "pôs-se a chorar" (Jo 11,35). Neste momento, sofrer e chorar, em particular, com o povo japonês, vítima do desastre nuclear de Fukushima. Podemos também dizer a esses irmãos em humanidade que estamos admirados por sua dignidade e pelo exemplo de postura e ajuda mútua que deram ao mundo.

A globalização tem ao menos este efeito positivo: o sofrimento de um povo se torna o sofrimento de todos, suscita a solidariedade de todos. Dá-nos a oportunidade de descobrir que somos uma única família humana, ligada no bem e no mal. Ajuda-nos a superar as barreiras de raça, cor e religião. Como diz um verso do poeta italiano, "Homens, paz! Na terra prostrada, muito é o mistério" (PASCOLI, G., *Due fanciulli*).

Mas também devemos colher o ensinamento que há em eventos como esse. Terremotos, furacões e outros desastres que atingem ao mesmo tempo culpados e inocentes nunca são um castigo de Deus. Dizer o contrário significa ofender a Deus e aos homens. São, contudo, um aviso: neste caso, o aviso para não nos iludir de que a ciência e a técnica serão suficientes para nos salvar. Se não soubermos impor limites, podem se tornar, como estamos vendo, a ameaça mais grave de todas.

Houve um terremoto também no momento da morte de Cristo: "O centurião e os que estavam montando guarda a Jesus, vendo o terremoto e tudo o que se passava, ficaram fortemente assustados e exclamaram: 'Verdadeiramente este era Filho de Deus!'" (Mt 27,54). Mas houve outro ainda "maior" no momento da sua ressurreição: "Eis que tinha havido um grande terremoto: um anjo do Senhor desceu do céu, aproximou-se, removeu a pedra e sentou-se sobre ela" (Mt 28,2). Assim será sempre. A cada terremoto de morte se sucederá um terremoto de ressurreição e de vida.

Alguém disse: "Agora só um Deus pode nos salvar" (Martin Heidegger). Temos uma garantia certa de que o fará porque "Deus amou tanto o mundo, que deu seu Filho Único" (Jo 3,16). Houve uma época em que o sinal da aliança entre Deus e a humanidade era o arco-íris; hoje esse símbolo é a cruz, e de uma aliança nova e eterna. Por isso, preparemo-nos para cantar com renovada convicção e comovida gratidão as palavras da liturgia: "*Ecce lignum crucis, in quo salus mundi pependit* – Eis o madeiro da cruz da qual pendeu a salvação do mundo. *Venite, adoremus* – Vinde, adoremos".

33

"ESTIVE MORTO, MAS AGORA VIVO PARA SEMPRE"

(Sexta-feira Santa de 2012)

A celebração litúrgica da Paixão que estamos realizando é a reapresentação de uma realidade do passado – logo, uma imagem – ou é ela mesma a realidade? É ambas, memória e presença ao mesmo tempo!

> Nós – dizia Santo Agostinho ao povo – sabemos e acreditamos com fé certíssima que Cristo morreu uma só vez por nós [...]. Sabeis perfeitamente que tudo isso aconteceu uma única vez e, no entanto, a solenidade periodicamente o renova [...]. Verdade histórica e solenidade litúrgica não estão em contradição entre si, quase como se a segunda fosse falácia e apenas a primeira correspondesse à verdade. De fato, daquilo que a história afirma ter ocorrido, na realidade, uma única vez, disso a solenidade renova muitas vezes a celebração nos corações dos fiéis (*Sermões*, 220).

A liturgia "renova" o evento! Paulo VI esclareceu o sentido que a Igreja Católica dá a essa afirmação usando o verbo "representar", entendido no sentido forte de re-apresentar, ou seja, tornar novamente presente e operante o acontecido (*Mysterium fidei*, in: AAS 57, 1965, 753).

Há uma diferença substancial entre essa nossa representação litúrgica da morte de Cristo e aquela, por exemplo, de Júlio César na tragédia de Shakespeare. Ninguém assiste ao vivo ao aniversário da própria morte; Cristo sim, porque ressuscitou. Só ele pode dizer, como faz no Apocalipse: "Estive morto, mas agora vivo para sempre" (Ap 1,18). Neste dia, ao visitar os chamados "sepulcros" ou participar das procissões do Cristo morto, temos de estar atentos para não merecer a recriminação que o Ressuscitado dirigiu às mulheres piedosas na manhã de Páscoa: "Por que procurais entre os mortos quem está vivo?" (Lc 24,5).

A anamnese, ou seja, o memorial litúrgico, afirmaram alguns autores, torna o evento mais verdadeiro do que quando acontece historicamente pela primeira vez. Em outras palavras, mais verdadeiro e real para nós que o revivemos "segundo o Espírito", do que era para os que o viviam "segundo a carne", antes que o Espírito Santo revelasse à Igreja o seu pleno significado.

Não estamos apenas comemorando um aniversário, mas um mistério. Na celebração "à maneira de aniversário", explica Santo Agostinho, exige-se apenas que se "indique com uma solenidade religiosa o dia preciso do ano em que ocorre a lembrança do próprio acontecimento"; na celebração à maneira de mistério ("em sacramento"), "não apenas se comemora um acontecimento, mas se faz isso também de forma a compreender o seu significado e acolhê-lo santamente" (*Epístola*, 55, 1, 2).

Isso muda tudo. Não se trata apenas de assistir a uma representação, mas de "acolher" seu significado, de passar de espectadores a atores. Cabe a nós, portanto, escolher qual papel desejamos representar no drama, quem queremos ser: se Pedro, Judas, Pilatos, a multidão, o Cireneu, João, Maria... Ninguém pode permanecer neutro; não assumir uma posição é assumir uma bem precisa: a de Pilatos, que lava as mãos, ou da multidão, que, de longe, "ficava por ali, olhando" (Lc 23,35). Se, ao voltarmos para casa esta noite, alguém nos perguntar: "De onde você vem? Onde esteve?", respondamos, portanto, ao menos em nosso coração: "No Calvário!".

***

Mas nada disso acontece automaticamente, apenas porque participamos dessa liturgia. Trata-se, dizia Agostinho, de "acolher" o significado do mistério. Isso acontece com a fé. Numa homilia pascal, proferida no ano 387, o bispo pronunciava estas palavras extraordinariamente modernas e, diríamos, existenciais: "Para cada homem, o princípio da vida é aquele a partir do qual Cristo foi imolado por ele. Mas Cristo é imolado por ele no momento em que ele reconhece a graça e se torna consciente da vida que recebeu por aquela imolação" (in: SCh, 36, 59 s.).

Isso aconteceu *sacramentalmente* no batismo, mas deve acontecer *conscientemente* sempre de novo na vida. Antes de morrer, precisamos ter a coragem de ser audaciosos, de fazer quase uma investida: apropriar-nos da vitória de Cristo.

A apropriação indevida! Infelizmente, algo comum na sociedade em que vivemos, mas com Jesus ela apenas não é proibida, mas antes sumamente recomendada. "Indevida" aqui significa que não nos é devida, que nós não a merecemos, mas que nos é dada gratuitamente, pela fé.

Mas voltemos ao terreno seguro; ouçamos um doutor da Igreja.

> Eu – escreve São Bernardo num texto outras vezes lembrado –, o que não posso obter por mim mesmo me aproprio (literalmente, o *usurpo*!) com confiança no coração do Senhor, porque ele é repleto de misericórdia. Meu mérito, portanto, é a misericórdia de Deus. Certamente não sou pobre de méritos, enquanto ele for rico de misericórdia. Pois, se são muitas as misericórdias do Senhor (Sl 119,156), eu também terei méritos em profusão. E o que aconteceu com a *minha* justiça? Ó Senhor, eu só me lembrarei da *tua* justiça, pois de fato ela também é minha, porque és para mim justiça da parte de Deus (cf. 1Cor 1,30) (*Sermões sobre o Cântico dos Cânticos*, 61, 4-5).

Será que esse modo de conceber a santidade tornou São Bernardo menos zeloso nas boas obras, menos empenhado na aquisição de virtudes? Será que deixava negligentemente de mortificar o seu corpo e de reduzi-lo à escravidão (cf. 1Cor 9,27) o apóstolo Paulo que, antes de todos e mais que todos, fizera dessa apropriação da justiça de Cristo o objetivo da sua vida e da sua pregação? "Eu – escrevia aos filipenses – considero tudo uma imundície, para ganhar a Cristo e para estar unido a ele, não mais com minha justiça, que vem da Lei, mas com a justiça que vem pela fé em Cristo" (Fl 3,7-9).

***

Em Roma, como infelizmente em todas as grandes cidades, há muitos sem-teto. Existe um nome para eles em todas as línguas: *homeless*, *clochard*, mendigos, moradores de rua: pessoas humanas que só possuem os poucos trapos que vestem e alguns objetos que levam em sacos plásticos. Vamos imaginar que um dia se espalha esta notícia: na Via Condotti (todos sabem o que a Via Condotti representa em Roma!) a proprietária de uma boutique de luxo, por alguma razão desconhecida, de interesse ou de generosidade, convida todos os moradores de rua da Stazione Termini para ir à sua loja; convida-os a despir seus trapos sujos, a tomar um bom banho e depois escolher a roupa que desejam entre as expostas e levá-la de graça.

Todos dizem consigo mesmos: "Isso é uma fábula, nunca vai acontecer!". É verdade, mas o que não acontece nunca entre os homens é o que pode acontecer a cada dia entre os homens e Deus, porque, diante dele, aqueles moradores de rua somos nós! É o que acontece depois de uma boa confissão: despimos nossas roupas sujas, os pecados, recebemos o banho da misericórdia e nos levantamos "vestidos com os trajes da salvação, envoltos no manto da justiça" (cf. Is 61,10).

O publicano da parábola subiu ao templo para rezar; disse simplesmente, mas do fundo do coração: "Ó Deus, tem piedade de mim, pecador!", e "voltou para casa justificado" (Lc 18,14), reconciliado, feito novo, inocente. Se temos a fé que ele teve e o seu arrependimento, o mesmo se poderá dizer de nós ao voltarmos para casa depois desta liturgia.

***

Entre os personagens da Paixão com os quais podemos nos identificar, lembro-me que deixei de citar um que, mais do que ninguém, espera quem siga seu exemplo: o bom ladrão.

O bom ladrão faz uma completa confissão de pecado; diz ao seu companheiro que insulta Jesus: "Não temes tu a Deus ao sofrer a mesma pena? Para nós, o castigo é justo: recebemos o que merecemos pelas nossas ações; este, porém, não fez nenhum mal!" (Lc 23,40 s.). O bom ladrão se revela aqui um excelente teólogo. De fato, só Deus, se sofre, sofre absolutamente como inocente; qualquer outro ser que sofre deve dizer: "Eu sofro com justiça", porque, mesmo que não seja responsável pela ação que lhe é imputada, nunca é totalmente sem culpa. Só o sofrimento das crianças inocentes se assemelha ao de Deus e por isso é tão misterioso e tão sagrado.

Nos últimos tempos, quantos crimes atrozes permanecem sem culpado, quantos casos não resolvidos! O bom ladrão lança um apelo aos responsáveis: façam como eu, venham à luz, confessem sua culpa; também vocês experimentarão a alegria que senti quando ouvi a palavra de Jesus: "Hoje estarás comigo no paraíso!" (Lc 23,43). Quantos réus confessos podem confirmar se foi assim também para eles: que passaram do inferno ao paraíso no dia em que tiveram a coragem de se arrepender e confessar sua culpa. Eu também conheci alguns. O paraíso prometido é a paz da consciência, a possibilidade de se olhar no espelho ou olhar para os próprios filhos sem ter que se desprezar.

Não carreguem seu segredo com vocês até o túmulo; teriam uma condenação mais temível que a humana. Nosso povo não é impiedoso com quem errou mas reconhece o mal feito, sinceramente, não apenas por algum tipo de interesse. Ao contrário! Está disposto a ter pena e a acompanhar o arrependido no seu caminho de redenção (que em todo o caso se torna mais curto).

"Deus perdoa muitas coisas por uma boa ação", diz Luzia ao Inominado em *Os noivos*, de Alessandro Manzoni. Ainda mais, devemos dizer, ele perdoa muitas coisas por um ato de arrependimento. Ele prometeu solenemente: "Ainda que os vossos pecados fossem escarlates, branquearão como neve; embora rubros como púrpura, tornar-se-ão como lã" (Is 1,18).

Vamos cumprir a tarefa que nos cabe neste dia: com vozes de alegria, exaltemos a vitória da cruz, entoemos hinos de louvor ao Senhor. Digamos com a liturgia: "*O Redemptor, sume carmen temet concinentium* – Ó nosso Redentor, aceita o canto que entoamos a ti" (Antífona do Domingo de Ramos).

34
JUSTIFICADOS GRATUITAMENTE PELA FÉ NO SANGUE DE CRISTO

(Sexta-feira Santa de 2013)

Todos pecaram e estão privados da glória de Deus, mas são justificados gratuitamente pela sua graça, em virtude da redenção realizada por Jesus Cristo. Deus o designou como vítima de expiação pela fé no seu sangue [...], para demonstrar a sua justiça no tempo presente, provando que ele próprio é justo e que justifica quem tem fé em Jesus (Rm 3,23-26).

Chegamos ao ápice do ano dedicado à fé e ao seu momento decisivo. Esta é a fé que salva, a "fé que vence o mundo" (1Jo 5,5)! A fé – apropriação pela qual fazemos nossa a salvação realizada por Cristo e nos vestimos do manto da sua justiça. De um lado, temos a mão estendida de Deus que oferece ao homem a sua graça; de outro, a mão do homem, que se estende para recebê-la mediante a fé. A "nova e eterna aliança" é selada com um aperto de mãos entre Deus e o homem.

Neste dia, temos a possibilidade de tomar a decisão mais importante da vida, aquela que escancara as portas da eternidade: acreditar! Acreditar que "Jesus morreu por nossos pecados e ressuscitou para nossa justificação" (Rm 4,25)!

Que extraordinário! Esta Sexta-feira Santa celebrada no ano da fé e na presença do novo sucessor de Pedro, papa Francisco, poderia ser, se quisermos, o início de uma nova vida. O que se pede é apenas que não nos escondamos como Adão depois do pecado; que reconheçamos que precisamos ser justificados; que não nos autojustifiquemos.

***

Como quem, ao escalar a encosta de uma montanha e superar uma passagem perigosa, para um instante para tomar fôlego e admirar o novo panorama que se abriu diante dele, assim faz o apóstolo Paulo no início do capítulo 5 da Carta aos Romanos, depois de ter proclamado a justificação mediante a fé:

> Justificados, pois, pela fé, temos paz com Deus por meio de Jesus Cristo, nosso Senhor, mediante o qual temos acesso, pela fé, a esta graça em que permanecemos firmes; e nos gloriamos na esperança da glória de Deus; e não só: nós nos gloriamos até nos sofrimentos, sabendo que o sofrimento gera a paciência, a paciência a fidelidade, e a fidelidade a esperança. E a esperança não engana, porque o amor de Deus foi derramado em nossos corações por meio do Espírito Santo que nos foi dado (Rm 5,1-5).

Hoje, satélites artificiais tiram fotografias em infravermelho de regiões inteiras da Terra e de todo o planeta. Como parece diferente o panorama visto lá do alto, à luz daqueles raios, em relação ao que vemos à luz natural e como parte dele! Lembro-me de uma das primeiras fotos de satélite difundidas no mundo; reproduzia toda a península do Sinai. As cores eram muito diferentes, os relevos e as depressões mais evidentes. É um símbolo. Também a vida humana, vista pelos raios infravermelhos da fé, do alto do Calvário, parece diferente da que se vê "a olho nu".

Em Cristo morto e ressuscitado o mundo atingiu sua meta final. O progresso da humanidade avança hoje a um ritmo vertiginoso e a humanidade vê descortinar-se diante de si horizontes novos e inesperados, fruto das suas descobertas. No entanto, pode-se dizer que já chegou o fim dos tempos, porque em Cristo, que subiu à direita do Pai, a humanidade alcançou a sua meta última. Já começaram os novos céus e a nova terra.

Não obstante todas as misérias, as injustiças, as monstruosidades existentes na terra, nele já se inaugurou a ordem definitiva no mundo. O que vemos com nossos olhos pode nos sugerir o contrário, mas o mal e a morte na realidade foram derrotados para sempre. Suas fontes secaram; a realidade é que Jesus é o Senhor do mundo. O mal foi radicalmente vencido pela redenção por ele realizada. O mundo novo já começou.

Uma coisa sobretudo parece diferente, vista com os olhos da fé: a morte! Cristo entrou na morte como se entra numa prisão escura; mas saiu dela pelo lado oposto. Não voltou por onde tinha entrado, como Lázaro, que volta a viver para morrer de novo. Abriu uma brecha para a vida que ninguém poderá fechar, e pela qual todos podem segui-lo. A morte já não é um muro contra o qual se choca toda esperança humana; tornou-se uma ponte para a eternidade. Uma "ponte dos suspiros", talvez, porque ninguém gosta de morrer, mas uma ponte, não mais um abismo que engole tudo. "Forte como a morte é o amor", diz o Cântico dos Cânticos (Ct 8,6). Em Cristo, foi *mais forte* que a morte!

Na sua *História eclesiástica do povo inglês*, Beda, o venerável, conta como a fé cristã entrou no norte da Inglaterra. Quando os missionários vindos de Roma chegaram em Northumberland, o rei do lugar convocou um conselho de dignitários para decidir se lhes permitiria ou não difundir a nova mensagem. Alguns dos presentes eram favoráveis, outros contrários. Então um dos presentes se levantou e disse:

> Imagina, ó rei, esta cena. Estás jantando com teus ministros e conselheiros: é inverno, o fogo arde no meio da sala e a aquece, enquanto lá fora ruge a tempestade e cai a neve. Um pássaro entra por uma abertura da parede e em seguida sai pela outra. Enquanto está ali dentro, está ao abrigo da tempestade invernal; mas depois de desfrutar do breve calor, logo desaparece da vista, perdendo-se no escuro inverno de onde veio. Assim nos parece a vida dos homens na terra: nós ignoramos totalmente o que vem depois dela e o que a precede. Se esta nova doutrina nos traz algo mais seguro que isso, digo que deve ser aceita (*Eccles. Hist.*, II, 13).

A fé cristã poderia retornar no nosso continente e no mundo secularizado pela mesma razão pela qual entrou neles: ou seja, como a única que tem uma resposta segura para as grandes questões da vida e da morte.

***

A cruz separa os crentes dos não crentes, porque para uns ela é escândalo e loucura, para os outros é poder de Deus e sabedoria de Deus (cf. 1Cor 1,23-24); mas em sentido mais profundo ela une todos os homens, crentes e não crentes. "Jesus tinha de morrer [...] não apenas por uma nação, mas também para reunir os filhos de Deus que estavam dispersos" (cf. Jo 11,51 s.). Os novos céus e a nova terra são de todos e para todos, porque Cristo morreu por todos.

A urgência que nasce de tudo isso é evangelizar: "O amor de Cristo nos impele a pensarmos que um morreu por todos" (2Cor 5,14). Impele-nos à evangelização! Anunciamos ao mundo a boa nova de que "não há mais condenação alguma para os que estão em Cristo Jesus. Porque a lei do Espírito, que dá a vida em Cristo Jesus, nos libertou da lei do pecado e da morte" (Rm 8,1-2).

Há um conto do judeu Franz Kafka que é um forte símbolo religioso e assume um novo significado, quase profético, na Sexta-feira Santa. É intitulado *Uma mensagem imperial*. Fala de um rei que, no leito de morte, chama um súdito e lhe sussurra ao ouvido uma mensagem. A mensagem é tão importante que faz o súdito repeti-la ao seu próprio ouvido. Em seguida, com um aceno, dispensa o mensageiro, que se põe a caminho. Mas ouçamos diretamente do autor a sequência do conto, marcado pelo tom onírico, quase de pesadelo, típico desse escritor:

> Estendendo ora um braço, ora o outro, o mensageiro abre caminho por entre a multidão e avança ligeiro como nenhum outro. Mas a multidão é imensa e suas moradas não têm fim. Como voaria se tivesse o caminho livre! Ao invés disso, porém, como são inúteis os seus esforços; ainda continua a forçar passagem pelos aposentos interiores do palácio, dos quais jamais sairá. E, se o fizesse, não significaria nada: teria de lutar para descer as escadas. E se conseguisse fazer isso, ainda não teria feito nada: teria de atravessar os pátios, e, depois dos pátios, o segundo círculo dos edifícios. E se finalmente conseguisse se precipitar para fora da última porta – mas isso jamais poderá acontecer, jamais –, então ele teria diante de si a cidade imperial, o centro do mundo, onde estão amontoadas montanhas de seus detritos. Ali no meio, ninguém consegue avançar, nem sequer com a mensagem de um morto. Tu, no entanto, estás sentado junto à tua janela e sonhas com aquela mensagem quando chega a noite.

Do seu leito de morte, também Cristo confiou à sua Igreja uma mensagem: "Ide por todo o mundo e pregai o Evangelho a toda criatura" (Mc 16,15). Ainda existem muitos homens que se sentam à janela e, sem saber, sonham com uma mensagem como a dele. João, como acabamos de ouvir, afirma que o soldado perfurou o lado de Cristo na cruz "para que se cumprisse a Escritura que diz 'Olharão para aquele a quem transpassaram'" (Jo 19,37). No Apocalipse acrescenta: "Olhai! Ele vem entre as nuvens e todo olho o verá; ve-lo-ão também aqueles que o transpassaram e todas as tribos da terra se lamentarão por sua causa" (Ap 1,7).

Essa profecia não anuncia a última vinda de Cristo, quando já não será o tempo da conversão, mas do julgamento. Em vez disso, descreve a realidade da evangelização dos povos. Nela se verifica uma misteriosa, mas real vinda do

Senhor que traz a eles a salvação. Seu pranto não será de desespero, mas de arrependimento e de consolação. É esse o sentido da escritura profética que João vê realizada no lado transpassado de Cristo: "Derramarei sobre a casa de Davi e sobre os habitantes de Jerusalém um espírito de graça e de súplica; e eles olharão para mim, para aquele a quem transpassaram" (Zc 12,10).

A evangelização tem uma origem mística; é um dom que vem da cruz de Cristo, daquele lado aberto, daquele sangue e daquela água. O amor de Cristo, como o trinitário do qual é a manifestação histórica, é *diffusivum sui*, tende a se expandir e alcança todas as criaturas, "especialmente as mais necessitadas de sua misericórdia". A evangelização cristã não é conquista, não é propaganda; é o dom de Deus ao mundo no seu Filho Jesus. É dar à Cabeça a alegria de sentir a vida fluir do seu coração para seu corpo, até vivificar os seus membros mais distantes.

Devemos fazer o possível para que a Igreja jamais se torne aquele castelo complicado e confuso descrito por Kafka, para que a mensagem possa sair dela tão livre e alegre como quando começou sua corrida. Sabemos quais são os impedimentos que podem deter o mensageiro: os muros divisórios, a partir daqueles que separam as várias igrejas cristãs entre si, o excesso de burocracia, os resíduos de cerimoniais, leis e controvérsias passadas, agora transformados apenas em detritos.

No Apocalipse, Jesus diz que está à porta e bate (cf. Ap 3,20). Às vezes, como observou nosso papa Francisco, não bate para entrar, mas bate de dentro porque deseja sair. Sair para "as periferias existenciais do pecado, do sofrimento, da injustiça, da ignorância e da indiferença religiosa, de toda forma de miséria".

Acontece como em certas construções antigas. No decorrer dos séculos, para se adaptar às exigências do momento, elas se encheram de divisórias, de escadarias, de salas e cômodos. Chega um momento em que se percebe que todas essas adaptações já não respondem às exigências atuais, ou melhor, são um obstáculo, e então é preciso ter a coragem de derrubá-las e de trazer o edifício de volta à simplicidade e à linearidade de suas origens. Foi a missão que certo dia recebeu um homem que orava diante do crucifixo de São Damião: "Vai, Francisco, e conserta a minha Igreja".

"Quem está à altura de uma missão como essa?", perguntava-se o aterrorizado Apóstolo diante da tarefa sobre-humana de ser no mundo "o perfume de Cristo"; e eis a sua resposta, que ainda hoje é válida: "Porque não é que sejamos capazes, por nós mesmos, de pensar alguma coisa de próprio; a nossa capacidade vem de Deus. Ele é quem nos tornou capazes de sermos ministros da nova aliança, não da letra, mas do Espírito. Porque a letra mata, mas o Espírito vivifica" (2Cor 2,16; 3,5-6).

Que o Espírito Santo, neste momento em que se abre para a Igreja um novo tempo, cheio de esperança, desperte novamente nos homens que estão à janela à espera da mensagem e nos mensageiros a vontade de fazê-la chegar até eles, até mesmo à custa da própria vida.

35
"ESTAVA COM ELES TAMBÉM JUDAS, O TRAIDOR"
(Sexta-feira Santa de 2014)

Na história divino-humana da Paixão de Jesus há muitas pequenas histórias de homens e de mulheres que entraram no raio da sua luz ou da sua sombra. A mais trágica delas é a de Judas Iscariotes. É um dos poucos fatos atestados, com igual destaque, pelos quatro Evangelhos e pelo restante do Novo Testamento. A primitiva comunidade cristã refletiu muito sobre o caso e não faremos mal em fazer o mesmo. Ele tem muito a nos dizer.

Judas foi escolhido desde a primeira hora para ser um dos doze. Ao inserir seu nome na lista dos apóstolos o evangelista Lucas escreve "Judas Iscariotes, que se tornou (*egeneto*) o traidor" (Lc 6,16). Portanto, Judas não tinha nascido traidor e não o era no momento de ser escolhido por Jesus; tornou-se! Estamos diante de um dos dramas mais obscuros da liberdade humana.

Por que se tornou? Em anos não distantes, quando estava em moda a tese do Jesus "revolucionário", procurou-se dar ao seu gesto motivações ideais. Alguns viram no apelido "Iscariotes" uma deformação de "sicariota", ou seja, pertencente ao grupo dos zelotes extremistas que usam o punhal (*sica*) para combater os romanos; outros pensaram que Judas estivesse decepcionado com a maneira como Jesus levava adiante sua ideia do "reino de Deus" e que queria forçá-lo a agir também no plano político contra os pagãos. É o Judas do famoso musical *Jesus Christ Superstar* e de outros espetáculos e romances recentes. Um Judas que se aproxima de outro célebre traidor do próprio benfeitor: Brutus, que matou Júlio César para salvar a República!

São reconstruções que devem ser respeitadas quando contêm algum valor literário ou artístico, mas não têm nenhum fundamento histórico. Os Evangelhos

– as únicas fontes confiáveis que temos sobre o personagem – falam de um motivo muito mais prosaico: o dinheiro. Judas era responsável pela bolsa comum do grupo; por ocasião da unção de Betânia ele protestara contra o desperdício do perfume precioso derramado por Maria nos pés de Jesus, não por se importar com os pobres, observa João, mas porque "era ladrão e, tomando conta da bolsa comum, furtava o que ofereciam" (Jo 12,6). Sua proposta aos chefes dos sacerdotes é explícita: "Quanto quereis pagar para eu o entregar a vós? Eles lhe garantiram trinta moedas de prata" (Mt 26,15).

***

Mas por que se admirar com essa explicação e julgá-la demasiado banal? Não foi quase sempre assim na história e não é assim ainda hoje? Mamon, o dinheiro, não é um dos muitos ídolos; é o ídolo por antonomásia; literalmente, "o ídolo de metal fundido" (cf. Ex 34,17). E se entende o porquê. Quem é, objetivamente, se não subjetivamente (ou seja, nos fatos, não nas intenções), o verdadeiro inimigo, o concorrente de Deus, neste mundo? Satanás? Mas nenhum homem decide servir a Satanás sem motivo. Se o faz, é porque acredita obter dele algum poder ou algum benefício temporal. Jesus Cristo nos diz claramente quem é, nos fatos, o outro senhor, o antideus: "Ninguém pode servir a dois senhores: não podeis servir a Deus e a Mamon" (Mt 6,24). O dinheiro é o "deus visível" (SHAKESPEARE, W., *Timão de Atenas*, IV ato, cena 3), diferentemente do Deus verdadeiro, que é invisível.

Mamon é o antideus porque cria um universo espiritual alternativo, muda o objeto das virtudes teologais. Fé, esperança e caridade não são mais colocadas em Deus, mas no dinheiro. Realiza-se uma sinistra inversão de todos os valores. "Tudo é possível para quem crê", diz a Escritura (Mc 9,23); mas o mundo diz: "Tudo é possível para quem tem dinheiro". E, a certo nível, todos os fatos parecem lhe dar razão.

"O apego ao dinheiro – diz a Escritura – é a raiz de todos os males" (1Tm 6,10). Por trás de todo o mal da nossa sociedade está o dinheiro, ou ao menos está *também* o dinheiro. Esse é o Moloch de bíblica memória, ao qual eram imolados jovens e crianças (cf. Jr 32,35), ou o deus asteca, ao qual era preciso oferecer diariamente um certo número de corações humanos. O que está por trás do tráfico de drogas que destrói tantas vidas humanas, da exploração da prostituição, do fenômeno das diversas máfias, da corrupção política, da fabricação e do comércio de armas, e até – coisa horrível de se dizer – da venda de órgãos humanos retirados de crianças? E a crise financeira que o mundo atravessou e que a Itália ainda está atravessando não se deve em grande parte à "execrável ganância de dinheiro", o *auri sacra fames* (*Eneida*, 3, 56-57), por parte de alguns poucos? Judas começou subtraindo algum dinheiro da bolsa comum. Isso não diz nada a certos administradores do dinheiro público?

Mas sem pensar nessas maneiras criminosas de acumular dinheiro, já não é escandaloso que alguns recebam salários e aposentadorias cem vezes superiores aos de quem trabalha em suas empresas e que elevam a voz diante da mera eventualidade de ter de renunciar a algo, em vista de maior justiça social?

Nos anos de 1970 e de 1980, para explicar, na Itália, as imprevistas reviravoltas políticas, os jogos ocultos de poder, o terrorismo e os mistérios de todos os tipos que afligiam a convivência civil, foi-se consolidando a ideia, quase mítica, da existência de um "grande Velho": um personagem espertíssimo e poderoso que dos bastidores movia todas as peças, para finalidades que só ele conhecia. Este "grande Velho" existe realmente, não é um mito; seu nome é Dinheiro!

Como todos os ídolos, o dinheiro é "falso e mentiroso": promete a segurança e, em vez disso, a tira; promete liberdade e, em vez disso, a destrói. São Francisco de Assis descreve, com insólita severidade, o fim de uma pessoa que viveu apenas para aumentar o seu "capital". A morte se aproxima e ele pede a presença do sacerdote. Este pergunta ao moribundo: "Quer o perdão de todos os seus pecados?", e ele diz que sim. E o sacerdote: "Está preparado para reparar os erros cometidos, restituindo as coisas que tirou dos outros?". E ele: "Não posso". "Por que não pode?" "Porque já deixei tudo nas mãos de meus parentes e amigos". E assim ele morre impenitente e, mal acabara de morrer, os parentes e amigos dizem entre si: "Maldita seja a sua alma! Podia ganhar mais e deixar para nós, e não o fez!" (*Carta a todos os fiéis*, 12).

Quantas vezes, nestes tempos, tivemos de refletir naquele grito dirigido por Jesus ao rico da parábola que acumulara bens sem fim e se sentia seguro pelo resto da vida: "Tolo, nesta mesma noite tua alma te será tomada! E para quem ficará o que ajuntaste?" (Lc 12,20). Homens colocados em postos de responsabilidade que já não sabiam em qual banco ou paraíso fiscal acumular os proventos de sua corrupção encontraram-se no banco dos réus, ou na cela de uma prisão, precisamente quando estavam prestes a dizer a si mesmos: "Agora desfrute, minha alma". Para quem o fizeram? Valeu a pena? Fizeram realmente o bem para os filhos e para a família, ou para o partido, se é isso que buscavam? Ou não acabaram arruinando a si mesmos e aos outros? O próprio deus dinheiro se encarrega de punir os seus adoradores.

***

A traição de Judas continua na história e o traído é sempre ele, Jesus. Judas vendeu a cabeça, os seus seguidores vendem o seu corpo, porque os pobres são os membros de Cristo. "Tudo o que fizestes a um só desses meus irmãos pequeninos, a mim o fizestes" (Mt 25,40). Mas a traição de Judas não continua apenas nos casos clamorosos que mencionei. Seria cômodo para nós pensar assim, mas não é o que acontece. Ficou famosa a homilia que o padre Primo Mazzolari pronunciou numa Quinta-feira Santa sobre "Nosso irmão Judas". "Deixem", dizia ele aos poucos paroquianos que o assistiam, "que eu pense por um momento no Judas que tenho dentro de mim, no Judas que talvez também vocês têm dentro".

Pode-se trair Jesus também por outros tipos de recompensa que não sejam as trinta moedas. Trai Cristo quem trai a própria mulher ou o próprio marido. Trai Jesus o ministro de Deus infiel ao seu estado, ou que ao invés de apascentar o rebanho apascenta a si mesmo. Trai Jesus todo aquele que trai a própria consciência. Posso traí-lo também eu, neste momento – e isso me faz tremer – se enquanto prego sobre Judas me preocupo mais com a aprovação do auditório do que em participar da imensa pena do Salvador. Judas tinha um atenuante que nós não temos. Ele não sabia quem era Jesus, considerava-o apenas "um homem justo"; não sabia que era o Filho de Deus, nós sabemos.

Como todos os anos, na iminência da Páscoa, quis ouvir de novo a *Paixão segundo São Mateus*, de Bach. Há um detalhe que todas as vezes me faz estremecer. Ao anúncio da traição de Judas, todos os apóstolos ali presentes perguntam a Jesus: "Porventura serei eu, Senhor?" ("Herr, bin ich's?"). Antes, porém, de nos fazer ouvir a resposta de Cristo, anulando toda distância entre o evento e sua comemoração, o compositor insere um coral que começa assim: "Sou eu, sou eu o traidor! Eu devo fazer penitência" ("Ich bin's, ich sollte büßen"). Como todos os corais daquela ópera, ele exprime os sentimentos do povo que escuta; é um convite a fazermos, também nós, a nossa confissão de pecado.

***

O Evangelho descreve o horrível fim de Judas:

> Judas, que o havia traído, vendo que Jesus tinha sido condenado, ficou tomado de remorsos e levou as trinta moedas de prata aos chefes dos sacerdotes e anciãos, dizendo: "Pequei, entregando sangue inocente!". Mas eles responderam: "Que nos importa? Isso é lá contigo!". E ele, atirando as moedas de prata contra o Santuário, retirou-se de lá e foi se enforcar (Mt 27,3-5).

Mas não nos apressemos em julgar. Jesus nunca abandonou Judas e ninguém sabe onde ele caiu no momento em que se jogou da árvore com a corda no pescoço: se nas mãos de Satanás ou nas de Deus. Quem pode dizer o que se passou em sua alma naqueles últimos instantes? "Amigo", foi a última palavra que Jesus lhe dirigiu no horto e ele não podia tê-la esquecido, assim como não podia ter esquecido o seu olhar.

É verdade que, falando ao Pai dos seus discípulos, Jesus dissera de Judas: "Nenhum deles se perdeu, exceto o filho da perdição" (Jo 17,12), mas aqui, como em tantos outros casos, ele fala na perspectiva do tempo e não da eternidade. Mesmo a outra palavra terrível aplicada a Judas: "Melhor seria para esse homem nunca ter nascido" (Mc 14,21) explica-se com a enormidade do fato, sem necessidade de pensar num fracasso eterno. O destino eterno da criatura é um segredo inviolável de Deus. A Igreja nos garante que um homem ou uma mulher proclamados santos estão na bem-aventurança eterna; mas de ninguém ela sabe com certeza que está no inferno.

Dante Alighieri, que, na *Divina comédia*, coloca Judas nas profundezas do inferno, narra a conversão no último instante de Manfredo, filho de Frederico II e rei da Sicília, que todos na época consideravam condenado por ter morrido excomungado. Ferido de morte em batalha, ele confia ao poeta que, no último instante de vida, se arrependeu chorando àquele "que voluntariamente perdoa" e do Purgatório envia à terra esta mensagem que vale também para nós:

> Terríveis foram os meus pecados;
> mas a bondade infinita com seus grandes braços
> sempre acolhe quem se arrepende (*Purgatório*, III, 121-123).

***

É a isso que deve nos impelir a história do nosso irmão Judas: a nos render àquele que voluntariamente perdoa, a nos lançar também nós nos braços abertos do crucificado. O mais importante na história de Judas não é sua traição, mas a resposta que Jesus dá a ela. Ele sabia muito bem o que estava amadurecendo no coração do seu discípulo; mas não o expõe, quer dar-lhe a possibilidade até o último momento de voltar atrás, quase que o protege. Sabe por que veio, mas não rejeita, no horto das oliveiras, o seu beijo gélido e até o chama de amigo (Mt 26,50). Assim como buscou o rosto de Pedro depois de sua negação para lhe dar o seu perdão, quem sabe como terá procurado também o de Judas em algum momento da sua *via crucis*! Quando da cruz reza: "Pai, perdoa-lhes, porque não sabem o que fazem" (Lc 23,34), certamente não exclui deles Judas.

Então, o que faremos nós? A quem seguiremos, Judas ou Pedro? Pedro sentiu remorsos pelo que fizera, mas também Judas teve remorsos, tanto que gritou: "Eu entreguei sangue inocente!", e devolveu as trinta moedas de prata. Então, onde está a diferença? Numa só coisa: Pedro teve confiança na misericórdia de Cristo, Judas não! O maior pecado de Judas não foi ter traído Jesus, mas ter duvidado de sua misericórdia.

Se o imitamos, alguns mais, outros menos, na traição, não o imitemos nesta sua falta de confiança no perdão. Existe um sacramento no qual é possível fazer uma experiência segura da misericórdia de Cristo: o sacramento da reconciliação. Como é belo esse sacramento! É doce experimentar Jesus como mestre, como Senhor, mas ainda mais doce experimentá-lo como Redentor: como aquele que nos tira do abismo, como Pedro do mar, que nos toca, como fez com o leproso, e nos diz: "Eu quero, seja curado!" (Mt 8,3).

A confissão nos permite experimentar em nós o que a Igreja diz do pecado de Adão no *Exsultet* pascal: "Ó feliz culpa, que nos valeu tal Redentor!". Jesus sabe fazer de todas as culpas humanas, uma vez que nos arrependemos, "felizes culpas", culpas que só são lembradas pela experiência de misericórdia e de ternura divina da qual foram ocasião!

Tenho um desejo para mim e para todos vós, Veneráveis Padres, irmãos e irmãs: que na manhã de Páscoa possamos acordar e sentir ecoar em nosso coração as palavras de um grande convertido de nossa época, o poeta e dramaturgo Paul Claudel:

> Deus meu, ressuscitei e ainda estou contigo!
> Eu dormia, deitado como um morto na noite.

Disseste: "Seja feita a luz!". E eu acordei como quem dá um grito! [...]
Meu Pai, que me geraste antes da Aurora, estou em tua presença.
Meu coração está livre e tenho a boca limpa, corpo e espírito estão em jejum.
Sou absolvido de todos os pecados, que confessei um por um.
O anel nupcial está em meu dedo e meu rosto está limpo.
Sou como um ser inocente na graça que me concedeste (*Prière pour le Dimanche matin*).

É isso que pode fazer de nós a Páscoa de Cristo.

36

"ECCE HOMO!"

(Sexta-feira Santa de 2015)

Acabamos de ouvir o relato do processo de Jesus diante de Pilatos. Há nele um momento no qual de vez em quando temos de nos deter.

> Então Pilatos mandou prender Jesus e o fez flagelar. E os soldados entrelaçaram com ramos de espinhos uma coroa, que puseram sobre a sua cabeça e o cobriram com um manto de púrpura. E se achegavam a ele dizendo: "Salve, rei dos judeus!". E davam-lhe bofetadas. […] Então Jesus saiu, trazendo a coroa de espinhos e o manto de púrpura. E Pilatos lhes disse: *"Ecce homo!* – Eis o homem!" (Jo 19,1-5).

Entre as inúmeras pinturas que têm como tema o *Ecce Homo*, há uma que sempre me impressionou. É do pintor flamengo do século XVI, Jan Mostaert, e encontra-se na National Gallery de Londres. Vou tentar descrevê-lo. Será útil para imprimir melhor o episódio em nossa mente, uma vez que o pintor descreve fielmente em cores os dados do relato evangélico, sobretudo o de Marcos (Mc 15,16-20).

Jesus traz na cabeça uma coroa de espinhos. Um feixe de arbustos espinhosos que se encontrava no pátio, talvez preparado para acender o fogo, deu aos soldados a ideia dessa cruel paródia da sua realeza. Da cabeça de Jesus descem gotas de sangue. Sua boca está entreaberta, como quem tem dificuldade para respirar. Traz sobre os ombros um manto pesado e gasto, mais parecido com lata que com pano. E são ombros sulcados pelos golpes recentes da flagelação! Seus pulsos estão amarrados com uma corda grosseira; numa das mãos lhe colocaram um pedaço de pau como se fosse um cetro e na outra um feixe de varetas, símbolos escarnecedores de sua realeza. Jesus não pode mexer nem sequer um dedo; é o homem reduzido à impotência mais total, o protótipo de todos os inocentes algemados da história.

Meditando sobre a Paixão, o filósofo Blaise Pascal certo dia escreveu estas palavras: "Cristo está em agonia até o fim do mundo: não convém dormir durante esse tempo" (*Pensamentos*, n. 553, Br.). Há um sentido em que essas palavras se aplicam à própria pessoa de Jesus, ou seja, à cabeça do corpo místico, não apenas aos seus membros. Não *apesar* de agora ter ressuscitado e estar vivo, mas precisamente *porque* ressuscitou e está vivo. Mas deixemos de lado esse significado demasiado misterioso para nós e falemos do sentido mais certo daquelas palavras. Jesus está em agonia até o fim do mundo em cada homem ou mulher submetidos aos mesmos tormentos. "A mim o fizestes!" (Mt 25,40): ele não disse essa palavra apenas em relação aos que creem nele; a disse em relação a todo homem e a toda mulher famintos, nus, maltratados, presos.

Ao menos uma vez, não pensemos nos males sociais, coletivos: a fome, a pobreza, a injustiça, a exploração dos mais fracos. Fala-se muito deles – embora nunca o suficiente –, mas existe o risco de se tornarem apenas abstrações. Categorias, não pessoas. Pensemos antes no sofrimento dos indivíduos, das pessoas com um nome e uma identidade precisos; nas torturas decididas a sangue frio e infligidas voluntariamente, neste mesmo momento, por seres humanos a outros seres humanos, até a crianças.

Quantos "Ecce homo" há no mundo! Meu Deus, quantos "Ecce homo"! Quantos prisioneiros que se encontram nas mesmas condições de Jesus no pretório de Pilatos: sozinhos, algemados, torturados, à mercê de militares rudes e cheios de ódio, que se abandonam a todo tipo de crueldade física e psicológica, divertindo-se em ver sofrer. "Não podemos dormir, não podemos deixá-los sozinhos!"

A exclamação "Ecce homo!" não se aplica apenas às vítimas, mas também aos carrascos. Ela quer dizer: eis de que coisa o homem é capaz! Com temor e tremor, digamos também: eis de que coisa somos capazes nós, homens! Bem distante da marcha inexorável do *Homo sapiens sapiens*, o homem que, segundo alguns, devia nascer da morte de Deus e tomar o lugar dele (NIETZSCHE, F., *A gaia ciência*, III, 125).

***

Os cristãos certamente não são as únicas vítimas da violência homicida que existe no mundo, mas não podemos ignorar que em muitos países eles são as vítimas escolhidas e mais frequentes. É de ontem a notícia de 147 cristãos trucidados pela fúria homicida dos extremistas islâmicos num *campus* universitário do Quênia. Certo dia Jesus disse a seus discípulos: "Virá a hora quando quem vos matar julgará prestar culto a Deus" (Jo 16,2). Talvez essas palavras nunca tenham encontrado na história um cumprimento tão literal como hoje.

Um bispo do século III, Dionísio de Alexandria, deixou-nos o testemunho de uma Páscoa celebrada pelos cristãos durante a feroz perseguição do imperador romano Décio:

> Eles nos exilaram e, sozinhos entre todos, fomos perseguidos e condenados à morte. Mas mesmo então celebramos a Páscoa. Todo lugar onde se *sofria* tornou-se para nós um lugar para celebrar a festa: fosse um campo, um deserto, um navio, uma pousada, uma prisão. Os mártires perfeitos celebraram a mais esplêndida das festas pascais, sendo admitidos no banquete celeste (apud: EUSÉBIO, *História eclesiástica*, VII, 22, 4).

A Páscoa deste ano, 2015 depois de Cristo, será assim também para muitos cristãos.

Alguns tiveram a coragem de denunciar, como leigos, a perturbadora indiferença das instituições mundiais e da opinião pública diante de tudo isso, lembrando ao que essa indiferença levou no passado. Corremos o risco de ser todos, instituições e pessoas do mundo ocidental, Pilatos que lavam as próprias mãos.

No entanto, neste dia não nos é permitido fazer nenhuma denúncia. Trairíamos o mistério que estamos celebrando. Jesus morreu gritando: "Pai, perdoa-lhes, porque não sabem o que fazem!" (Lc 23,34). Essa oração não é simplesmente murmurada; é gritada para ser bem ouvida. Aliás, não é sequer uma oração, é uma exigência peremptória, feita com a autoridade que lhe vem da condição de Filho: "Pai, perdoa-lhes!". E, como ele mesmo disse que o Pai ouvia todas as suas orações (Jo 11,42), devemos acreditar que ouviu também esta sua última oração da cruz e que, portanto, os que crucificaram Cristo foram perdoados por Deus (certamente não sem antes terem, de algum modo, se arrependido) e estão com ele no paraíso, testemunhando eternamente até onde pôde chegar o amor de Deus.

A ignorância, por si só, verificava-se exclusivamente nos soldados. Mas a oração de Jesus não se limita a eles. A grandeza divina do seu perdão consiste no fato de ser oferecido também aos seus mais ferrenhos inimigos. É precisamente para eles que acrescenta a desculpa da ignorância. Embora tenham agido com astúcia e maldade, na realidade não sabiam o que faziam, não pensavam que estavam crucificando um homem que era realmente Messias e Filho de Deus! Ao invés de acusar os seus adversários, ou de perdoar confiando ao Pai celeste o cuidado de vingá-lo, ele os defende.

O seu exemplo propõe aos discípulos uma generosidade infinita. Perdoar com a sua mesma grandeza de espírito não pode comportar simplesmente uma atitude negativa, com a qual se renuncia a desejar o mal a quem faz o mal; ao contrário, deve traduzir-se numa vontade positiva de lhes fazer o bem, mesmo que apenas com uma oração dirigida a Deus, em favor deles. "Orai pelos que vos perseguem" (Mt 5,44). Este perdão não pode encontrar sequer uma compensação na esperança de um castigo divino. Deve ser inspirado por uma caridade que desculpa o próximo, sem, contudo, fechar os olhos diante da verdade, mas tentando antes deter os maus de modo que não façam outro mal aos outros e a si mesmos.

Seríamos tentados a dizer: "Senhor, o que nos pedes é impossível!". Ele nos responderia: "Eu sei disso, mas morri para poder lhes dar o que lhes peço. Não lhes dei apenas a *ordem* de perdoar nem sequer apenas um *exemplo* heroico de perdão; com minha morte, proporcionei-lhes a *graça* que os torna capazes de perdoar. Não deixei ao mundo apenas um ensinamento sobre a misericórdia, como fizeram tantos outros. Eu sou também Deus e por vocês fiz brotar da minha morte rios de misericórdia. Deles vocês podem beber a mãos cheias no ano jubilar da misericórdia que têm pela frente".

***

Então, dirão alguns, seguir Cristo é entregar-se sempre passivamente à derrota e à morte? Ao contrário! "Coragem", ele disse aos seus apóstolos antes de se dirigir para a Paixão: "Eu venci o mundo" (Jo 16,33). Cristo venceu o mundo, vencendo o mal do mundo. A vitória definitiva do bem sobre o mal, que se manifestará no fim dos tempos, já aconteceu, de direito e de fato, na cruz de Cristo. "Agora é o juízo deste mundo" (Jo 12,31), dizia ele. Desde aquele dia, o mal foi derrotado; tanto mais derrotado, quanto mais parece ser vencedor. Já foi julgado e condenado em última instância, com uma sentença inapelável.

Jesus venceu a violência não opondo a ela uma violência maior, mas sofrendo-a e colocando a nu toda sua injustiça e inutilidade. Inaugurou um novo tipo de vitória que Santo Agostinho sintetizou em três palavras: "*Victor quia victima* – Vencedor porque vítima" (*Confissões*, X, 43). Foi "vendo-o morrer assim", que o centurião romano exclamou: "Verdadeiramente este homem era Filho de Deus!" (Mc 15,39). Os outros se perguntavam o que significava o "alto grito" que Jesus emitiu ao morrer (Mc 15,37). Ele que era especialista em lutadores e em lutas, logo reconheceu que era um grito de vitória.

O problema da violência nos persegue, escandaliza-nos, hoje que ela inventou formas novas e assustadoras de crueldade e de barbárie. Nós, cristãos, reagimos horrorizados à ideia de que se possa matar em nome de Deus.

Os verdadeiros mártires de Cristo não morrem com os punhos cerrados, mas com as mãos juntas. Tivemos muitos exemplos disso em tempos recentes. É Deus que, aos 21 cristãos coptas mortos pelo Estado Islâmico na Líbia em 22 de fevereiro passado, deu a força para morrer sob os golpes, murmurando o nome de Jesus. E nós também rezamos:

"Senhor Jesus Cristo, oramos por nossos irmãos de fé perseguidos, e por todos os *Ecce homo* existentes, neste momento, na face da terra, cristãos e não cristãos. Maria, aos pés da cruz, te uniste ao Filho e murmuraste com ele: 'Pai, perdoa-lhes!': ajuda-nos a vencer o mal com o bem, não apenas no grande palco do mundo, mas também na vida cotidiana, dentro de nossa própria casa. Tu, que, 'sofrendo com teu Filho que morria na cruz, cooperaste de maneira toda especial para a obra do Salvador com a obediência, a fé, a esperança e a ardente caridade' (LG, n. 61), inspira aos homens e às mulheres de nosso tempo pensamentos de paz, de misericórdia. E de perdão. Que assim seja".

37

"DEIXAI-VOS RECONCILIAR COM DEUS"

(Sexta-feira Santa de 2016)

Deus nos reconciliou consigo, mediante Cristo, e nos confiou o ministério da reconciliação. [...] Nós vos suplicamos, em nome de Cristo: deixai-vos reconciliar com Deus. Aquele que não conhecera pecado, Deus o tratou como pecado em nosso favor, para que pudéssemos nos tornar, por meio dele, justiça de Deus. Como nós colaboramos com ele, exortamo-vos a que não recebais em vão a graça de Deus. Pois ele disse: 'Na ocasião favorável eu te ouvi. No dia da salvação eu venho em teu socorro'. Eis a ocasião favorável, eis o dia da salvação! (2Cor 5,18–6,2).

O apelo do Apóstolo a se reconciliar com Deus não se refere à reconciliação *histórica* entre Deus e a humanidade (esta, ele acabou de dizer, já aconteceu mediante Cristo na cruz); não se refere tampouco à reconciliação *sacramental* que ocorre no batismo e no sacramento da reconciliação; refere-se a uma reconciliação *existencial* e pessoal a ser realizada no presente. O apelo é dirigido aos cristãos de Corinto que são batizados e vivem há tempo na Igreja; é dirigido, portanto, também a nós, aqui e agora. "O momento favorável, o dia da salvação" é, para nós, o presente Ano da Misericórdia determinado pelo papa Francisco.

Mas o que significa, em sentido existencial e psicológico, reconciliar-se com Deus? Uma das causas, talvez a principal, do afastamento do homem moderno da religião e da fé é a imagem distorcida que ele tem de Deus. De fato, qual é a imagem "preconcebida" de Deus no inconsciente coletivo humano? Para descobrir, basta fazer-se esta pergunta: "Quais associações de ideias, quais sentimentos e quais reações surgem em mim, antes de qualquer reflexão, quando, na oração do pai-nosso, chego a dizer: 'Seja feita a tua vontade'"?.

Quem as diz, é como se inclinasse interiormente a cabeça resignado, preparando-se para o pior. Inconscientemente, liga-se a vontade de Deus com tudo o que é desagradável, doloroso, ao que, de uma forma ou de outra, pode ser visto como mutilação da liberdade e do desenvolvimento do indivíduo. É um pouco como se Deus fosse inimigo de toda festa, alegria, prazer. Um Deus ranzinza e inquisidor.

Deus é visto como o Ser supremo, o Onipotente, o Senhor do tempo e da história, ou seja, como uma entidade que se impõe ao indivíduo de fora; nenhum detalhe da vida humana lhe escapa. A transgressão da sua Lei introduz inexoravelmente uma desordem que exige uma reparação adequada que o homem sabe que não tem condições de lhe dar. Daí o medo e, às vezes, um surdo rancor contra Deus. É um resquício da ideia pagã de Deus, jamais erradicada de todo, e talvez impossível de arrancar, do coração humano. Nela se baseia a tragédia grega: Deus é aquele que intervém, mediante a punição divina, para restabelecer a ordem perturbada pelo mal.

Certamente a misericórdia de Deus nunca foi ignorada no cristianismo! Mas a ela se confiou apenas a tarefa de moderar os rigores irrenunciáveis da justiça. A misericórdia era o expoente, não a base; a exceção, não a regra. O ano da misericórdia é a oportunidade de ouro para trazer de volta à luz a verdadeira imagem do Deus bíblico que não apenas *tem* misericórdia, mas *é* misericórdia.

Essa afirmação ousada baseia-se no fato de que "Deus é amor" (1Jo 4,8.16). Só na Trindade Deus é amor sem ser misericórdia. O fato de o Pai amar o Filho não é graça ou concessão; é necessidade; ele precisa amar para existir como Pai. O fato de o Filho amar o Pai não é misericórdia ou graça; é necessidade, ainda que totalmente livre; ele precisa ser amado e amar para ser Filho. Devemos dizer o mesmo do Espírito Santo, que é o amor feito pessoa.

É quando cria o mundo e nele as criaturas livres que o amor de Deus deixa de ser natureza e se torna graça. Esse amor é uma livre concessão, poderia não existir; é *hesed*, graça e misericórdia. O pecado do homem não muda a natureza desse amor, mas provoca nele um salto de qualidade: da misericórdia como *dom* se passa à misericórdia como *perdão*. Do amor de simples doação se passa a um amor de sofrimento, porque Deus sofre diante da rejeição do seu amor. "Criei filhos e os enalteci, diz Deus, mas eles contra mim se rebelaram" (Is 1,2).

Perguntemos aos tantos pais e mães que tiveram essa experiência se isso não é sofrimento, e dos mais amargos da vida.

***

E o que houve com a justiça de Deus? Foi esquecida ou desvalorizada? São Paulo deu uma resposta definitiva para essa pergunta. Na Carta aos Romanos, ele dá início a sua exposição com uma notícia: "Agora manifestou-se a justiça de Deus" (Rm 3,21). Nós nos perguntamos: qual justiça? Aquela que dá *unicuique suum*, a cada um o que é seu, ou seja, que distribui recompensas e castigos de acordo com os méritos? Certamente haverá um tempo em que se manifestará também essa justiça de Deus que consiste em dar a cada um segundo os próprios méritos. De fato, Deus, escreveu pouco antes o Apóstolo, "retribuirá a cada um conforme suas obras: a vida eterna aos que, perseverando na prática do bem, buscam a glória, a honra e a imortalidade; mas procederá com cólera e indignação com os que teimarem no egoísmo, contradizendo a verdade e agindo injustamente" (Rm 2,6-8).

Mas não é dessa justiça que o Apóstolo fala quando escreve: "Agora manifestou-se a justiça de Deus". O primeiro é um evento futuro, este é um evento em ato, que acontece "agora". Se não fosse assim, a afirmação de Paulo seria absurda, desmentida pelos fatos. Do ponto de vista da justiça retributiva, nada mudou no mundo com a vinda de Cristo. Continua-se, dizia Bossuet, a ver muitas vezes os culpados no trono e os inocentes no patíbulo; mas, para que não se creia que não há no mundo alguma justiça e alguma ordem fixa, ainda que invertida, eis que às vezes se vê o contrário, ou seja, o inocente no trono e o culpado no patíbulo (*Sermon sur la Providence*, 1662). Portanto, não é nisso que consiste a novidade trazida por Cristo. Ouçamos o que diz o Apóstolo:

> Todos pecaram e estão privados da glória de Deus, mas são justificados gratuitamente pela sua graça, em virtude da redenção realizada por Jesus Cristo. Deus o designou para servir de meio de expiação do pecado pela fé, no seu sangue, a fim de manifestar sua justiça, porque tinha passado por cima dos pecados de outrora no tempo de sua tolerância. Ele manifesta a sua justiça agora, no tempo presente, provando que ele próprio é justo e que justifica aquele que coloca sua fé em Jesus (Rm 3,23-26).

Deus se faz justiça, tendo misericórdia! Eis a grande revelação. O Apóstolo diz que Deus é "justo e justificador", ou seja, é justo consigo mesmo, quando justifica o homem; de fato, ele é amor e misericórdia; por isso faz justiça a si mesmo – ou seja, mostra-se realmente como é – quando tem misericórdia.

Mas nada disso é compreensível se não se compreende o que significa, exatamente, a expressão "justiça de Deus". Há o perigo de alguns ouvirem falar de justiça de Deus e, desconhecendo seu significado, ficarem assustados com ela, ao invés de encorajados. Santo Agostinho o explicara claramente: "A 'justiça de Deus'", escrevia ele, "é aquela pela qual, por sua graça, nós nos tornamos justos, exatamente como 'a salvação do Senhor' (Sl 3,9) é aquela pela qual Deus nos salva" (*O Espírito e a letra*, 32, 56). Em outras palavras, a justiça de Deus é o ato mediante o qual Deus torna justos, agradáveis a seus olhos, aqueles que creem em seu Filho. Não é um *fazer-se justiça*, mas um *fazer justos*.

Lutero teve o mérito de trazer de volta à luz esta verdade, depois de, por séculos, ao menos na pregação cristã, ter perdido seu sentido, e é sobretudo nesse ponto que a cristandade é devedora da Reforma, cujo quinto centenário acontece no próximo ano. "Quando descobri isso", escreveu mais tarde o Reformador, "me senti renascer e me pareceu que todas as portas do paraíso se abriam para mim" (*Prefácio às obras latinas*, W. Ausgabe, 54, 186). Mas não foram nem Agostinho nem Lutero que explicaram assim o conceito de "justiça de Deus"; a Escritura o fez antes deles: "Quando se manifestaram a bondade de Deus nosso salvador e seu amor para com todos os homens, ele nos salvou, não em virtude de obras de justiça por nós realizadas, mas por sua misericórdia" (Tt 3,4-5); "Deus, rico em misericórdia, pelo grande amor com que nos amou, de mortos que éramos pelos nossos pecados, ressuscitou-nos com Cristo, pela graça de que fostes salvos!" (Ef 2,4).

Assim, dizer: "manifestou-se a justiça de Deus" é o mesmo que dizer: manifestou-se a bondade de Deus, o seu amor, a sua misericórdia. A justiça de Deus não apenas não contradiz a sua misericórdia, mas consiste precisamente nela!

O que aconteceu de tão importante na cruz para justificar essa mudança radical nos destinos da humanidade? Em seu livro *Jesus de Nazaré* (Parte II), Bento XVI escreveu: "A injustiça, o mal como realidade, não pode simplesmente ser ignorada, deixada de lado. Deve ser eliminada, vencida. Esta é a verdadeira misericórdia. E que agora, como os homens não são capazes de fazê-lo, que o próprio Deus o faça – esta é a bondade incondicional de Deus".

Deus, não se contentou em perdoar os pecados do homem; fez infinitamente mais; tomou-os sobre si, colocou-os sobre seus ombros. O Filho de Deus, diz Paulo, "se fez pecado em nosso favor" (2Cor 5,21). Palavra terrível! A morte de Cristo tinha de parecer para todos a prova suprema da misericórdia de Deus pelos pecadores. Eis por que ela não tem sequer a majestade de certa solidão, mas é enquadrada na de dois ladrões. Jesus quer continuar a ser amigo dos pecadores até o fim, por isso morre como eles e com eles.

***

É hora de perceber que o contrário da misericórdia não é a justiça, mas a vingança. Jesus não opôs a misericórdia à justiça, mas à lei de talião: "Olho por olho, dente por dente". Perdoando os pecados, Deus não renuncia à justiça, renuncia à vingança; não quer a morte do pecador, mas que se converta e viva (cf. Ez 18,23). Jesus Cristo na cruz não pediu ao Pai que vingasse a sua causa. O ódio e a ferocidade dos atentados terroristas desta semana nos ajudam a entender a força divina contida naquelas últimas palavras de Cristo: "Pai, perdoa-lhes, porque não sabem o que fazem" (Lc 23,34). Por mais longe que possa ir o ódio dos homens, o amor de Deus foi, e será, sempre maior. A nós é dirigida, nas presentes circunstâncias, a exortação do apóstolo Paulo: "Não te deixes vencer pelo mal, mas vence o mal com o bem" (Rm 12,21).

Precisamos desmitificar a vingança! Ela se tornou um mito penetrante, que contagia tudo e todos, a começar pelas crianças. Grande parte das histórias levadas à tela e jogos eletrônicos são histórias de vingança, às vezes marcadas pela vitória do herói bom. Metade, senão mais, do sofrimento que existe no mundo (quando não se trata de males naturais) vem do desejo de vingança, tanto nas relações entre as pessoas como naquelas entre os Estados e entre os povos.

Afirmou-se que "o mundo será salvo pela beleza" (DOSTOIÉVSKI, F., O idiota, III, 5); mas a beleza também pode levar à ruína. Só existe uma coisa que pode salvar realmente o mundo, a misericórdia! A misericórdia de Deus pelos homens e pelos homens entre si. Ela pode salvar, especialmente, a coisa mais preciosa e frágil que existe, neste momento, no mundo: o casamento e a família.

Acontece no matrimônio algo parecido com o que ocorreu nas relações entre Deus e a humanidade, que a Bíblia descreve, precisamente, com a imagem de um casamento. No início de tudo, eu dizia, está o amor, não a misericórdia. Esta só intervém depois do pecado do homem. Também no casamento, no início não está a misericórdia, e sim o amor. As pessoas não se casam por misericórdia, mas por amor. Mas depois de anos, ou meses, de vida em comum, surgem as limitações recíprocas, os problemas de saúde, de dinheiro, dos filhos; intervém a rotina, que apaga toda alegria.

O que pode salvar um casamento de resvalar para um abismo sem saída é a misericórdia, entendida no sentido profundo da Bíblia, ou seja, não apenas como perdão recíproco, mas como um "revestir-se do sentimento de ternura, bondade, humildade, mansidão e paciência" (Cl 3,12). A misericórdia faz com que ao *eros* se acrescente o *agape*, ao amor de busca, o de doação e de com-paixão. Deus "se apieda" do homem (Sl 102,13): não deveriam marido e mulher apiedar-se um do outro? E não deveríamos, nós que vivemos em comunidade, apiedar-nos uns dos outros, ao invés de nos julgar?

Oremos. "Pai celeste, pelos méritos de teu Filho que na cruz 'se fez pecado' por nós, afasta do coração das pessoas, das famílias e dos povos o desejo de vingança e faz com que nos enamoremos da misericórdia. Faz com que a intenção do Santo Padre ao proclamar este ano santo da misericórdia encontre uma resposta concreta nos nossos corações e leve todos a experimentarem a alegria de se reconciliarem contigo. Que assim seja!".

38

"STAT CRUX DUM VOLVITUR ORBIS"

(Sexta-feira Santa de 2017)

Escutamos o relato da Paixão de Cristo. Trata-se essencialmente da narrativa de uma morte violenta. Notícias de mortes, e de mortes violentas, quase nunca faltam nos noticiários vespertinos. Mesmo nestes últimos dias ouvimos algumas, como a dos 38 cristãos coptas assassinados no Egito por extremistas islâmicos no Domingo de Ramos. Essas notícias se sucedem com tal rapidez que a cada noite nos fazem esquecer as do dia anterior. Por que então, depois de dois mil anos, o mundo ainda lembra, como se tivesse ocorrido ontem, a morte de Cristo? É que essa morte mudou para sempre o rosto da morte; ela deu um novo sentido à morte de cada ser humano. Vamos refletir sobre ela por alguns instantes.

"Quando chegaram, porém, a Jesus, viram que já estava morto e não lhe quebraram as pernas; mas um dos soldados abriu-lhe o lado com a lança e logo saiu sangue e água" (Jo 19,33-34). No início do seu ministério, quando lhe perguntaram com qual autoridade ele expulsava os mercadores do templo, Jesus respondeu: "'Destruí este templo e em três dias o reedificarei". "Ele falava do templo do seu corpo" (Jo 2,19.21), comentou João naquela ocasião, e eis que agora o mesmo evangelista nos atesta que do lado desse templo "destruído" brotam água e sangue. É uma alusão evidente à profecia de Ezequiel que falava do futuro templo de Deus, do lado do qual brota um fio d'água que se torna primeiro um riacho, depois um rio navegável em torno do qual florescem todas as formas de vida (cf. Ez 47,1 ss.).

Mas penetremos na fonte desse "rio de água viva" (Jo 7,38), no coração transpassado de Cristo. No Apocalipse, o mesmo discípulo que Jesus amava escreveu: "E eu vi, no meio do trono, cercado pelos quatro seres vivos e pelos anciãos, um Cordeiro em pé, como que imolado" (Ap 5,6). Imolado, mas de pé, ou seja, transpassado, mas ressuscitado e vivo.

Existe agora, na Trindade e no mundo, um coração humano que pulsa, não apenas metaforicamente, mas realmente. De fato, se Cristo ressuscitou da morte, também o seu coração ressurgiu da morte; ele vive, como todo o resto do seu corpo, numa dimensão diferente de antes, real, ainda que mística. Se o Cordeiro vive no céu "imolado, mas de pé", também o seu coração compartilha o mesmo estado; é um coração transpassado, mas vivo; eternamente transpassado, justamente porque eternamente vivo.

Foi criada uma expressão para descrever o ápice da maldade que pode acumular-se no seio da humanidade: "coração de trevas" (Joseph Conrad). Depois do sacrifício de Cristo, mais profundo que o coração de trevas, palpita no mundo um coração de luz. De fato, subindo ao céu, Cristo não abandonou a terra, assim como, encarnando-se, não abandonara a Trindade.

"Agora se cumpre o desígnio do Pai, fazer de Cristo o coração do mundo", diz uma antífona da Liturgia das Horas. Isso explica o irredutível otimismo cristão que fez uma mística medieval exclamar: "O pecado é inevitável, mas vai ficar tudo bem e tudo será para o bem" (Juliana de Norwich).

***

Os monges cartuxos adotaram um emblema que figura na entrada de seus mosteiros, em seus documentos oficiais e em outras ocasiões. Nele está representado o globo terrestre, encimado por uma cruz, tendo ao redor a inscrição: "*Stat crux dum volvitur orbis* – A cruz permanece intacta, enquanto o mundo dá voltas".

O que representa a cruz, para ser este ponto fixo, este mastro entre o balanço do mundo? Ela é o "Não" definitivo e irreversível de Deus à violência, à injustiça, ao ódio, à mentira, a tudo o que chamamos "o mal"; e é ao mesmo tempo o "Sim" igualmente irreversível ao amor, à verdade, ao bem. "Não" ao pecado, "Sim" ao pecador. É o que Jesus praticou em toda a sua vida e que agora consagra definitivamente com a sua morte.

O motivo dessa distinção é claro: o pecador é criatura de Deus e conserva a sua dignidade, não obstante todos os seus erros; o pecado não; ele é uma realidade espúria, acrescentada, fruto das próprias paixões e da "inveja do demônio"

(Sb 2,24). É a mesma razão pela qual o Verbo, encarnando-se, assumiu tudo do homem, exceto o pecado. O bom ladrão, a quem Jesus moribundo promete o paraíso, é a demonstração viva de tudo isso. Ninguém deve perder a esperança; ninguém deve dizer, como Caim: "Demasiado grande é a minha culpa para obter o perdão" (Gn 4,13).

A cruz não "está", portanto, *contra* o mundo, mas *pelo* mundo: para dar um sentido a todo sofrimento que existiu, que existe e existirá na história humana. "Deus não enviou o Filho ao mundo para condenar o mundo – diz Jesus a Nicodemos –, mas para que o mundo seja salvo por meio dele" (Jo 3,17). A cruz é a proclamação viva de que a vitória final não é de quem triunfa sobre os outros, mas de quem triunfa sobre si mesmo; não de quem faz sofrer, mas de quem sofre.

***

"*Dum volvitur orbis*", enquanto o mundo dá voltas. A história humana conhece muitas passagens de uma era à outra: fala-se da idade da pedra, do bronze, do ferro, da época imperial, da era atômica, da era eletrônica. Mas hoje há algo de novo. A ideia de transição já não é suficiente para descrever a realidade atual. A ideia de mudança deve ser acompanhada pela de fragmentação. Vivemos, como se escreveu, numa sociedade "líquida"; não existem mais pontos fixos, valores indiscutíveis, nenhuma rocha no mar à qual possamos nos agarrar ou contra a qual talvez colidir. Tudo é flutuante, até a distinção dos sexos...

Realizou-se a pior das hipóteses que o filósofo tinha previsto como efeito da morte de Deus, aquela que o advento do super-homem deveria ter impedido, mas que não impediu:

> Que fizemos ao desprender esta terra da corrente que a prendia ao seu sol? Para onde vai agora? Para onde vamos nós? Para longe de todos os sóis? Não estamos incessantemente caindo? Para trás, para os lados, para a frente, de todos os lados? Existe ainda um alto e um baixo? Será que não estamos vagando por um infinito nada? (F. Nietzsche).

Afirmou-se que "matar Deus é o mais horrendo dos suicídios", e é isso que em parte estamos vendo. Não é verdade que "onde nasce Deus, morre o homem" (J.-P. Sartre); é verdade o contrário: onde morre Deus, morre o homem.

Um pintor surrealista da segunda metade do século passado, Salvador Dalì, pintou um crucifixo que parece uma profecia dessa situação. Uma cruz imensa, cósmica, com Cristo acima, igualmente monumental, visto do alto, com a cabeça reclinada para baixo. Sob ele, porém, não há terra firme, mas água. O Crucifixo não está suspenso entre o céu e a terra, mas entre o céu e o elemento líquido do mundo.

Esta imagem trágica (há também, no fundo, uma nuvem que poderia aludir à nuvem atômica), contém, no entanto, também uma consoladora certeza: há esperança mesmo para uma sociedade líquida como a nossa! Há esperança, porque acima dela "está a cruz de Cristo". É o que a liturgia da Sexta-feira Santa nos faz repetir a cada ano com as palavras do poeta Venâncio Fortunato: "*O crux, ave spes unica* – Salve, ó cruz, única esperança".

Sim, Deus morreu, morreu em seu Filho Jesus Cristo; mas não permaneceu no sepulcro, ressuscitou. "Vós o crucificastes – grita Pedro à multidão no dia de Pentecostes –, Deus o ressuscitou!" (At 2,23-24). Ele é aquele que "estava morto, mas agora vive pelos séculos" (Ap 1,18). A cruz não "está" imóvel no meio das turbulências do mundo, como lembrança de um evento passado, ou um puro símbolo; está ali como uma realidade em ato, viva e operante.

***

Não devemos nos deter, como os sociólogos, na análise da sociedade em que vivemos. Cristo não veio para explicar as coisas, mas para mudar as pessoas. O coração de trevas não é apenas o de algum malvado escondido no fundo da selva, nem tampouco o da sociedade que o produziu. Em medida diferente, está dentro de cada um de nós.

A Bíblia o chama "coração de pedra": "Tirarei de vosso corpo o coração de pedra" – diz Deus por meio do profeta Ezequiel – "e vos darei um coração de carne" (Ez 36,26). Coração de pedra é o coração fechado para a vontade de Deus e para o sofrimento dos irmãos, o coração de quem acumula somas gigantescas de dinheiro e fica indiferente ao desespero de quem não tem um copo d'água para dar ao próprio filho; é também o coração de quem se deixa dominar completamente pela paixão impura, pronto a matar por ela, ou a levar uma vida dupla. Para não ficar com o olhar sempre voltado para fora, para os outros, digamos mais concretamente: é o nosso coração de ministros de Deus e de cristãos praticantes se ainda vivemos fundamentalmente "para nós mesmos" e não "para o Senhor".

Está escrito que no momento da morte de Cristo "o véu do templo se rasgou de alto a baixo, a terra tremeu, as rochas se romperam, os sepulcros se abriram e muitos corpos de santos mortos ressuscitaram" (Mt 27,51 s.). Geralmente se dá uma explicação apocalíptica a esses sinais, como uma linguagem simbólica necessária para descrever o evento escatológico. Mas eles têm também um significado parenético: indicam o que deve ocorrer no coração de quem lê e medita a Paixão de Cristo. Numa liturgia como a presente, São Leão Magno dizia aos fiéis: "Trema a natureza humana diante do suplício do Redentor, quebrem-se as rochas dos corações infiéis e os que estavam fechados nos sepulcros de sua mortalidade saiam, levantando a pedra que pesava sobre eles" (*Sermão*, 66, 3).

O coração de carne, prometido por Deus nos profetas, agora está presente no mundo: é o Coração de Cristo transpassado na cruz, aquele que veneramos como "o Sagrado Coração". Ao receber a Eucaristia, acreditamos firmemente que aquele coração passa a bater também dentro de nós. Daqui a pouco, olhando para a cruz, digamos do fundo do coração, como o publicano no templo: "Ó Deus, tem piedade de mim, pecador!", e também nós, como ele, voltaremos para casa "justificados" (Lc 18,13-14).

39

"AQUELE QUE VIU DÁ TESTEMUNHO"

(Sexta-feira Santa de 2018)

> Quando chegaram, porém, a Jesus, viram que já estava morto e não lhe quebraram as pernas; mas um dos soldados abriu-lhe o lado com a lança e logo saiu sangue e água. Aquele que viu dá testemunho e seu testemunho é verdadeiro. E ele sabe que diz a verdade, para que vós também acrediteis (Jo 19,33-35).

Ninguém jamais poderá nos convencer de que esta solene atestação não corresponde à verdade histórica, que quem diz ter estado ali e ter visto na realidade não estava presente e não viu. Neste caso, está em jogo também a honestidade do autor. No Calvário, aos pés da cruz, estava a mãe de Jesus e, ao lado dela, "o discípulo que Jesus amava". Temos uma testemunha ocular!

Ele "viu" não apenas o que estava acontecendo sob o olhar de todos. Na luz do Espírito Santo, depois da Páscoa, viu também o sentido do que tinha acontecido: ou seja, que naquele momento era imolado o verdadeiro Cordeiro de Deus e se cumpria o sentido da antiga Páscoa; que Cristo na cruz era o novo templo de Deus, de cujo lado, como tinha previsto o profeta Ezequiel (47,1 ss.), brota a água da vida; que o espírito que ele exala no momento da morte dá início à nova criação, como no início "o espírito de Deus", pairando sobre as águas, tinha transformado o caos no cosmos. João compreendeu o sentido das últimas palavras de Jesus: "Tudo está consumado" (Jo 19,30).

Mas por que, nos perguntamos, esta ilimitada concentração de significado na cruz de Cristo? Por que esta onipresença do Crucifixo nas nossas igrejas, nos altares e em todos os lugares frequentados por cristãos? Alguém sugeriu uma chave de leitura do mistério cristão, dizendo que Deus se revela *sub contraria specie*, pelo contrário do que ele é na realidade: revela a sua força na fraqueza, a sua sabedoria na loucura, a sua riqueza na pobreza...

Esta chave de leitura não se aplica à cruz. Na cruz Deus se revela *sub propria specie*, por aquilo que ele é, na sua realidade mais íntima e mais verdadeira. "Deus é amor", escreve João (1Jo 4,10), amor oblativo, *agape*, e apenas na cruz se torna manifesto até onde vai esta capacidade infinita de autodoação de Deus. "Tendo amado os seus que estavam no mundo, amou-os até o fim" (Jo 13,1); "Deus amou tanto o mundo, que deu (à morte!) seu Filho único" (Jo 3,16); "Amou-me e por isso entregou-se (à morte!) por mim" (Gl 2,20).

***

No ano em que a Igreja celebra um sínodo sobre os jovens e quer colocá-los no centro da própria preocupação pastoral, a presença no Calvário do discípulo a quem Jesus amava contém uma mensagem especial. Temos todos os motivos para acreditar que João aderiu a Jesus quando ainda era bem jovem. Foi uma verdadeira paixão. De repente, todo o resto passou a ser secundário. Foi um encontro "pessoal", existencial. Se no centro do pensamento de Paulo está a *obra* de Jesus, o seu mistério pascal de morte e ressurreição, no centro do pensamento de João está o ser, a *pessoa* de Jesus. Daí todos aqueles "Eu sou" das ressonâncias eternas que pontuam o Quarto Evangelho: "Eu sou o caminho, a verdade e a vida", "Eu sou a luz", "Eu sou a porta", simplesmente "Eu sou".

João era quase certamente um dos dois discípulos do Batista que, quando Jesus chegou ao local, foram atrás dele. À pergunta deles: "Rabi, onde moras?", Jesus respondeu: "Vinde e vede". "Eles foram e ficaram com ele aquele dia. Era por volta das quatro horas da tarde" (Jo 1,35-39). Aquela hora tinha sido decisiva em sua vida e nunca a esquecera.

Neste ano, nós nos esforçaremos justamente para descobrir o que Cristo espera dos jovens, o que eles podem dar à Igreja e à sociedade. O mais importante, porém, é outra coisa: é fazer os jovens saberem o que Jesus pode dar a eles, ou seja, "alegria plena" e "vida em abundância". Foi o que João descobriu ficando com ele.

Façamos com que todos os discursos sobre os jovens e para os jovens tenham como pano de fundo o sincero convite do Santo Padre na *Evangelii gaudium*:

> Convido todos os cristãos [neste caso, todos os jovens e todas as moças], em qualquer lugar e situação em que se encontrem, a renovar hoje mesmo o seu encontro pessoal com Jesus Cristo ou, pelo menos, a tomar a decisão de se deixar encontrar por ele, de o procurar incessantemente todos os dias. Não há motivo para alguém poder pensar que este convite não lhe diz respeito (n. 3).

Encontrar Cristo pessoalmente é possível também hoje porque ele ressuscitou; é uma pessoa viva, não um personagem. Tudo é possível depois desse encontro pessoal; sem ele, nada mudará realmente na vida.

***

Além do exemplo da sua vida, o evangelista João também deixou uma mensagem escrita aos jovens. Na sua Primeira Carta lemos estas comoventes palavras de um homem idoso dirigidas aos jovens das igrejas por ele fundadas: "Escrevo a vós, jovens, porque sois fortes e a palavra de Deus permanece em vós e vencestes o Maligno. Não ameis o mundo, nem as coisas do mundo!" (1Jo 2,14-15).

O mundo que não devemos amar e ao qual não devemos nos conformar não é o mundo criado e amado por Deus, não são os homens do mundo aos quais, aliás, devemos sempre ir ao encontro, especialmente os pobres, os últimos. O "misturar-se" com este mundo do sofrimento e da marginalização é, paradoxalmente, a melhor maneira de "separar-se" do mundo, porque é caminhar para o lugar do qual o mundo foge com todas as suas forças. É separar-se do próprio princípio que governa o mundo, que é o egoísmo.

Não, o mundo que não devemos amar é outro; é o mundo como ele se tornou sob o domínio de satanás e do pecado, "o espírito que está no ar", como o chama São Paulo (Ef 2,1-2). Nele tem um papel decisivo a opinião pública, hoje também literalmente espírito "que está no ar" porque se difunde pelo ar através das infinitas possibilidades da técnica.

> Cria-se um espírito de grande intensidade histórica, ao qual o indivíduo dificilmente poderá escapar. Nós nos atemos ao espírito geral, considerando-o óbvio. Agir, pensar ou dizer algo contra ele é visto como insensato ou até como uma injustiça ou um crime. Então não nos atrevemos a nos posicionar diante das coisas e das situações de maneira diferente de como esse espírito as apresenta (H. Schlier).

É o que chamamos de adaptação ao espírito dos tempos, conformismo. Um grande poeta crente do século passado, T. S. Eliot, escreveu três versos que dizem mais do que livros inteiros: "Num mundo de fugitivos, a pessoa que toma a direção oposta parecerá um desertor" (*Family Reunion*, II, cena 2). Caros jovens cristãos, se é permitido que um homem idoso como João possa se dirigir diretamente a vocês, eu os exorto: sejam os que tomam a direção contrária! Tenham a coragem de ir contra a corrente! Para nós, crentes, a direção oposta não é um lugar, é uma pessoa, é Jesus, nosso Deus e nosso Salvador.

Uma tarefa é confiada especialmente a vocês jovens: salvar o amor humano da deriva trágica na qual acabou: o amor que não é mais dom de si, mas apenas posse – não raro violenta e tirânica – do outro. Na cruz Deus se revelou como *agape*, o amor que se doa. Mas o *agape* nunca se separa do *eros*, do amor de busca, do desejo e da alegria de ter seu amor correspondido. Deus não nos faz apenas a "caridade" de nos amar; ele nos deseja, em toda a Bíblia se revela como esposo apaixonado e ciumento. O seu amor também é um amor "erótico", no sentido nobre desse termo. Foi o que Bento XVI explicou na encíclica *Deus caritas est*:

> *Eros* e *agape* – amor ascendente e amor descendente – nunca se deixam separar completamente um do outro [...]. A fé bíblica não constrói um mundo paralelo ou um mundo contraposto àquele fenômeno humano originário que é o amor, mas aceita o homem por inteiro, intervindo na sua busca de amor para purificá-la, desvendando-lhe ao mesmo tempo novas dimensões (n. 7-8).

Não se trata, portanto, de renunciar às alegrias do amor, à atração e ao *eros*, mas de saber unir ao *eros* o *agape*, ao desejo do outro a capacidade de se doar ao outro, lembrando aquilo que São Paulo comenta como uma fala de Jesus: "Há maior alegria em dar do que em receber" (At 20,35).

No entanto, é uma capacidade que não se inventa num dia. É necessário preparar-se para se doar totalmente a outra criatura no casamento, ou a Deus na vida consagrada, começando por doar o próprio tempo, o próprio sorriso e a própria juventude em família, na paróquia, no voluntariado. Isso que muitos de vocês fazem silenciosamente.

Na cruz, Jesus não nos deu apenas o exemplo de um amor de doação levado ao extremo; ele nos mereceu a graça de poder realizá-lo, ainda que minimamente, em nossa vida. A água e o sangue que brotaram de seu lado chegam a nós hoje nos sacramentos da Igreja, na Palavra, até mesmo só olhando com fé o Crucifixo.

João viu uma última coisa profeticamente aos pés da cruz: homens e mulheres de todos os tempos e de todos os lugares que dirigiam o olhar para "aquele que foi transpassado" e choravam de arrependimento e de consolação (cf. Jo 19,37; Zc 12,10). Unamo-nos também nós a essa imensa caravana que atravessa os séculos e digamos do fundo do coração: *"Adoramus te Christe et benedicimus tibi, quia per sanctam crucem tuam redemisti mundum* – Nós te adoramos e te bendizemos, ó Cristo, porque com tua santa cruz remiste o mundo".

40
"DESPREZADO E REPUDIADO PELOS HOMENS"
(Sexta-feira Santa de 2019)

Desprezado e repudiado pelos homens,
homem de dores, experimentado na doença,
como alguém diante de quem se esconde o rosto,
desprezado e desconsiderado (Is 53,3).

São as palavras proféticas de Isaías, com as quais começou a liturgia da palavra de hoje. O relato da Paixão que se seguiu deu um nome e um rosto a esse misterioso homem das dores, desprezado e repudiado pelos homens: o nome e o rosto de Jesus de Nazaré. Hoje queremos contemplar o Crucificado precisamente neste aspecto: como o protótipo e o representante de todos os rejeitados, os deserdados e os "descartados" da terra, aqueles diante dos quais se vira o rosto para não ver.

Jesus não começou a sê-lo agora, na Paixão. Em toda a sua vida, ele foi um deles. Nasceu numa manjedoura porque "não tinham lugar na hospedaria" (Lc 2,7). Ao apresentá-lo no templo, os pais ofereceram "duas rolas ou dois pombinhos", a oferta prescrita pela lei para os pobres que não podiam se permitir a oferta de um cordeiro (cf. Lv 12,8). Um verdadeiro atestado de pobreza no Israel da época. Durante a sua vida pública, não tem onde pousar a cabeça (Mt 8,20): é um sem-teto.

E chegamos à Paixão. No relato dela há um momento em que não nos detemos com frequência, mas que é repleto de significado: Jesus no pretório de Pilatos (cf. Mc 15,16-20). Os soldados notaram, no espaço adjacente, um espinheiro; pegaram um feixe e o puseram em sua cabeça; sobre os ombros, ainda sangrando por causa da flagelação, colocaram um manto de escárnio; tinha as mãos atadas com uma corda áspera; numa das mãos lhe colocaram uma cana, símbolo irrisório da sua realeza. É o protótipo das pessoas algemadas, sozinhas, à mercê de soldados e guardas que descarregam sobre os pobres infelizes a raiva e a crueldade que acumularam na vida. Torturado!

"*Ecce homo*! – Eis o homem!", exclama Pilatos, ao apresentá-lo pouco depois ao povo (Jo 19,5). Palavra que, depois de Cristo, pode ser dita das intermináveis fileiras de homens e mulheres humilhados, reduzidos a objetos, privados de toda dignidade humana. "É isto um homem?": o escritor Primo Levi intitulou assim o relato da sua vida no campo de concentração de Auschwitz. Na cruz, Jesus de Nazaré se torna o emblema de toda esta humanidade "humilhada e ofendida". Deveríamos exclamar: "Rejeitados, desprezados, párias de toda a terra: o maior homem de toda a história foi um de vocês! Seja qual for seu povo, sua raça ou religião, vocês têm o direito de reivindicá-lo como seu".

***

O escritor e teólogo afro-americano Howard Thurman, que Martin Luther King considerava seu mestre e inspirador da luta não violenta pelos direitos civis, escreveu um livro intitulado *Jesus e os deserdados* (*Jesus and the Disinherited*, 1949). Nele, ele mostra o que a figura de Jesus representou para os escravos do Sul, do qual ele mesmo era um descendente direto. Na privação de todo direito e na mais total abjeção, as palavras do Evangelho que o ministro de culto negro repetia, na única reunião que lhes era permitida, devolviam aos escravizados o sentido de sua dignidade de filhos de Deus.

Neste clima nasceu a maioria dos cantos *spiritual* negros que ainda hoje comovem o mundo. No momento do leilão público eles tinham vivido a angústia de ver as esposas separadas dos maridos e os pais dos filhos, vendidos para proprietários diferentes. É fácil intuir com que espírito eles cantavam sob o sol ou fechados em suas cabanas: "*Nobody knows the trouble I have seen. Nobody knows, but Jesus* – Ninguém sabe a dor que senti. Ninguém, exceto Jesus".

***

Este não é o único significado da paixão e morte de Cristo, nem o mais importante. O significado mais profundo não é o social, mas o espiritual. Aquela morte redimiu o mundo do pecado, levou o amor de Deus ao ponto mais distante e mais escuro em que a humanidade se deixou levar ao fugir dele, ou seja, à morte. Não é, eu dizia, o sentido mais importante da cruz, mas é aquele que todos, crentes e não crentes, podem reconhecer e aceitar.

Todos, repito, não apenas os crentes. Se, pelo *fato* de sua encarnação, o Filho de Deus se fez homem e se uniu a toda a humanidade, pelo *modo* como ocorreu a sua encarnação, ele se fez um dos pobres e dos rejeitados, abraçou a causa deles. Ele mesmo se encarregou de nos assegurar disso quando afirmou solenemente: "O que fizestes aos famintos, aos nus, aos prisioneiros, aos exilados, a mim o fizestes; o que não fizestes a eles, a mim não o fizestes" (cf. Mt 25,31-46).

Mas não podemos nos deter aqui. Se Jesus tivesse só isso a dizer aos deserdados do mundo, seria apenas mais um deles, um exemplo de dignidade no infortúnio e nada mais. Aliás, seria mais uma prova contra Deus que permite tudo isso. É conhecida a reação indignada de Ivan, o irmão rebelde de *Os irmãos Karamázov*, de Dostoiévski, quando o piedoso irmão caçula Aliócha menciona Jesus: "Ah, trata-se do 'Único sem pecado' e do seu sangue, certo? Não, não me esqueci dele: ao contrário, até fiquei admirado, enquanto se discutia isso, pois demoraste tanto a invocá-lo, já que, nas discussões, comumente todos os teus o colocam antes de qualquer outra coisa" (Livro V, capítulo 4).

De fato, o Evangelho não se detém aqui; diz também outra coisa, diz que o crucificado ressuscitou! Nele houve uma inversão total dos papéis: o derrotado se tornou o vencedor, o julgado se tornou o juiz, "a pedra descartada pelos construtores se tornou a pedra angular" (cf. At 4,11). A última palavra não foi, e jamais será, da injustiça e da opressão. Jesus não devolveu apenas uma *dignidade* aos deserdados do mundo; deu-lhes uma *esperança*!

Nos primeiros três séculos da Igreja a celebração da Páscoa não se dividia em diversos dias, como hoje: Sexta-feira Santa, Sábado de Aleluia e Domingo de Páscoa. Tudo se concentrava num único dia. Na vigília pascal comemorava-se tanto a morte como a ressurreição. Mais precisamente: não se comemorava nem a morte nem a ressurreição como fatos distintos e separados; comemorava-se antes a *passagem* de Cristo de uma à outra, da morte à vida. A palavra "páscoa" (*pesach*) significa passagem: passagem do povo judeu da escravidão à liberdade, passagem de Cristo deste mundo ao Pai (cf. Jo 13,1) e passagem dos que creem nele do pecado à graça.

É a festa da reviravolta operada por Deus e realizada em Cristo; é o começo e a promessa da única inversão totalmente justa e irreversível no destino da humanidade. Pobres, excluídos, pertencentes às diversas formas de escravidão ainda vigentes em nossa sociedade: a Páscoa é a festa de vocês!

***

A cruz contém uma mensagem também para aqueles que estão do outro lado: para os poderosos, os fortes, os que se sentem seguros no seu papel de "vencedores". E, como sempre, é uma mensagem de amor e de salvação, não de ódio ou de vingança. Lembra-lhes que, no fim, eles estão ligados ao mesmo destino de todos; que fracos e fortes, indefesos e tiranos, todos estão submetidos à mesma lei e às mesmas limitações humanas. A morte, como a espada de Dâmocles, paira sobre a cabeça de cada um, pendurada por uma crina de cavalo. Adverte contra o pior mal para o homem que é a ilusão da onipotência. Não precisamos retroceder muito no tempo, basta repensar a história recente para nos dar conta do quanto esse perigo é frequente e leva pessoas e povos à catástrofe.

A Escritura tem palavras de sabedoria eterna dirigidas aos dominadores do palco deste mundo:

> Instruí-vos, governantes dos confins da terra! [...]
> Os poderosos serão examinados com rigor (Sb 6,1.6).
>
> Na opulência o homem não reflete,
> é semelhante ao gado que se abate (Sl 49,21).
>
> De que serve ao homem ganhar o mundo inteiro,
> se ele se perde e se arruína? (Lc 9,25).

A Igreja recebeu de seu fundador o mandato de estar do lado dos pobres e dos fracos, de ser a voz de quem não tem voz e, graças a Deus, é o que faz, sobretudo no seu pastor supremo.

A segunda tarefa história que as religiões devem assumir hoje, juntas, além daquela de promover a paz, é de não ficar em silêncio diante do espetáculo que está sob os olhos de todos. Poucos privilegiados possuem bens que não poderiam consumir mesmo se vivessem por séculos e séculos, e massas intermináveis de pobres que não têm um pedaço de pão e um gole d'água para dar aos próprios filhos. Nenhuma religião pode permanecer indiferente, porque o Deus de todas as religiões não é indiferente diante de tudo isso.

***

Voltemos à profecia de Isaías da qual partimos. Ela começa com a descrição da humilhação do Servo de Deus, mas termina com a descrição da sua exaltação final. É Deus quem fala:

> Por tudo que sofreu, verá a luz [...]
> Eu lhe darei em prêmio as multidões,
> com os poderosos participará dos despojos,
> porque entregou-se à morte,
> e foi contado entre os ímpios
> ao passo que carregava o pecado de muitos
> e intercedia pelos pecadores (Is 53,11-12).

Daqui a dois dias, com o anúncio da ressurreição de Cristo, a liturgia dará um nome e um rosto a este vencedor. Vigiemos e meditemos na espera.

41

"TENHO PLANOS DE PAZ, NÃO DE AFLIÇÃO"

(Sexta-feira Santa de 2020)

São Gregório Magno dizia que a Escritura *cum legentibus crescit*, cresce com os que a leem (*Moralia in Job*, XX, 1). Exprime significados sempre novos dependendo das perguntas que o homem traz no coração ao lê-la. E este ano nós lemos o relato da Paixão com uma pergunta – ou melhor, com um grito – no coração que se levanta de toda a terra. Devemos tentar apreender a resposta que a palavra de Deus lhe dá.

O que acabamos de ouvir é o relato do mal objetivamente maior jamais cometido na Terra. Podemos olhar para ele de dois pontos de vista diferentes: ou de frente ou de trás, ou seja, ou de suas causas ou de seus efeitos. Se nos detemos nas causas históricas da morte de Cristo nos confundimos e cada um será tentado a dizer como Pilatos: "Eu sou inocente do sangue deste homem" (Mt 27,24). Compreende-se melhor a cruz por seus efeitos que por suas causas. E quais foram os efeitos da morte de Cristo? Tornados justos pela fé nele, reconciliados e em paz com Deus, repletos da esperança de uma vida eterna! (cf. Rm 5,1-5).

Mas há um efeito que a situação atual nos ajuda a compreender em particular. A cruz de Cristo mudou o sentido da dor e do sofrimento humano. De todo sofrimento, físico e moral. Ele deixou de ser um castigo, uma maldição. Foi redimido pela raiz, desde que o Filho de Deus o tomou sobre si. Qual é a prova mais segura de que a bebida que alguém lhe oferece não está envenenada? É se ele bebe do mesmo copo na sua frente. Assim fez Deus: na cruz bebeu, diante do mundo, o cálice do sofrimento até a última gota. Mostrou assim que ele não está envenenado, mas que há uma pérola em seu fundo.

E não apenas a dor de quem tem fé, mas toda dor humana. Ele morreu por todos. "Quando for elevado da terra", dissera, "atrairei todos a mim" (Jo 12,32). Todos, não apenas alguns! "Sofrer" – escrevia São João Paulo II depois de seu atentado – "significa tornar-se particularmente suscetíveis, particularmente sensíveis à obra das forças salvíficas de Deus oferecidas à humanidade em Cristo" (*Salvifici doloris*, n. 23). Graças à cruz de Cristo, o sofrimento também se tornou, à sua maneira, uma espécie de "sacramento universal de salvação" para o gênero humano.

***

Qual é a luz que tudo isso lança sobre a situação dramática que estamos vivendo? Também aqui, mais do que para as causas, temos de olhar para os efeitos. Não apenas os negativos, dos quais ouvimos a cada dia as tristes manchetes, mas também para os positivos, que só uma observação mais atenta nos ajuda a apreender.

A pandemia do Coronavírus nos despertou bruscamente do perigo maior que os indivíduos e a humanidade sempre correram, o da ilusão da onipotência. Tivemos a oportunidade – escreveu um conhecido rabino judeu – de celebrar este ano um êxodo pascal especial, o "do exílio da consciência" (Yaakov Yitzhak Biderman). Bastou o menor e mais informe elemento da natureza, um vírus, para nos lembrar que somos mortais, que o poderio militar e a tecnologia não são suficientes para nos salvar. "Na opulência o homem não reflete" – diz um salmo da Bíblia – é semelhante ao gado que se abate!" (Sl 49,21). Quanta verdade nestas palavras!

Enquanto pintava os afrescos da catedral de São Paulo em Londres, o pintor James Thornhill, a certa altura, entusiasmou-se tanto com um de seus afrescos que, recuando para vê-lo melhor, não se deu conta de que estava prestes a cair no vão do andaime. Um assistente, horrorizado, percebeu que um grito de atenção só aceleraria o desastre. Sem pensar duas vezes, molhou um pincel na tinta e o arremessou contra o afresco. O mestre, perplexo, deu um pulo para a frente. Sua obra estava comprometida, mas ele estava salvo.

Às vezes Deus faz isso conosco: perturba os nossos projetos e a nossa tranquilidade, para nos salvar do abismo que não vemos. Mas cuidado para não nos enganar. Não foi Deus que, com o Coronavírus, lançou o pincel contra o afresco da nossa orgulhosa civilização tecnológica. Deus é nosso aliado, não do vírus! "Eu tenho desígnios de paz, não de aflição", diz na Bíblia (Jr 29,11). Se esses flagelos fossem castigos de Deus, não se explicaria por que eles atingem igualmente bons e maus, e por que, em geral, são os pobres que sofrem as piores consequências. Seriam eles mais pecadores que os outros?

Não, aquele que um dia chorou pela morte de Lázaro chora hoje pelo flagelo que se abateu sobre a humanidade. Sim, Deus "sofre", como todo pai e toda mãe. Quando um dia descobrirmos isso, teremos vergonha de todas as acusações que fizemos contra ele na vida. Deus participa do nosso sofrimento para superá-lo. "Sendo supremamente bom" – escreveu Santo Agostinho –, "Deus jamais permitiria que qualquer mal existisse em suas obras se não fosse suficientemente poderoso e bom para extrair do próprio mal o bem" (*Enchiridion*, 11, 3).

Será que Deus Pai quis a morte de seu Filho na cruz, para extrair daí o bem? Não, ele simplesmente permitiu que a liberdade humana seguisse o seu curso, fazendo-a, contudo, servir ao seu plano, não ao dos homens. Isso vale também para os males naturais, terremotos e epidemias. Não é ele que os provoca. Ele deu também à natureza uma espécie de liberdade, qualitativamente diferente, é claro, da liberdade moral do homem, mas ainda assim uma forma de liberdade. Liberdade de evoluir segundo suas leis de desenvolvimento. Não criou o mundo como um relógio programado de antemão em cada mínimo movimento. É o que alguns chamam de acaso, e que a Bíblia chama, ao contrário, "sabedoria de Deus".

***

Outro fruto positivo da atual crise sanitária é o sentimento de solidariedade. Quando, em toda a história, homens de todas as nações se sentiram tão unidos, tão iguais, tão pouco contenciosos, como neste momento de dor? Nunca como antes sentimos a verdade daquele grito de um poeta italiano: "Homens, paz! Na terra prostrada, muito é o mistério" (G. Pascoli). Esquecemo-nos dos muros por construir. O vírus não conhece fronteiras. Num instante derrubou todas as barreiras e as distinções: de raça, de religião, de riqueza, de poder. Não devemos retroceder, quando este momento tiver passado. Como nos exortou o Santo Padre, não devemos desperdiçar esta oportunidade. Não façamos com que tanto sofrimento, tantos mortos, tanto esforço heroico por parte dos profissionais da saúde tenham sido inúteis. Essa é a "recessão" que mais devemos temer.

> Eles partirão suas espadas e farão delas arados,
> e foices de suas lanças.
> Uma nação não erguerá a espada

contra outra nação,
nem se treinará mais a arte da guerra (Is 2,4).

É o momento de realizar alguma coisa dessa profecia de Isaías, cujo cumprimento a humanidade espera desde sempre. Vamos dar um basta à trágica corrida armamentista. Gritem com todas as suas forças, jovens, porque é sobretudo o destino de vocês que está em jogo. Vamos destinar os imensos recursos empregados para as armas para as finalidades cuja urgência vemos nestas situações: a saúde, o saneamento, a alimentação, a luta contra a pobreza, o cuidado da criação. Deixemos à geração que virá um mundo, se necessário, mais pobre de coisas e de dinheiro, porém mais rico de humanidade.

***

A palavra de Deus nos diz qual é a primeira coisa que devemos fazer em momentos como este: gritar a Deus. É ele mesmo que põe nos lábios dos homens as palavras a serem gritadas a ele, às vezes palavras duras, de queixa, quase de acusação. "Ergue-te, Senhor, e vem ajudar-nos! Salva-nos por tua misericórdia! […] Desperta, não nos rejeiteis para sempre!" (Sl 44,24-27). "Senhor, não te importas que pereçamos?" (Mc 4,38).

Será que Deus gosta de ser implorado para conceder os seus benefícios? Será que a nossa oração pode levar Deus a mudar os seus planos? Não, mas existem coisas, explica Santo Tomás de Aquino, que Deus decidiu nos conceder como fruto simultaneamente da sua graça e da nossa oração, quase para compartilhar com suas criaturas o mérito do benefício concedido (*Suma Teológica*, II-II^{ae}, q. 83, a. 2). É ele quem nos impulsiona a fazê-lo: "Pedi e recebereis – disse Jesus – batei e a porta vos será aberta" (Mt 7,7).

Quando, no deserto, os judeus eram mordidos por serpentes venenosas, Deus ordenou a Moisés levantar sobre uma haste uma serpente de bronze e quem a olhava não morria. Jesus se apropriou desse símbolo. "Assim como Moisés ergueu a serpente no deserto, assim também é preciso que o Filho do Homem seja erguido, para que todo o que nele crê tenha a vida eterna" (Jo 3,14-15). Também nós, neste momento, somos mordidos por uma invisível "serpente" venenosa. Olhemos para aquele que foi "erguido" por nós na cruz. Adoremo-lo por nós e por todo o gênero humano. Quem o olha com fé não morre. E, se morrer, será para entrar na vida eterna.

"Depois de três dias eu ressuscitarei", predisse Jesus (cf. Mt 9,31). Também nós, depois desses dias, que, esperamos, sejam breves, ressuscitaremos e sairemos dos sepulcros que são agora as nossas casas. Não para voltar à vida de antes, como Lázaro, mas para uma vida nova, como Jesus. Uma vida mais fraterna, mais humana. Mais cristã!

42

"PRIMOGÊNITO ENTRE MUITOS IRMÃOS"

(Sexta-feira Santa de 2021)

Em 3 de outubro passado, junto à tumba de São Francisco, em Assis, o papa Francisco assinava a sua encíclica sobre a fraternidade, *Fratres omnes, Fratelli tutti*, "Todos irmãos". Em pouco tempo, ela despertou em muitos corações a aspiração para esse valor universal, trouxe à luz as muitas feridas contra ela no mundo de hoje, mostrou alguns caminhos para chegar a uma fraternidade humana justa e verdadeira e exortou todos – pessoas e instituições – a trabalhar por ela.

A encíclica é dirigida idealmente a um público muito amplo, dentro e fora da Igreja: na prática, a humanidade inteira. Abarca muitos âmbitos da vida: do privado ao público, do religioso ao social e ao político. Devido a esse seu horizonte universal, ela evita – com razão – restringir o discurso ao que é próprio e exclusivo dos cristãos. No entanto, por volta do final da encíclica, há um parágrafo em que o fundamento evangélico da fraternidade é resumido em poucas, mas vibrantes palavras. Afirma:

> Outros bebem de outras fontes. Para nós, esta fonte de dignidade humana e de fraternidade está no Evangelho de Jesus Cristo. Dele brota para o pensamento cristão e para a ação da Igreja o primado dado à relação, ao encontro com o mistério sagrado do outro, à comunhão universal com uma humanidade inteira como vocação de todos (n. 277).

O mistério que estamos celebrando nos impele a nos concentrarmos precisamente neste fundamento cristológico da fraternidade, porque ela foi inaugurada na cruz.

No Novo Testamento, "irmão" significa, em sentido primordial, a pessoa nascida do mesmo pai e da mesma mãe. Em segundo lugar, são chamados "irmãos" os pertencentes ao mesmo povo e nação. Assim Paulo afirma estar disposto a se tornar anátema, separado de Cristo, em proveito de seus irmãos segundo a carne, que são os israelitas (cf. Rm 9,3). É claro que nestes contextos, como em outros casos, "irmãos" compreende homens e mulheres, irmãos e irmãs.

Nesta ampliação do horizonte chega-se a chamar de irmão toda pessoa humana, pelo fato de ser humana. Irmão é aquele que a Bíblia chama de "próximo". "Quem não ama o próprio irmão..." (1Jo 2,9) quer dizer: quem não ama o seu próximo. Quando Jesus diz: "Tudo o que fizestes a um só desses meus irmãos pequeninos, a mim o fizestes" (Mt 25,40), pretende dizer toda pessoa humana necessitada de ajuda.

Mas ao lado de todos esses significados antigos e conhecidos, no Novo Testamento a palavra "irmão" tende cada vez mais claramente a indicar uma categoria especial de pessoas. Irmãos entre si são os discípulos de Jesus, os que aceitam seus ensinamentos. "Quem é minha mãe e quem são os meus irmãos? [...] Todo aquele que faz a vontade de meu Pai que está nos céus, ele é para mim irmão, irmã e mãe" (Mt 12,48-50).

Nesta linha, a Páscoa assinala uma etapa nova e decisiva. Graças a ela, Cristo se torna "o primogênito entre muitos irmãos" (Rm 8,29). Os discípulos se tornam irmãos em sentido novo e muito profundo: compartilham não apenas o ensinamento de Jesus, mas também o seu Espírito, a sua vida nova de ressuscitado. É significativo que só depois de sua ressurreição é que, pela primeira vez, Jesus chama os seus discípulos de "irmãos". "Vai aos meus irmãos" – diz a Maria Madalena – "e diz a eles: 'Subo para junto do meu Pai e vosso Pai, meu Deus e vosso Deus'" (Jo 20,17). "O santificador e aqueles santificados" – lemos na Carta aos Hebreus – "têm todos a mesma origem; eis por que ele [Cristo] não sente vergonha de chamar-lhes irmãos" (Hb 2,11).

Depois da Páscoa, esse é o uso mais comum do termo irmão; ele indica o irmão de fé, membro da comunidade cristã. Irmãos "de sangue" também neste caso, mas do sangue de Cristo! Isso faz da fraternidade em Cristo algo único e transcendente, em relação a qualquer outro tipo de fraternidade e se deve ao fato de que Cristo é também Deus. Ela não substitui os outros tipos de fraternidade baseados na família, nação ou raça, mas os coroa. Todos os seres humanos são irmãos enquanto criaturas do mesmo Deus e Pai. A isso a fé cristã acrescenta uma segunda e decisiva razão. Somos irmãos não apenas a título de criação, mas também de redenção; não apenas porque todos temos o mesmo Pai, mas porque todos temos o mesmo irmão, Cristo, "primogênito entre muitos irmãos".

***

À luz de tudo isso, temos de fazer agora algumas reflexões atuais. A fraternidade se constrói começando de perto, de nós, não com grandes esquemas, com metas ambiciosas e abstratas. Isso significa que a fraternidade universal começa, para nós, com a fraternidade da Igreja Católica. Deixo de lado, desta vez, também o segundo círculo, que é a fraternidade entre todos os que creem em Cristo, isto é, o ecumenismo.

A fraternidade católica está ferida! A túnica de Cristo foi despedaçada pelas divisões entre as Igrejas; mas – o que não é menos grave – cada pedaço da túnica é frequentemente dividido, por sua vez, em outros pedaços. Falo naturalmente do elemento humano dela, porque a verdadeira túnica de Cristo, o seu corpo místico animado pelo Espírito Santo, ninguém a poderá lacerar. Aos olhos de Deus, a Igreja é "una, santa, católica e apostólica", e permanecerá assim até o fim do mundo. Isso, contudo, não desculpa as nossas divisões, mas as torna mais culpáveis e deve nos impelir com mais força a restaurá-las.

Qual é a causa mais comum das divisões entre os católicos? Não é o dogma, não são os sacramentos e os ministérios: coisas que, por singular graça de Deus, mantemos íntegras e unânimes. É a opção política, quando ela toma a dianteira sobre a religiosa e eclesial e adota uma ideologia, esquecendo-se completamente do valor e do dever da obediência na Igreja.

É esse, em certas partes do mundo, o verdadeiro fator de divisão, ainda que tácito ou desdenhosamente negado. Acontece que também algumas comunidades paroquiais e religiosas são divididas pelo fator político mais do que são unidas pela fé e profissão religiosa comum. Isso significa que "o reino deste mundo" se tornou mais importante, no próprio coração, que o Reino de Deus. Creio que todos somos chamados a fazer um sério exame de consciência a respeito disso e a nos converter. Esta é, por excelência, a obra daquele cujo nome é *diabolos*, ou seja, o divisor, o inimigo que semeia o joio, como o define Jesus na sua parábola (cf. Mt 13,25).

***

Devemos aprender do Evangelho e do exemplo de Jesus. Em torno dele havia uma forte polarização política. Existiam quatro partidos: os Fariseus, os Saduceus, os Herodianos e os Zelotes. Jesus não se alinhou a nenhum deles e resistiu energicamente à tentativa de arrastá-lo de um lado ou de outro. A primitiva comunidade cristã o seguiu fielmente nessa escolha.

Este é um exemplo sobretudo para os pastores que devem ser pastores de todo o rebanho, não apenas de uma parte dele. Por isso, são eles os primeiros a ter de fazer um sério exame de consciência e a se perguntar para onde estão levando o próprio rebanho: se para o seu próprio lado ou para o lado de Jesus. O Concílio Vaticano II confia sobretudo aos leigos a tarefa de traduzir as indicações sociais, econômicas e políticas do Evangelho em escolhas mesmo diferentes, desde que sempre respeitosas dos outros e pacíficas.

***

Se há um dom ou um carisma próprio que a Igreja Católica deve cultivar em benefício de todas as Igrejas, é o da unidade. A recente viagem do Santo Padre ao Iraque nos mostrou concretamente o que significa, para quem é oprimido ou refém de guerras e perseguições, sentir-se parte de um corpo universal, com alguém que pode fazer ouvir o seu grito ao resto do mundo e fazer renascer a esperança. Mais uma vez cumpriu-se o mandato de Cristo a Pedro: "Confirma os teus irmãos" (Lc 22,32).

Àquele que morreu na cruz "para reunir os filhos de Deus que estavam dispersos" (Jo 11,52) elevemos, neste dia, "com coração contrito e espírito humilde", a oração que a Igreja lhe dirige a cada Missa antes da Comunhão: "Senhor Jesus Cristo, dissestes aos vossos Apóstolos: 'Eu vos deixo a paz, eu vos dou a minha paz'. Não olheis os nossos pecados, mas a fé que anima vossa Igreja; dai-lhe, segundo o vosso desejo, a paz e a unidade. Vós que sois Deus com o Pai e o Espírito Santo. Amém".

43

"PILATOS DISSE: O QUE É A VERDADE?"

(Sexta-feira Santa de 2022)

No relato da Paixão, o evangelista João dá particular importância ao diálogo de Jesus com Pilatos e é sobre isso que queremos refletir alguns minutos, antes de prosseguir com a nossa liturgia.

Tudo começa com a pergunta de Pilatos: "Tu és o rei dos judeus?" (Jo 18,33). Jesus quer fazer Pilatos compreender que a questão é muito mais séria do que ele possa crer, mas que só possui significado se não se repetir simplesmente uma acusação feita por outros. Por isso ele pergunta por sua vez: "Tu mesmo dizes isso, ou outras pessoas te disseram isso de mim?".

Ele tenta levar Pilatos a uma visão superior. Fala-lhe do seu reino: um reino que "não é deste mundo". O Procurador só entende uma coisa: que não se trata de um reino político. Se se quer falar sobre religião, ele não quer entrar nesse tipo de questão. Ele pergunta, portanto, com uma pitada de ironia: "'Então tu és rei?'. Jesus respondeu: 'Tu o dizes: Eu sou rei'" (Jo 18,37).

Ao declarar-se rei, Jesus expõe-se à morte; mas em vez de se desculpar negando, ele afirma isso com força. Ele deixa transparecer sua origem superior: "Eu vim ao mundo...": portanto ele misteriosamente existia já antes da vida terrena, ele vem de outro mundo. Ele veio à Terra para ser testemunha da verdade. Trata Pilatos como uma alma que necessita de luz e verdade e não como um juiz. Ele está interessado no destino do homem Pilatos, mais do que no seu próprio. Com o seu apelo à recepção da verdade, quer induzi-lo a voltar-se para si mesmo, a olhar as coisas com um olhar diferente, a colocar-se acima da disputa momentânea com os judeus.

O Procurador Romano percebe o convite que Jesus lhe dirige, mas mostra-se cético e indiferente em relação a esse tipo de especulações. O mistério que vislumbra nas palavras de Jesus o assusta e ele prefere encerrar a conversa. Ele então murmura para si mesmo, encolhendo os ombros: "O que é a verdade?", e sai do Pretório.

***

Quão atual é esta página do Evangelho! Mesmo hoje, como no passado, o ser humano nunca deixa de se perguntar: "O que é a verdade?". Mas, assim como Pilatos, distraidamente dá as costas àquele que disse: "Vim ao mundo para dar testemunho da verdade" e "Eu sou a Verdade!" (Jo 14,6).

Através da *internet* acompanhei inúmeros debates sobre religião e ciência, sobre fé e ateísmo. Uma coisa me impressionou: horas e horas de diálogo, sem que o nome de Jesus fosse mencionado. E se a parte que crê às vezes ousava mencioná-lo e citar o fato de sua ressurreição dentre os mortos, a outra parte imediatamente tentava encerrar a discussão como se não fosse pertinente ao tema. Tudo acontece *"etsi Christus non daretur"*: como se um homem chamado Jesus Cristo nunca tivesse existido no mundo.

Qual é o resultado disso? A palavra "Deus" torna-se um recipiente vazio que cada um pode preencher como quiser. Mas é precisamente por essa razão que Deus teve o cuidado de dar ele mesmo um conteúdo ao seu próprio nome: "O Verbo se fez carne". A Verdade se tornou carne! Daí o esforço árduo para deixar Jesus fora da discussão sobre Deus: ele tira do orgulho humano cada pretexto para decidir o que é Deus! "Ah, claro: Jesus de Nazaré!", objeta-se. "Mas se há até mesmo quem duvide que ele tenha existido!". Um conhecido escritor inglês do século passado – conhecido pelo grande público por ser o autor do ciclo de romances e filmes *O Senhor dos Anéis*, John Ronald Tolkien – em uma carta, deu esta resposta ao seu filho, que lhe fazia a mesma objeção:

> É preciso uma surpreendente vontade de não acreditar para supor que Jesus nunca existiu ou que não disse as palavras que lhe são atribuídas, tão impossíveis são de serem inventadas por qualquer outro ser no mundo: "Antes que Abraão existisse, eu sou" (Jo 8,58); e "Quem me vê, vê o Pai" (Jo 14,9) (*Carta ao filho*, 1963).

A única alternativa à verdade de Cristo, acrescentou o escritor, é que se trate de "um caso de megalomania demente e de uma fraude gigantesca". Contudo, será que um caso assim poderia resistir a vinte séculos de ferozes críticas históricas e filosóficas e produzir os frutos que produziu?

Hoje vamos além do ceticismo de Pilatos. Há quem pense que não deveríamos sequer perguntar "O que é a verdade?", porque a verdade simplesmente não existe! "Tudo é relativo, nada é certo! Pensar o contrário é uma presunção intolerável!". Não há mais espaço para "grandes narrativas sobre o mundo e a realidade", incluindo aquelas sobre Deus e Cristo.

Irmãos e irmãs ateus, agnósticos ou ainda em busca (caso haja alguém ouvindo): não foi um pobre pregador como eu quem pronunciou as palavras que estou prestes a lhes dizer. Ele é alguém que muitos de vocês admiram, sobre quem escrevem e que, talvez, também se considerem seus discípulos e seguidores: Søren Kierkegaard, o iniciador da corrente filosófica do Existencialismo:

> Fala-se muito – diz ele – de misérias humanas; fala-se muito sobre vidas desperdiçadas. Mas desperdiçada é somente a vida daquele homem que nunca se deu conta, porque nunca teve, no sentido mais profundo, a impressão de que existe um Deus e que ele – ele mesmo, o seu eu – está diante desse Deus. (*A Doença Mortal*, II)

Diz-se: há muita injustiça e muito sofrimento no mundo para acreditar em Deus! É verdade, mas pensemos em quão mais absurdo e intolerável se torna o mal que nos rodeia, sem fé em um triunfo final da verdade e do bem. A ressurreição de Jesus dentre os mortos que celebraremos daqui a dois dias é a promessa e a garantia de que esse triunfo acontecerá, porque já começou com ele.

Se eu tivesse a coragem do apóstolo Paulo, também eu teria que gritar: "Eu vos suplico: deixai-vos reconciliar com Deus!" (2Cor 5,20). Não "desperdiceis" também vós a vossa vida! Não saiais deste mundo como Pilatos saiu do Pretório, com aquela pergunta pendente: "O que é a verdade?". É demasiadamente importante. Trata-se de saber se vivemos para alguma coisa ou em vão.

***

Contudo, o diálogo de Jesus com Pilatos oferece também a oportunidade para outra reflexão, dirigida, desta vez, a nós, fiéis e homens da Igreja, e não a quem está de fora. "O teu povo e os sacerdotes entregaram-te a mim! – *Gens tua et pontifices tradiderunt te mihi*" (Jo 18,35). Os homens da tua Igreja, os teus sacerdotes abandonaram-te; eles desqualificaram teu nome com crimes horrendos!

E ainda deveríamos crer em ti? Também a essa terrível objeção eu gostaria de responder com as palavras que o mesmo escritor já citado escreveu ao seu filho:

> O nosso amor pode ser arrefecido e a nossa vontade minada pelo espetáculo das deficiências, da loucura e dos pecados da Igreja e dos seus ministros, mas não acredito que aqueles que verdadeiramente acreditaram uma vez abandonem a fé por essas razões, especialmente os que têm algum conhecimento da história... Isto é conveniente porque nos leva a desviar o olhar de nós mesmos e das nossas falhas e encontrar um bode expiatório... Acho que sou sensível aos escândalos como você e todos os outros cristãos o são. Sofri muito na minha vida por causa de padres ignorantes, cansados, fracos e às vezes até maus.

Afinal, um resultado desse tipo era de se esperar. Começou antes da Páscoa com a traição de Judas, a negação de Simão Pedro, a fuga dos apóstolos... Choramos então? Sim – recomendou Tolkien ao filho –, mas por Jesus – por aquilo que ele deve suportar –, antes do que por nós. Chorar – acrescentamos nós hoje – com as vítimas e pelas vítimas dos nossos pecados.

* * *

Uma conclusão para todos, crentes e não crentes. Este ano celebramos a Páscoa não com o toque alegre dos sinos, mas com o barulho sinistro das bombas e das explosões devastadoras que ocorrem não muito longe daqui, na Ucrânia. Recordemos o que um dia Jesus respondeu à notícia do sangue derramado por Pilatos e da queda da torre de Siloé: "Se não vos converterdes, perecereis todos do mesmo modo" (Lc 13,5). Se vocês não transformarem as vossas lanças em foices, as vossas espadas em relhas de arado (Is 2,4) e os vossos mísseis em fábricas e casas, todos vocês perecerão da mesma maneira!

Os acontecimentos recentes de repente nos lembraram de uma coisa. As estruturas do mundo podem mudar de um dia para o outro. Tudo passa, tudo envelhece; tudo – não apenas "a feliz juventude" – falha. Só há uma maneira de escapar da corrente do tempo que arrasta tudo atrás de si: passar para o que não passa! Colocar os pés em terra firme! Páscoa significa passagem: façamos todos uma verdadeira Páscoa este ano: passemos para aquele que não passa. Passemos agora com o coração, antes de passar um dia com o corpo!

44

"ANUNCIAMOS, SENHOR, A VOSSA MORTE!"

(Sexta-feira Santa de 2023)

Há dois mil anos que a Igreja anuncia e celebra, neste dia, a morte do Filho de Deus na cruz. Em cada Missa, depois da consagração, ela proclama: "Anunciamos, Senhor, a vossa morte e proclamamos a vossa ressurreição. Vinde, Senhor Jesus!". Outra morte de Deus, no entanto, foi proclamada desde há um século e meio até hoje, no nosso mundo ocidental secularizado. Quando, no contexto da cultura, falamos da "morte de Deus", é a esta outra morte de Deus – ideológica, não histórica – que nos referimos. Alguns teólogos, para não ficarem atrasados em relação aos tempos, apressaram-se a construir sobre ela uma teologia: "A teologia da morte de Deus".

Não podemos fazer de conta que ignoramos a existência desta narrativa diferente, sem deixar muitos crentes vítimas da suspeita. Esta morte diferente de Deus encontrou sua expressão perfeita na conhecida proclamação que Nietzsche põe nos lábios do "louco" que chega sem fôlego à praça da cidade:

> Para onde foi Deus? – gritou ele – Eu irei vos contar! Fomos nós que o matamos: eu e vós!… Nunca houve ação maior do que essa. Todos aqueles que vierem depois de nós pertencerão, em virtude dessa ação, a uma história mais elevada do que todas as histórias até agora (*A gaia ciência*, n. 125).

Na lógica dessas palavras – e, creio, nas expectativas do seu autor – havia a ideia de que, depois dele, a história não seria mais dividida em Antes de Cristo e Depois de Cristo, mas em antes de Nietzsche e depois de Nietzsche. Aparentemente, não é o nada que é colocado no lugar de Deus, mas o homem, e mais precisamente o "super-homem", ou "o ultra-homem". Deste novo homem deve-se agora exclamar – com um sentimento de satisfação e orgulho, não mais de compaixão: "*Ecce homo!* – Eis o verdadeiro homem!". Contudo, não demorará muito para que, deixado sozinho, seja perceptível que o homem é nada.

> Que fizemos ao desprender esta terra da corrente que a prendia ao seu sol? Para onde vai agora? Para onde vamos nós? Para longe de todos os sóis? Não estamos incessantemente caindo? Para trás, para os lados, para a frente, de todos os lados? Existe ainda um alto e um baixo? Será que não estamos vagando por um infinito nada?

A resposta tácita e tranquilizadora do "louco" a estas suas perguntas é: "Não, não vagaremos por um infinito nada, porque o homem cumprirá a tarefa até agora confiada a Deus!". A nossa resposta como fiéis é, pelo contrário: "Sim, e foi exatamente isso que aconteceu e está acontecendo! Estamos vagando como se estivéssemos em um infinito nada". É significativo que, precisamente na esteira do autor dessa proclamação, tenha-se chegado a definir a existência humana como "ser-para-a-morte" e considerar todas as supostas possibilidades do homem como "nada desde o início" (HEIDEGGER, M., *Ser e Tempo*). "Para além do bem e do mal", foi outro grito de guerra do filósofo, mas para além do bem e do mal existe apenas "a vontade de poder", e sabemos para onde ela conduz...

Não nos é permitido julgar o coração de um homem, o que só Deus conhece. Até o autor daquela proclamação teve a sua cota de sofrimento na vida, e o sofrimento une-nos a Cristo talvez mais do que as injúrias nos separam dele. A oração de Jesus na cruz: "Pai, perdoa-lhes, porque não sabem o que fazem" (Lc 23,34), não foi pronunciada apenas para aqueles que estiveram presentes naquele dia no Calvário...

Uma imagem que por vezes observei pessoalmente me vem à mente (e que espero que, entretanto, se tenha tornado realidade para o autor daquela proclamação!): uma criança, zangada, tenta atingir o rosto de seu próprio pai com os punhos e com as unhas, até que, esgotadas as forças, cai chorando em seus braços, acalmando-a e segurando-a contra o peito.

Não julguemos, repito, a pessoa que só Deus conhece. Contudo, podemos e devemos julgar a consequência que teve o seu anúncio. Este foi expresso das mais diversas formas e com os mais diversos nomes, a ponto de se tornar uma moda, uma atmosfera que pode ser sentida nos círculos intelectuais do Ocidente "pós-moderno". O denominador comum de todas estas diferentes expressões é o relativismo total em todos os campos: ética, linguagem, filosofia, arte e, claro, religião. Nada mais é sólido; tudo é líquido ou até mesmo vaporoso. Na época do romantismo vivíamos na melancolia, hoje no niilismo.

Enquanto fiéis, é nosso dever mostrar o que está por detrás, ou por baixo, dessa proclamação, nomeadamente o lampejo de uma chama antiga, a erupção repentina de um vulcão que nunca foi extinto desde o início do mundo. O drama humano também teve o seu "prólogo no céu" naquele "espírito de negação" que não aceitou existir pela graça de um outro. Desde então, ele não fez nada além de recrutar apoiadores para sua causa, primeiros entre estes, os ingênuos Adão e Eva: "Sereis como Deus. Conhecereis o bem e o mal!" (Gn 3,5).

Para o homem moderno, tudo isso parece nada mais do que um mito etiológico para explicar o mal no mundo. E – no sentido positivo que hoje é dado ao mito – é isso que ele realmente é! Mas a história, a literatura e a nossa própria experiência pessoal dizem-nos que por detrás desse "mito" há uma verdade transcendente que nenhuma narrativa histórica ou raciocínio filosófico nos poderia transmitir.

Deus conhece o nosso orgulho e veio ao nosso encontro, rebaixando-se, ele por primeiro, diante dos nossos olhos. Cristo Jesus,

> embora sendo de natureza divina, não considerou um tesouro a ser conservado com ciúme a sua igualdade com Deus, mas aniquilou-se a si mesmo assumindo a condição de servo, e tornando-se semelhante aos homens. Tendo aparecido em forma humana, humilhou-se a si mesmo fazendo-se obediente até a morte, e morte de cruz (Fl 2, 6-8).

"Deus? Fomos nós que o matamos: eu e vós!", grita "o louco". Essa coisa terrível, de fato, aconteceu uma vez na história humana, mas em um sentido muito diferente daquele que ele pretendia. Porque é verdade, irmãos e irmãs: fomos nós – eu e vós – que matamos Jesus de Nazaré! Ele morreu pelos nossos pecados e pelos de todo o mundo! (1Jo 2,2). Mas a sua ressurreição assegura-nos que este caminho não conduza à derrota, mas, graças ao nosso arrependimento, sim àquela "apoteose da vida", em vão procurada algures.

***

Por que falar sobre isso durante a liturgia da Sexta-feira Santa? Não para convencer os ateus de que Deus não está morto! Os mais famosos entre eles descobriram isso por conta própria, no momento em que fecharam os olhos para a luz – ou melhor, para as trevas – deste mundo. Quanto àqueles que entre eles ainda vivem, são necessários muito mais meios do que as palavras de um pregador para convencê-los. Meios que o Senhor não deixará faltar àqueles cujo coração está aberto à verdade, como pediremos a Deus na oração universal que se seguirá.

Não, o verdadeiro propósito é outro; é evitar que os crentes – quem sabe, talvez apenas alguns estudantes universitários – sejam arrastados para este vórtice do niilismo que é o verdadeiro "buraco negro" do universo espiritual, para fazer ressoar entre nós o aviso sempre presente do nosso Dante Alighieri:

> Tornai, cristãos, o vosso mover mais grave:
> não sejais como uma pluma em qualquer vento,
> e não penseis que água qualquer vos lave (*Paraíso*, V, 73-75).

Continuemos, Veneráveis Padres, irmãos e irmãs, a repetir com comovida gratidão, e mais convencidos do que nunca, as palavras que proclamamos em cada Missa: "Anunciamos, Senhor, a vossa morte e proclamamos a vossa ressurreição. Vinde, Senhor Jesus!".

45

"QUANDO TIVERDES LEVANTADO O FILHO DO HOMEM, ENTÃO SABEREIS QUE EU SOU"

(Sexta-feira Santa de 2024)

"Quando houverdes elevado o Filho do Homem, então sabereis que Eu Sou" (Jo 8,28). É a palavra que Jesus pronunciou ao término de uma calorosa disputa com seus oponentes. Há um intensificar-se em relação aos precedentes "Eu Sou". Jesus não diz mais: "Eu sou isto ou aquilo: o pão da vida, a luz do mundo, a ressurreição e a vida..." Diz simplesmente "Eu Sou", sem especificação. Isso dá à sua declaração um alcance absoluto, metafísico. Remete intencionalmente às palavras de Êxodo 3,14 e Isaías 43,10-12, nas quais Deus mesmo proclama o seu divino "Eu sou".

A novidade inaudita desta palavra de Cristo só se descobre se prestamos atenção ao que precede a autoafirmação de Cristo: "Quando houverdes elevado o Filho do Homem, então sabereis que Eu Sou". É como dizer: O que eu sou – e, por isso, "o que Deus é" – será conhecido somente a partir da cruz. A expressão "ser elevado", no Evangelho de João, como sabemos, refere-se ao evento da cruz!

Estamos diante de uma total inversão da ideia humana de Deus e, em parte, também daquela do Antigo Testamento. Jesus não veio para retocar e aperfeiçoar a ideia que os homens faziam de Deus, mas, em certo sentido, para invertê-la e revelar o verdadeiro rosto de Deus. É o que o Apóstolo Paulo, por primeiro, entendeu quando escreve:

> De fato, pela sabedoria de Deus, o mundo não foi capaz de reconhecer a Deus por meio da sabedoria, mas, por meio da loucura da pregação, Deus quis salvar os que creem. Com efeito, enquanto os judeus exigem milagres e os gregos buscam a sabedoria, nós pregamos Cristo crucificado, escândalo para os judeus e loucura para os pagãos; mas para aqueles que são

chamados, sejam judeus ou gregos, pregamos Cristo, poder de Deus e sabedoria de Deus (1Cor 1,21-24).

Entendida sob esta luz, a palavra de Cristo assume um alcance universal que interpela quem a lê, em qualquer época e situação, inclusive a nossa. Essa inversão da ideia de Deus, de fato, sempre deve ser operada. A ideia de Deus que Jesus veio mudar, infelizmente, todos nós a trazemos interiorizada, em nosso inconsciente. Pode-se falar de um Deus único, puro espírito, ente supremo, e assim por diante. Mas como conseguir vê-lo no aniquilamento da sua morte na cruz?

Deus é onipotente, certo; mas de que força se trata? Diante das criaturas humanas, Deus se encontra desprovido de toda capacidade, não somente constritiva, mas também defensiva. Não pode intervir com autoridade para se impor a eles. Não pode fazer outra coisa senão respeitar, infinitamente, a livre escolha dos homens. Eis, então, que o Pai revela o verdadeiro rosto da sua onipotência no seu Filho, que se põe de joelhos diante dos discípulos para lavar-lhes os pés; nele que, reduzido à mais radical impotência sobre a cruz, continua a amar e perdoar, sem jamais condenar.

A verdadeira *onipotência* de Deus é a total *impotência* do Calvário. É preciso pouca força para pôr-se em evidência; mas muita para pôr-se de lado, para se cancelar. Deus é esta força ilimitada de escondimento de si! "*Exinanivit semetipsum* – esvaziou-se" (Fl 2,7). À nossa "vontade de potência", ele opôs a sua impotência voluntária.

Que lição para nós que, mais ou menos conscientemente, queremos sempre nos colocar em evidência! Que lição, sobretudo para os poderosos da terra! Para aqueles que não pensam em servir nem mesmo remotamente, mas só no poder pelo poder; aqueles – diz Jesus no Evangelho – que "dominam os povos" e, além do mais, "se fazem chamar benfeitores" (cf. Mt 20,25; Lc 22,25).

***

Mas o triunfo de Cristo na sua ressurreição não inverte esta visão, reafirmando a onipotência invencível de Deus? Sim, mas em sentido bem diverso daquele que estamos habituados a pensar. Bem diverso dos "triunfos" que se celebravam ao retorno do imperador de campanhas vitoriosas, ao longo de uma estrada que ainda hoje, em Roma, leva o nome de "Via Triunfal".

Houve um triunfo, claro, no caso de Cristo, e um triunfo definitivo e irreversível! Mas como se manifesta este triunfo? A ressurreição acontece no mistério, sem testemunhas. A sua morte – ouvimos na narrativa da Paixão – fora vista por uma grande multidão e envolvera as máximas autoridades religiosas e políticas. Ressuscitado, Jesus aparece apenas a poucos discípulos, fora dos holofotes. Com isso, quis dizer-nos que, após ter sofrido, não é preciso esperar um triunfo exterior, visível, como uma glória terrena. O triunfo se dá no invisível e é de ordem infinitamente superior, porque é eterno! Os mártires de ontem e hoje são o exemplo disso.

O Ressuscitado se manifesta mediante suas aparições, de modo suficiente para fornecer um fundamento solidíssimo à fé, para quem não se recusa, *a priori*, a crer; mas não é uma revanche que humilha os seus adversários. Não aparece no meio deles para demonstrar que erraram e para zombar da sua ira impotente.

Toda vingança seria incompatível com o amor que Cristo quis testemunhar aos homens com a sua Paixão. Ele se comporta humildemente na glória da ressurreição, como no aniquilamento do Calvário. A preocupação de Jesus ressuscitado não é confundir os seus inimigos, mas de logo ir tranquilizar os seus discípulos desolados e, antes deles, as mulheres que jamais deixaram de crer nele.

***

No passado, falava-se de bom grado do "triunfo da Santa Igreja". Rezava-se por isso e com satisfação se recordavam seus momentos e razões históricas. Porém, que tipo de triunfo se tinha em mente? Hoje nos damos conta do quanto aquele tipo de triunfo era diverso daquele de Jesus. Mas não julguemos o passado. Corre-se sempre o risco de sermos injustos, quando se julga o passado com a mentalidade do presente.

Acolhamos antes o convite que Jesus dirige ao mundo do alto da sua cruz: "Vinde a mim, todos vós que estais cansados e carregados de fardos, e eu vos darei descanso" (Mt 11,28). Seria o caso de quase pensar em uma ironia, em uma brincadeira! Alguém que não tem, ele mesmo, uma pedra sobre a qual repousar a cabeça, alguém que foi rejeitado pelos seus, condenado à morte, alguém "diante de quem se esconde o rosto" (cf. Is 53,3), volta-se à humanidade inteira, de todos os lugares e todos os tempos, e diz: "Vinde a mim, todos vós, e eu vos darei descanso!".

"Vem tu, que és idoso, doente e sozinho; tu, que o mundo deixa morrer na miséria, na fome, ou sob as bombas; tu, que por tua fé em mim, ou por tua luta pela liberdade, definhas em uma cela de prisão; venha, você mulher vítima de violência. Enfim, todos, ninguém excluído: 'Vinde a mim e eu vos darei descanso!'.

Não prometi solenemente: 'Quando eu for elevado da terra, atrairei todos a mim' (Jo 12,32)?".

"Mas que descanso tu podes nos dar, ó homem da cruz, tu, mais abandonado e cansado do que aqueles que queres consolar?". "Vinde a mim, porque Eu Sou! Eu sou Deus! Renunciei à *vossa* ideia de onipotência, mas conservo intacta a *minha* onipotência, que é a onipotência do amor. Está escrito: 'O que é fraqueza de Deus é mais forte que os homens' (1Cor 1,25). Eu posso dar descanso, mesmo sem tirar a fadiga e o cansaço neste mundo. Perguntai-o a quem fez tal experiência!"

Sim, ó Senhor crucificado, com o coração cheio de gratidão, no dia em que comemoramos a tua Paixão, nós proclamamos em alta voz com o teu apóstolo Paulo:

> Quem nos separará do amor de Cristo? A tribulação, a angústia, a perseguição, a fome, a nudez, o perigo, a espada? […] Tenho certeza de que nem a morte, nem a vida, nem os anjos, nem os principados, nem as coisas presentes ou as futuras, nem as potências, nem a altitude, nem a profundeza, nem outra criatura qualquer poderá nos separar do amor que Deus nos manifesta em Cristo Jesus, Senhor nosso (Rm 8,35-39).

Edições Loyola

editoração impressão acabamento
Rua 1822 n° 341 – Ipiranga
04216-000 São Paulo, SP
T 55 11 3385 8500/8501, 2063 4275
www.loyola.com.br